北京市公园管理中心　编
Edited by Beijing Municipal Administration Center of Parks

園說 V

A Story of Gardens V
Integration and Development of North and South Famous Gardens

南北名园　和合竞秀

文物出版社

图书在版编目（CIP）数据

园说. Ⅴ，南北名园 和合竞秀 / 北京市公园管理中心编. -- 北京 : 文物出版社，2023.12
ISBN 978-7-5010-8291-9

Ⅰ. ①园… Ⅱ. ①北… Ⅲ. ①颐和园－文物－介绍
Ⅳ. ①K872.1

中国国家版本馆CIP数据核字（2023）第236373号

园说Ⅴ——南北名园　和合竞秀

编　　者　北京市公园管理中心
装帧设计　李猛工作室
责任编辑　冯冬梅　陈　峰
责任印制　张　丽

出版发行　文物出版社
社　　址　北京市东城区东直门内北小街2号楼
网　　址　http://www.wenwu.com
经　　销　新华书店
印　　刷　文物出版社印刷厂有限公司
开　　本　787mm × 1092mm　1/8
印　　张　37.5
版　　次　2023年12月第1版
印　　次　2023年12月第1次印刷
书　　号　ISBN 978-7-5010-8291-9
定　　价　1080.00元

《园说Ⅴ——南北名园　和合竞秀》编辑委员会

序

五年来，北京市公园管理中心贯彻落实习近平总书记关于文物工作系列重要讲话精神，坚持以习近平中国特色社会主义思想为指引，坚守“以文物诉说园林，以园林阐释优秀传统文化”的初心，统筹文物保护利用和文化遗产保护传承工作，持续打造“园说”品牌，策划高质量的展览，已经连续成功举办四届“园说”文物展览，受到社会各界广泛认可。自 2019 年至今，“园说”系列四期文物展累计接待线上线下观众 1600 余万人，117 万游客走进颐和园博物馆了解园林文物，品读园林文化，感知园林魅力，园林成为人们美好生活的重要组成部分，“园说”文物展已成为传播园林文化的主力宣传平台。

2023 年由北京市公园管理中心主办、颐和园管理处承办的“园说Ⅴ——南北名园 和合竞秀”文物展于 2023 年 9 月 26 日至 2024 年 1 月 7 日在颐和园博物馆展出。该展览是“2023 中国大运河文化带‘京杭对话’暨北京（国际）运河文化节”系列活动内容之一，展览以“南北名园”为选题，聚焦明清时期江南地区和北京周边地区的古典名园，通过对江南私家园林与北方皇家园林在地域环境、整体特征、造园理念、陈设工艺、文化内涵等方面的解读，展示古人对理想生活空间和丰富精神世界的向往和追寻。展览从故宫博物院、国家图书馆、首都博物馆、天津博物馆、上海博物馆、辽宁省博物馆、沈阳故宫博物院、杭州西湖博物馆总馆、苏州博物馆、扬州博物馆、无锡博物院、常熟博物馆、南京市博物馆、中国园林博物馆、苏州市拙政园管理处、苏州市狮子林管理处、扬州市个园管理处、圆明园等 19 家文博单位甄选展品 147 件 / 套，其中颐和园藏文物 72 件 / 套，借展文物及资料品 75 件 / 套。文物品类涵盖书画、玉器、瓷器、古籍、服饰、杂项等。展览通过南北园林“同承一脉、各臻其妙”的风格特征、“因地制宜、巧若天成”的写意技法和“寄情山水、天人合一”的文化意蕴，展示中国古典园林的文化瑰宝，彰显东方园林的独特魅力。

北京市公园管理中心将持续贯彻落实习近平总书记推动文化繁荣、建设文化强国、建设中华民族现代文明的文化使命，充分发挥中心文物保护利用和文化遗产保护传承优势。不仅要在物质形式上传承好、保护好这些文化遗产，让园林在当代文化和社会发展中持续发挥作用，更要在心里传承好、守护好这些文化根脉，让园林在开放、兼容、创新中走向多元和繁荣，践行以人为本的公园服务理念，努力整合公园文物和文化资源，推动文旅联动融合发展，不断提升市民游客的幸福感、获得感。以锻造服务品质、创新发展为使命，踔厉奋发，昂扬进取，持续深耕“园说”系列文物展，以实际行动打造出更多精彩展览！

北京市公园管理中心党委书记、主任

2023 年 12 月

Foreword

Over the past five years, the Beijing Municipal Administration Center of Parks has followed President Xi Jinping's directives on cultural heritage. Guided by Xi Jinping's Thought on Socialism with Chinese Characteristics for a New Era, the center is dedicated to "telling the story of gardens through cultural heritage and interpreting traditional culture through gardens." It has expertly managed the protection and utilization of cultural heritage, continually enhancing the "A Story of Gardens" brand and curating high-quality exhibitions. The center has successfully held four consecutive "A Story of Gardens" exhibitions, receiving widespread acclaim from various sectors of society. Since 2019, these exhibitions have attracted over 16 million visitors, both online and in person. Notably, 1.17 million visitors have explored the garden heritage at the Summer Palace Museum, immersing themselves in garden culture and appreciating its beauty. Gardens have become an integral part of people's lives, and the "A Story of Gardens" exhibitions have emerged as a leading platform for promoting garden culture.

In 2023, the Beijing Municipal Administration Center of Parks, in collaboration with the Summer Palace Management Office, presented "A Story of Gardens V: Integration and Development of North and South Famous Gardens." This exhibition was held at the Summer Palace Museum from September 26, 2023, to January 7, 2024. Part of the 2023 China Grand Canal Cultural Belt Beijing-Hangzhou Dialogue and the Beijing (International) Canal Culture Festival series, the exhibition focused on classical gardens from the Jiangnan region and areas around Beijing during the Ming and Qing Dynasties. The exhibition explored the regional environment, overall characteristics, gardening concepts, display craftsmanship, and cultural connotations of Jiangnan private gardens and northern imperial gardens. It aimed to showcase the ancient pursuit of an ideal living space and a rich spiritual world. Featuring 147 items from 19 cultural and museum institutions, including the Palace Museum, the National Library of China, the Capital Museum, the Tianjin Museum, the Shanghai Museum, the Liaoning Provincial Museum, the Shenyang Palace Museum, the Hangzhou West Lake Museum, the Suzhou Museum, the Yangzhou Museum, the Wuxi Museum, the Changshu Museum, the Nanjing Museum, the Museum of Chinese Gardens and Landscape, the Humble Administrator's Garden Management Office, the Lion Forest Garden Management Office, the Geyuan Garden Management Office, and the Yuanmingyuan, the exhibition included 72 items from the Summer Palace collection and 75 items on loan. The exhibition included paintings, jade artifacts, ceramics, ancient books, costumes, and other items. Through the exhibition, visitors appreciated the cultural treasures of Chinese classical gardens and the unique charm of oriental gardens. This was reflected in the gardens' stylistic characteristics of "sharing the same origin, each achieving excellence," the freehand techniques of "adapting to local conditions, creating natural beauty," and the cultural connotation of "expressing one's feelings through landscapes and achieving harmony between humans and nature."

The Beijing Municipal Administration Center of Parks will continue implementing President Xi Jinping's cultural mission of fostering cultural prosperity, building a country with great cultural strength, and developing modern Chinese civilization. Leveraging its strengths in protecting cultural heritage, the center aims to inherit and preserve these cultural treasures in their physical forms, ensuring that gardens play an ongoing role in contemporary culture and social development. Moreover, the center is dedicated to nurturing these cultural roots, promoting gardens as spaces of diversity and prosperity through openness, inclusiveness, and innovation. This philosophy reflects our commitment to a people-centered approach in park services. The center will integrate cultural resources to promote the combined development of culture and tourism, continually enhancing visitors' well-being and satisfaction. Committed to service excellence and innovative growth, the center will advance with determination and vigor. We will continue to develop the "A Story of Gardens" series of exhibitions, striving to create more outstanding and engaging exhibits through dedicated efforts.

Zhang Yong
Secretary of the Communist Party Committee and Director of
Beijing Municipal Administration Center of Parks
December 2023

目录

图版目录

第一单元　名园相望

第二单元　山水共融

第三单元　南北合鸣

CATALOGUE

SECTION ONE
FAMOUS GARDENS FACING EACH OTHER

Section Two
INTEGRATION OF MOUNTAINS AND RIVERS

Section Three
HARMONY OF NORTH AND SOUTH

南北名园
INTEGRATION AND DEVELOPMENT OF NORTH AND SOUTH FAMOUS GARDENS
前言
中国古典园林源远流长，自商周时代“囿”的出现，至今已有三千多年的历史。溯源于北方，承续于南方，至明清时期，中国古典园林进入成熟期，园林规模和艺术造诣达到顶峰。北方皇家园林和江南私家园林作为最具代表的两个类型，独具特色、个性鲜明，同时又相互影响、融合发展，在传承中更迭、在摹仿中创新，造就了“虽由人作，宛自天开”的自然之趣和“以画入园，因画成景”的意境之韵，蕴含着“天人合一、君子比德”的哲学智慧，是千百年来中国人的精神家园。
时至今日，南北名园作为珍贵的文化遗产，仍以其独特的魅力，为满足人民对美好生活的向往，为中华文化的传承发展提供生生不息的力量源泉。
A Story

PREFACE
Chinese classical gardens have a long history, which have been traced back to more than 3,000 years ago since the emergence of "You" in Shang and Zhou Dynasties. Tracing back to the north and carrying forward in the south, Chinese classical gardens entered a mature period in the Ming and Qing Dynasties, and their scale and artistic attainments reached the peak. As the two most representative types, the royal gardens in the north and the private gardens in the south of the Yangtze River are unique and distinct in individuality. At the same time, they influence each other, integrate and develop, change in inheritance and innovate in imitation, which has created the natural interest of "Artificial as they are, the gardens must look ingenious and natural" and the artistic conception of "painting into the garden, painting into the scenery". They contain the philosophical wisdom of "harmony between men and nature, gentlemen value virtue" and are the spiritual home of Chinese people for thousands of years.
Up to now, as precious cultural heritages, the famous gardens in the North and South still provide an endless source of power to satisfy people's longing for a better life and to inherit and develop Chinese culture with their unique charm.

前言

中国古典园林源远流长，自商周时代“囿”的出现，至今已有三千多年的历史。溯源于北方，承续于南方，至明清时期，中国古典园林进入成熟期，园林规模和艺术造诣达到顶峰。北方皇家园林和江南私家园林作为最具代表的两个类型，独具特色、个性鲜明，同时又相互影响、融合发展，在传承中更迭、在摹仿中创新，造就了“虽由人作，宛自天开”的自然之趣和“以画入园，因画成景”的意境之韵，蕴含着“天人合一、君子比德”的哲学智慧，是千百年来中国人的精神家园。

时至今日，南北名园作为珍贵的文化遗产，仍以其独特的魅力，为满足人民对美好生活的向往，为中华文化的传承发展提供生生不息的力量源泉。

PREFACE

Chinese classical gardens have a long history, which have been traced back to more than 3,000 years ago since the emergence of "You" in Shang and Zhou Dynasties. Tracing back to the north and carrying forward in the south, Chinese classical gardens entered a mature period in the Ming and Qing Dynasties, and their scale and artistic attainments reached the peak. As the two most representative types, the royal gardens in the north and the private gardens in the south of the Yangtze River are unique and distinct in individuality. At the same time, they influence each other, integrate and develop, change in inheritance and innovate in imitation, which has created the natural interest of "Artificial as it is, the garden must look ingenious and natural" and the artistic conception of "painting into the garden, painting into the scenery". It contains the philosophical wisdom of "harmony between men and nature, gentlemen value virtue" and is the spiritual home of Chinese people for thousands of years. Up to now, as precious cultural heritages, the famous gardens in the North and South still provide an endless source of power to satisfy people's longing for a better life and to inherit and develop Chinese culture with their unique charm.

第一单元 SECTION ONE

名园相望 FAMOUS GARDENS FACING EACH OTHER

明、清时期是中国古典园林发展史上的高峰，帝王南巡北狩，从塞外到江南，造园名家辈出，园林遍布都邑，从理论到实践，促进了南北园林的全面繁荣。江南私家园林和北方皇家园林在造园理念和造园技艺上各臻其妙、交流融汇，无论出自“江南画境”，还是成于“北国天地”，园林的佼佼者无不集传统文化于大成，造就了无数风姿独具的园林经典。

Ming and Qing Dynasties are the peak in the history of the development of Chinese classical gardens. Emperors paraded the south and hunted in the north. From the north of the Great Wall to the south of the Yangtze River, prestigious gardeners came forth in large numbers, and gardens spread all over the metropolises. From theory to practice, they promoted the overall prosperity of the gardens in the North and South. Private gardens in the south of the Yangtze River and royal gardens in the North have their own wonderful gardening concepts and skills. Whether they come from “Jiangnan Painting Landscape” or “Northern Heaven and Earth”, the best gardens all integrate traditional culture to accomplish great achievements, creating countless unique garden classics.

1

江南画境 诗意栖居

山水有灵，居而有境。江南园林缘于山水，胜于营造。明清时期的江南园林，有着“源于自然、高于自然，咫尺之地、再造乾坤”的美誉，其中尤以苏州、扬州、杭州、南京为胜。“江南”由此成为中国人心中“诗意栖居”的理想之境。

太湖雅韵

苏州位于长江下游，地处太湖之滨，地势低平，河港交错。苏州园林风景秀美，享有“江南园林甲天下，苏州园林甲江南”的美誉。溯源于春秋，发展于晋唐，成熟于两宋。至明清时期，苏州、无锡经济繁荣，文化昌盛，造园活动达到顶峰。

2

董诰《姑苏名胜图》册

Famous Sights of Suzhou by Dong Gao, Album

清（1644～1911年）
纸本 设色
纵 21.2、横 31.2 厘米
沈阳故宫博物院藏

董诰（1740～1818年），字雅伦，号蔗林，浙江富阳（今浙江杭州）人。为董邦达之子，家学渊博，乾隆二十八年（1763年）高中进士，因擅长书画深得乾隆皇帝喜爱。董诰实心任事、工作勤奋，乾隆皇帝多次委以重任，曾两次列功臣像于紫光阁。至嘉庆朝，董诰官至军机大臣、文华殿大学士，加太子太师衔，可谓位极人臣。

此图册共十六开，每开所绘皆为山水景色，分别为治平寺、上方山、狮子林、沧浪亭、虎丘、灵岩、香雪海、邓尉、支硎山、寒山别墅、千尺雪、法螺寺、龙门、穹窿（隆）山、石湖、华山，均为苏州地区风景名胜。此册页为大青绿山水风格，山石、绿树都以石青、石绿着色，晕染得法、薄厚适中，同时刻意减少传统皴笔的运用，整体色彩丰富，给人以生机勃勃之感。

“华山”一开的册页中，左下题“臣董诰恭画”，自题旁钤“臣”“诰”白文方印两枚。

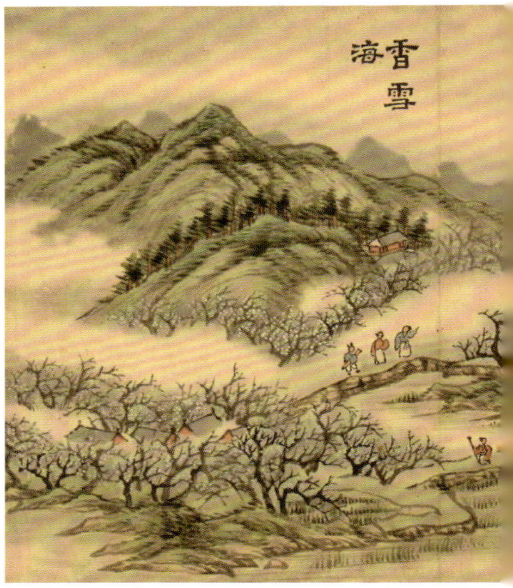

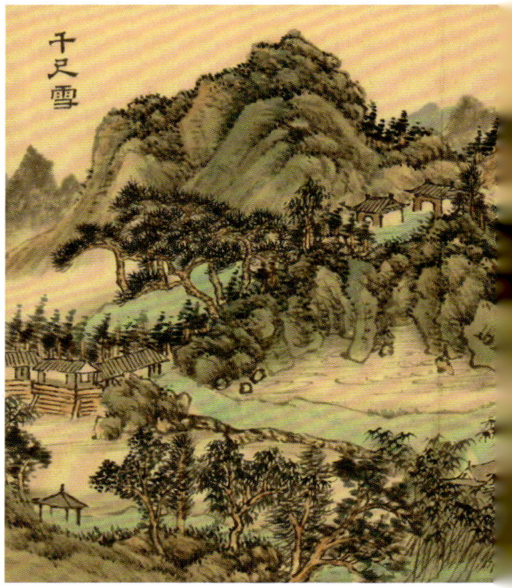

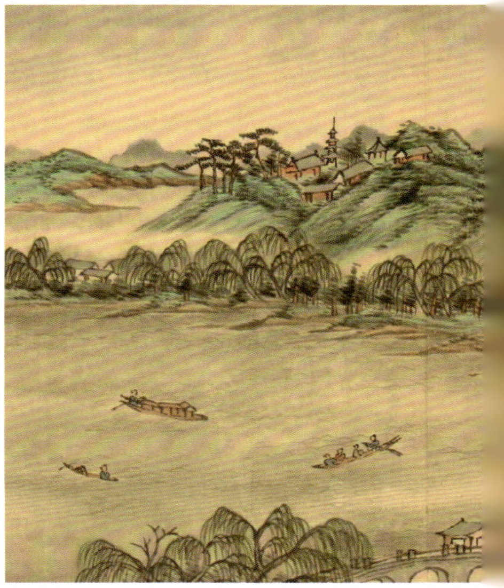

獅子林

上方山

治平寺

靈巖

虎丘

寒山別墅

支硎山

石湖

穹窿山

龍門

林子獅

亭浪滄

虎丘

靈巖

支硎山

千尺雪

穹窿山

華山
臣董誥恭畫

3

木刻苏州城地图

Woodblock Print of Suzhou City Map

清（1644～1911年）

纸本 设色

纵93.6、横57.7厘米

首都博物馆藏

该图为清代版本木刻苏城全图，全图详细展示了清晚期（约清光绪末年）苏州城的全貌，首次将城外的部分绘入地图中。全图为研究苏州城发展变迁提供了可靠资料，具有历史文献和艺术价值。

虎丘

虎丘，位于今苏州市阊门外山塘街，素有“吴中第一名胜”的美誉。相传春秋时吴王阖闾葬于此。从东晋咸安年间，王珣、王珉兄弟舍宅为寺起，到北宋初年虎丘塔建成。明代中叶，文徵明之孙文肇祉在虎丘便山桥南建别墅，初名“海涌山庄”，凿池及泉，池成而虎丘塔影见，更名为“塔影园”，有池泉之胜，以水景见长。

『构园无格，借景有因。』

——〔明〕计成《园冶·借景》

4

钱榖《虎丘图》轴

Tiger Hill by Qian Gu, Hanging Scroll

明（1368～1644年）

纸本 设色

纵108、横43厘米

天津博物馆藏

钱榖（1508～1582年），字叔宝，号磬室，吴县（今江苏苏州）人，文徵明弟子。擅画山水、兰竹。

此图以浅绛绘虎丘景致，笔墨松动流畅，潇洒自然，颇具文人趣味。虎丘为苏州胜景，有“吴中第一名胜”之称，是吴门画家图咏不衰的绘画题材。

款署：壬申五月既望写于悬磬室。彭城钱榖。

下钤：“彭城钱榖”白文方印。

拙政园

拙政园，位于今苏州市东北街。始建于明正德年间，御史王献臣以大弘寺址拓建为园，取“此亦拙者之为政也”之意，命名为“拙政园”。明崇祯年间御史王心一购园林东部建“归田园居”。清光绪三年（1877年）张履谦购得园林西部，名为“补园”。拙政园主景区以大水池为中心，建筑舒朗，因水成景。整体环境充满天然野趣，保留着宋、明以来平淡简远的遗风，是江南私家园林的典范。

『疏水若为无尽，断处通桥。』

——〔明〕计成《园冶·立基》

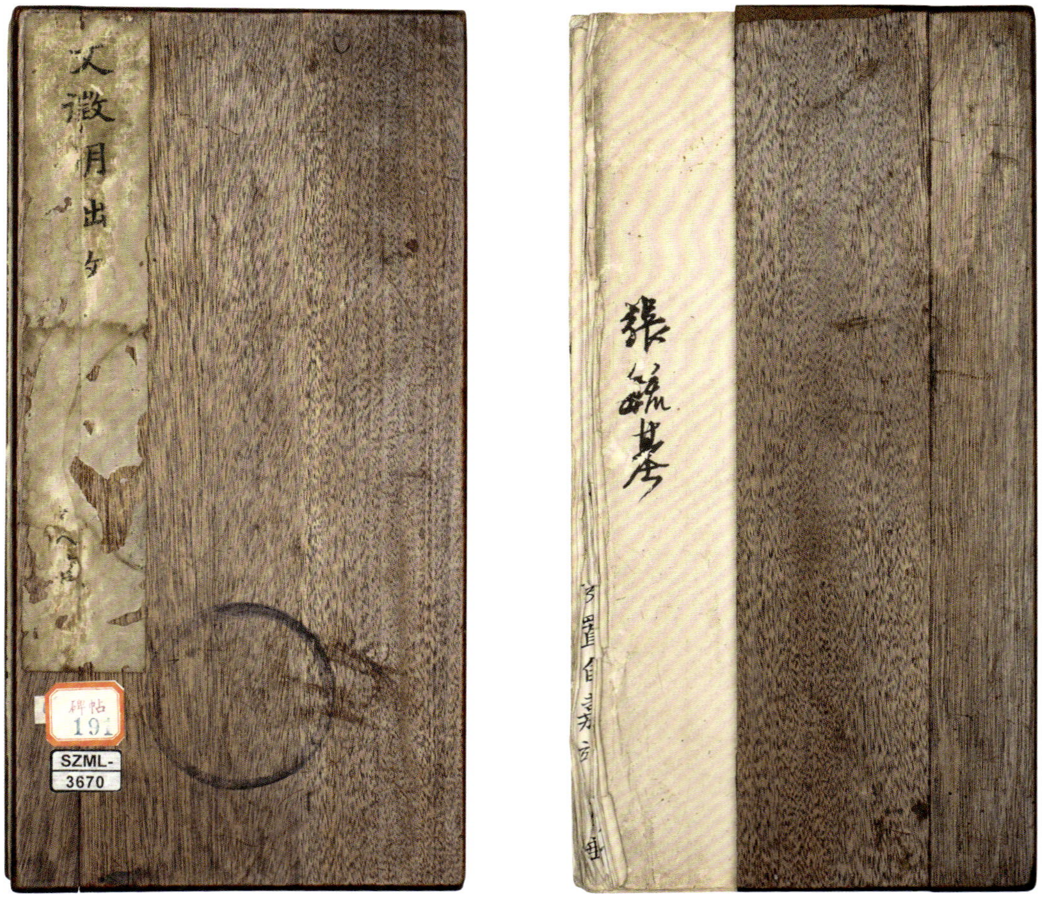

5

《拙政园记》拓片

Rubbing of Humble Administrator's Garden Record

清（1644～1911年）

纸本

纵22.5、横210厘米

苏州博物馆藏

《拙政园记》全名为《王氏拙政园记》，该记为明嘉靖十二年（1533年）“吴门四才子”“明四家”之一的文徵明撰书，主要介绍拙政园的具体布局与建筑小品，清光绪间钱新之重摩。文徵明与当时的拙政园园主王献臣友情深厚，曾多次依园中景物绘图，作《王氏拙政园记》，并赋诗数十首，园记中记载的一些景名沿用至今。清光绪年间，园主张履谦撰《补园记》，延请俞宗海书，金陵冯秋田与弟春谷镌，并拓印装裱成册。《王氏拙政园记》现已付之于石刻，位于拙政园“拜文揖沈之斋”。

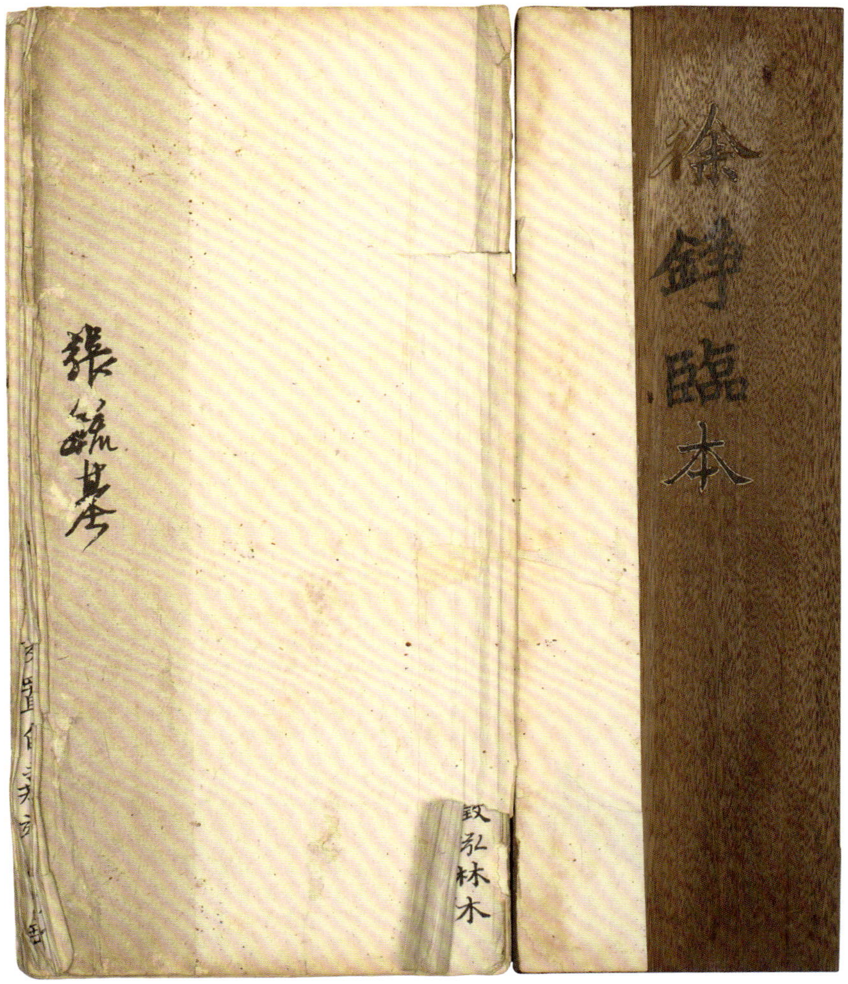
徐鋳臨本

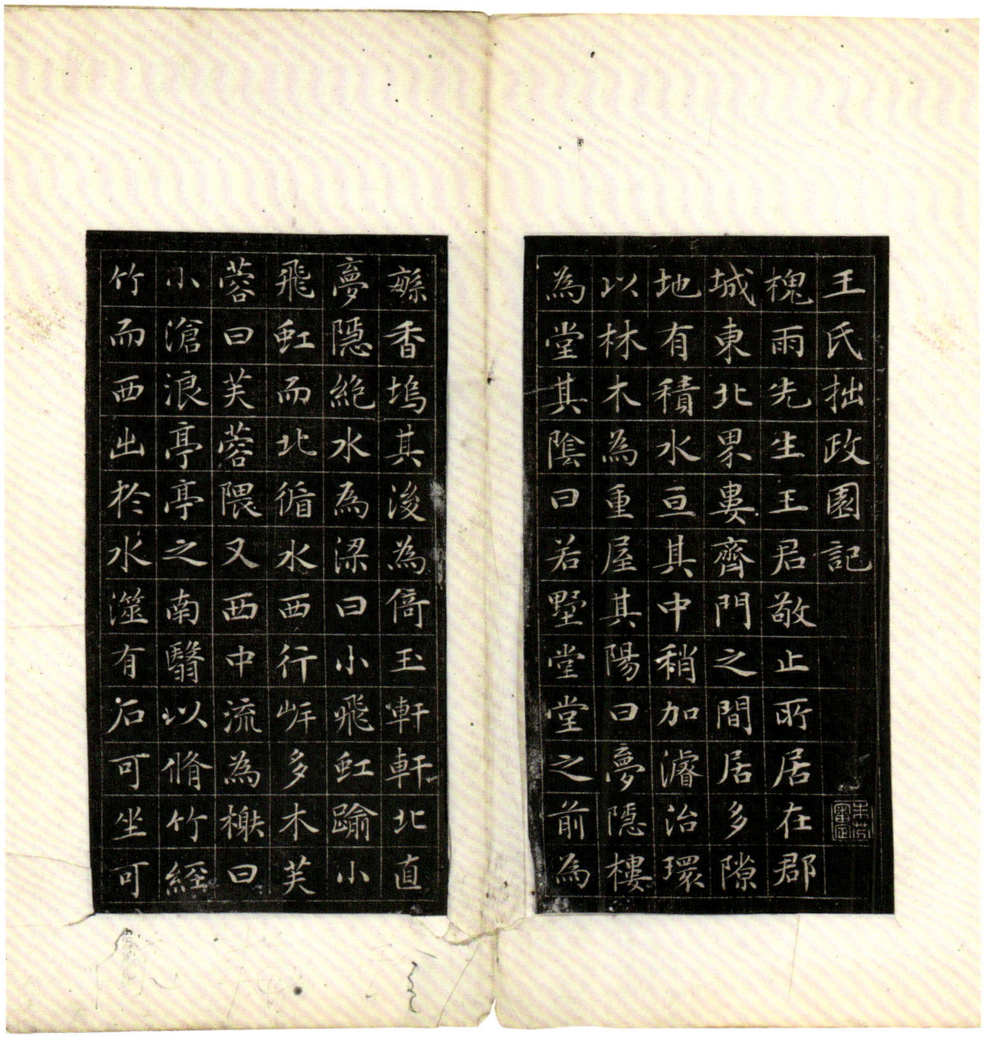
王氏拙政園記
槐雨先生王君敬止所居在郡
城東北界婁齊門之間居多隙
地有積水亘其中稍加濬治環
以林木為重屋其陽曰夢隱樓
為堂其陰曰若墅堂堂之前為
繁香塢其後為倚玉軒軒北直
夢隱絕水為梁曰小飛虹踰小
飛虹而北循水西行岸多木芙
蓉曰芙蓉隈又西中流為榭曰
小滄浪亭亭之南翳以脩竹經
竹而西出於水澨有石可坐可

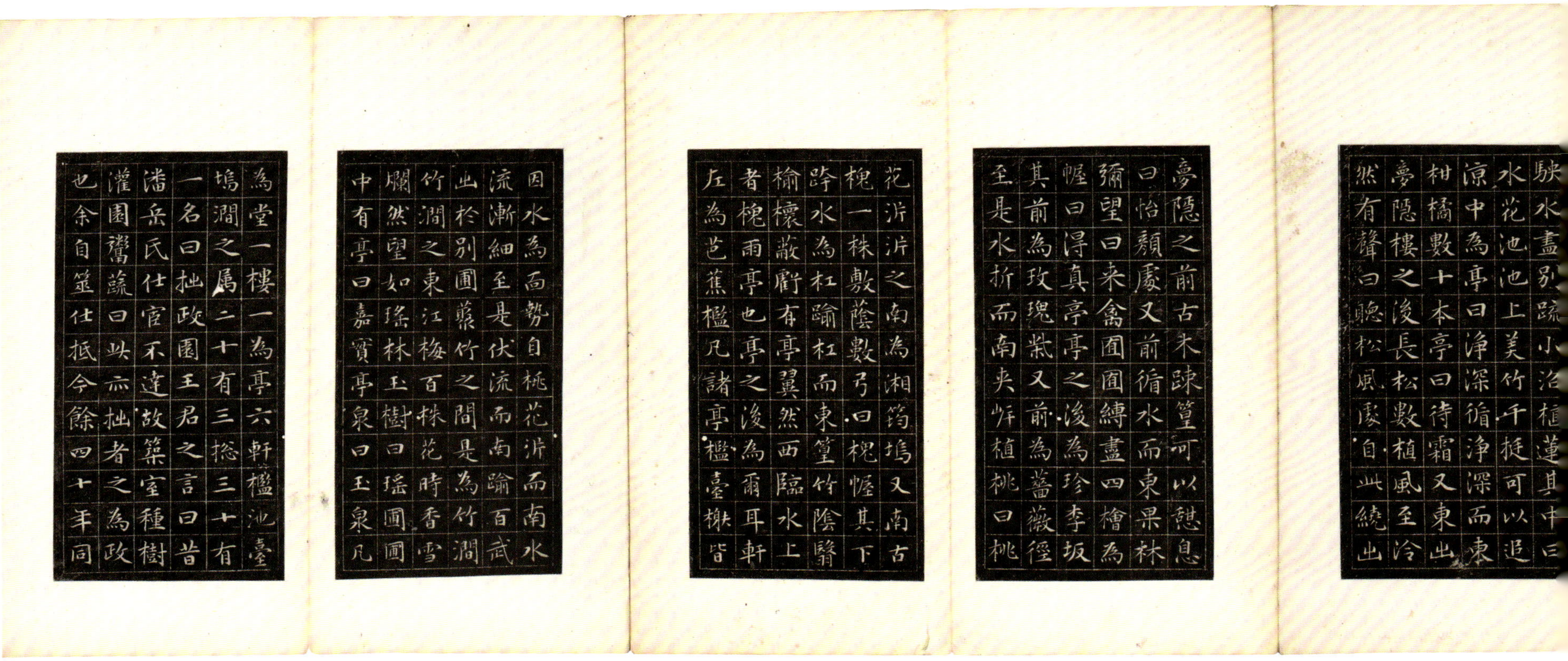
駛水盡別疏小沼植蓮其中曰
水花池池上美竹千挺可以追
涼中為亭曰淨深循淨深而東
柑橘數十本亭曰待霜又東出
夢隱樓之後長松數植風至泠
然有聲曰聽松風處自此繞出
夢隱之前古木疎篁可以憩息
曰怡顏處又前循水而東果林
彌望曰來禽囿囿縛盡四檜為
幄曰得真亭亭之後為珍李坂
其前為玫瑰柴又前為薔薇徑
至是水折而南夾岸植桃曰桃
花沜沜之南為湘筠塢又南古
槐一株敷蔭數弓曰槐幄其下
跨水為杠踰杠而東篁竹陰翳
榆槐蔽虧有亭翼然西臨水上
者槐雨亭也亭之後為爾耳軒
左為芭蕉檻凡諸亭檻臺榭皆
因水為面勢自桃花沜而南水
流漸細至是伏流而南踰百武
出於別圃叢竹之間是為竹澗
竹澗之東江梅百株花時香雪
爛然望如瑤林玉樹曰瑤圃圃
中有亭曰嘉實亭泉曰玉泉凡
為堂一樓一為亭六軒檻池臺
塢澗之屬二十有三總三十有
一名曰拙政園王君之言曰昔
潘岳氏仕宦不達故築室種樹
灌園鬻蔬曰此亦拙者之為政
也余自筮仕抵今餘四十年同

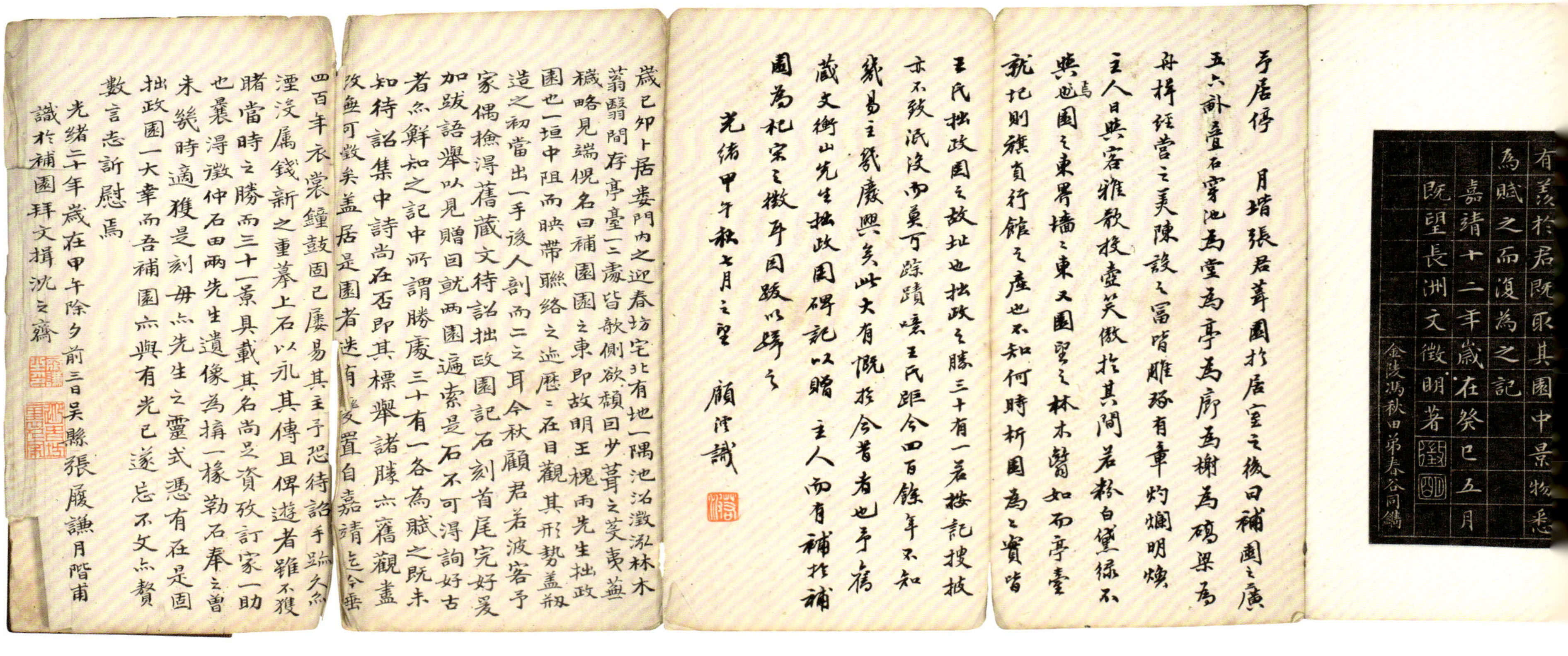
有羨於君既取其園中景物悉
為賦之而復為之記
嘉靖十二年歲在癸巳五月
既望長洲文徵明著
金陵馮秋田弟秦谷同鐫
予居停　月堦張君葺園於居室之後曰補園之廣
五六畝疊石穿池為堂為亭為廊為榭為磴梁為
舟梓經營之美陳設之富皆雕琢有章灼爛明煥
主人日與客雅歌投壺笑傲於其間若粉白黛綠不
與焉也園之東界墻之東又園焉之林木蓊如而亭臺
就圮則旗貢行館之廬也不知何時析園為之實皆
王氏拙政園之故址也拙政之勝三十有一若按記搜披
亦不致泯沒而莫可踪蹟噫王氏距今四百餘年不知
幾易主幾廢興矣此大有慨於今昔者也予舊
藏文衡山先生拙政園碑記以贈　主人而有補於補
園為杞宋之徵耳因跋以歸之
光緒甲午秋七月之望　顧潞識
歲己卯卜居婁門內之迎春坊宅北有地一隅池沼澂泓林木
蓊翳間存亭臺一二處皆欹側欲頹因少葺之芟夷蕪
穢略見端倪名曰補園園之東即故明王槐雨先生拙政
園也一垣中阻而映帶聯絡之迹歷歷在目觀其形勢蓋創
造之初當出一手後人剖而二之耳今秋顧君若波客予
家偶檢得舊藏文待詔拙政園記石刻首尾完好爰
加跋語舉以見贈因就兩園遍索是石不可得詢好古
者亦鮮知之記中所謂勝處三十有一各為賦之既未
知待詔集中詩尚在否即其標舉諸勝亦窅觀盡
致無可徵矣蓋居是園者迭有改置自嘉靖迄今垂
四百年衣裳鐘鼓固已屢易其主予恐待詔手跡久亦
湮沒屬錢新之重摹上石以永其傳且俾遊者雖不獲
睹當時之勝而三十一景具載其名尚足資考訂家一助
也曩得徵仲石田兩先生遺像為搆一椽勒石奉之曾
未幾時適獲是刻毋亦先生之靈式憑有在是固
拙政園一大幸而吾補園亦與有光已遂忘不文亦贅
數言志訢慰焉
光緒二十年歲在甲午除夕前三日吳縣張履謙月階甫
識於補園拜文揖沈之齋

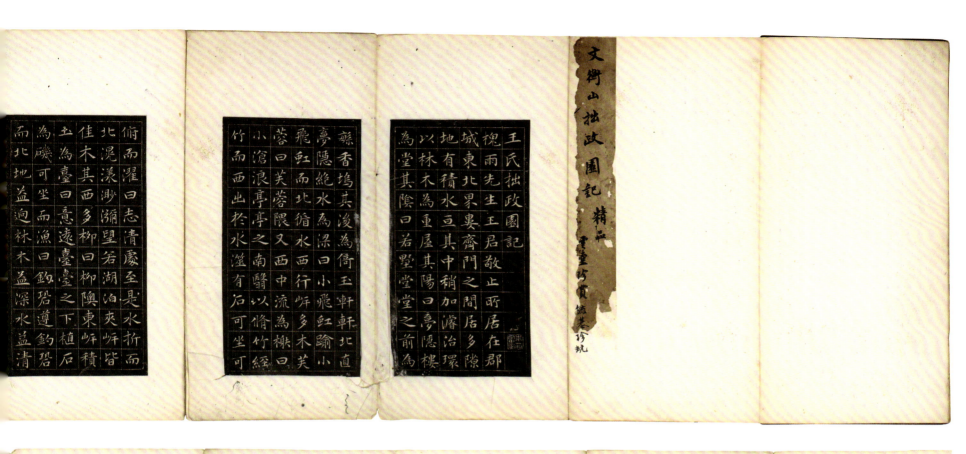

文衡山拙政園記精品

雲臺珍賞 毓基珍玩

王氏拙政園記
槐雨先生王君敬止所居在郡
城東北界婁齊門之間居多隙
地有積水亘其中稍加濬治環
以林木為重屋其陽曰夢隱樓
為堂其陰曰若墅堂堂之前為
繁香塢其後為倚玉軒軒北直
夢隱絕水為梁曰小飛虹踰小
飛虹而北循水西行岸多木芙
蓉曰芙蓉隈又西中流為榭曰
小滄浪亭亭之南翳以脩竹經
竹而西出於水澨有石可坐可
俯而濯曰志清處至是水折而
北滉漾渺瀰望若湖泊夾岸皆
佳木其西多柳曰柳隩東岸積
土為臺曰意遠臺臺之下植石
為磯可坐而漁曰釣䂬遵釣䂬
而北地益迥林木益深水益清

時之人或起家至八坐登三事
而吾僅以一郡倅老退林下其
為政殆有拙於岳者園所以識
也雖然君於岳則有間矣君以
進士高科仕為名灋從直躬殉
道非久被斥其後旋起旋廢迄
擯不復其為人豈齷齪自守視
時浮沉者哉岳雖漫為閒居之
言而諂事時人至於望塵雅拜
乾沒勢權終罹咎禍考其平生
蓋終其身未嘗暫去官守以即
其閒居之樂也豈惟岳哉古之
名賢勝士固有有志於是而際
會功名不能解脫又或升沉遷
徙不獲遂志如岳者何限哉而
君甫及強仕即解官家處所謂
築室種樹灌園鬻蔬逍遙自得
享閒居之樂者二十年於此矣
究其所得雖古之高賢勝士亦
或有所不逮也而何岳之足云
所為區區以岳自況亦聊以宣
其不達之志焉耳而其志之所
樂固有在彼而不在此者是故
高官膴仕人所慕樂而禍患攸
伏造物者每消息其中使君得
志一時而或橫罹災變其視末
殺斯世而優游餘年果孰多少
哉君子於此必有所擇矣徵明
漫仕而歸雖蹤跡不同於君而
潦倒末殺略相曹耦頓不得一

留园

留园，位于今苏州市留园路，始建于明万历年间，原为徐泰时“东园”。清乾隆五十九年（1794 年）归吴县人刘恕，改名“寒碧庄”。刘恕爱石，同治年间收集太湖石 12 峰置于园内。同治十二年（1873 年），又被大官僚盛康购得，更名“留园”。全园兼具“泉石之胜、花木之美、亭榭之幽深”，被誉为“吴下名园之冠”。

『苏州府所属洞庭山，石产水涯，惟消夏湾者为最。性坚而润，有嵌空、穿眼、宛转、险怪势。』

——〔明〕计成《园冶·选石》

6

陆远《寒碧山庄图》轴

Hanbi Mountain Villa by Lu Yuan, Hanging Scroll

清（1644～1911 年）

绢本 设色

纵 250、横 70 厘米

故宫博物院藏

陆远，字静致，活跃于明末清初，工诗文、山水。

此图是陆远为慈舟道人所绘其居所寒碧山庄之景，据裱工处题跋可知“寒碧山庄”之名取杜甫《茅屋为秋风所破歌》诗意。画面中远山耸立，草堂临溪而建，周围虬松参天，修竹掩映，院中有一白鹤。一文士坐于堂屋中，望向前景处的溪水，似在目送乘舟离去的友人。该画轴借松、竹、鹤等来展现山庄的幽静、脱俗，近景山石以墨线勾皴，青绿点染，墨色清趣。

钤印：“陆远之印”朱白文方印。

寄畅园

寄畅园，位于今无锡市惠山寺北。明正德、嘉靖年间，南京兵部尚书秦金购寺舍辟为别墅，名“凤谷行窝”。明万历十九年（1591年），湖广巡抚秦燿拓建祖园，至万历二十七年（1599年）建成二十景，更名“寄畅园”。清康熙年间，秦氏后人秦德藻偕其子秦松龄延请华亭叠石名家张南垣及侄张鉽，延山引水，平冈小陂，筑“八音涧”，奠定寄畅园今日之景观格局。

> 『园地惟山林最胜，有高有凹，有曲有深，有峻而悬，有平而坦，自成天然之趣，不烦人事之工。』
>
> ——〔明〕计成《园冶·相地》

7

青白玉『惠山图』山子

Greenish-White Jade Boulder with the Landscape of Huishan Mountain

清（1644～1911年）

高16.4、宽33.8厘米

天津博物馆藏

青白玉，间杂褐色沁。玉匠通过精心设计和巧妙安排，利用玉材的天然色差及纵横起伏的绺纹，以江苏无锡惠山的景致为模型，雕琢出一幅景色怡人的立体图画。浮云环绕山巅，瀑布湍流，松柏高塔及亭台殿阁，远近景物曲折有序，层次分明，将玉料的特点与雕琢的题材自然地融为一体。玉山正面石塔右侧刻乾隆御制诗一首：“川路遥看见惠山，轻云淡日蔚孱颜。遄飞吟兴于何是，只在泉流峰峙间。”

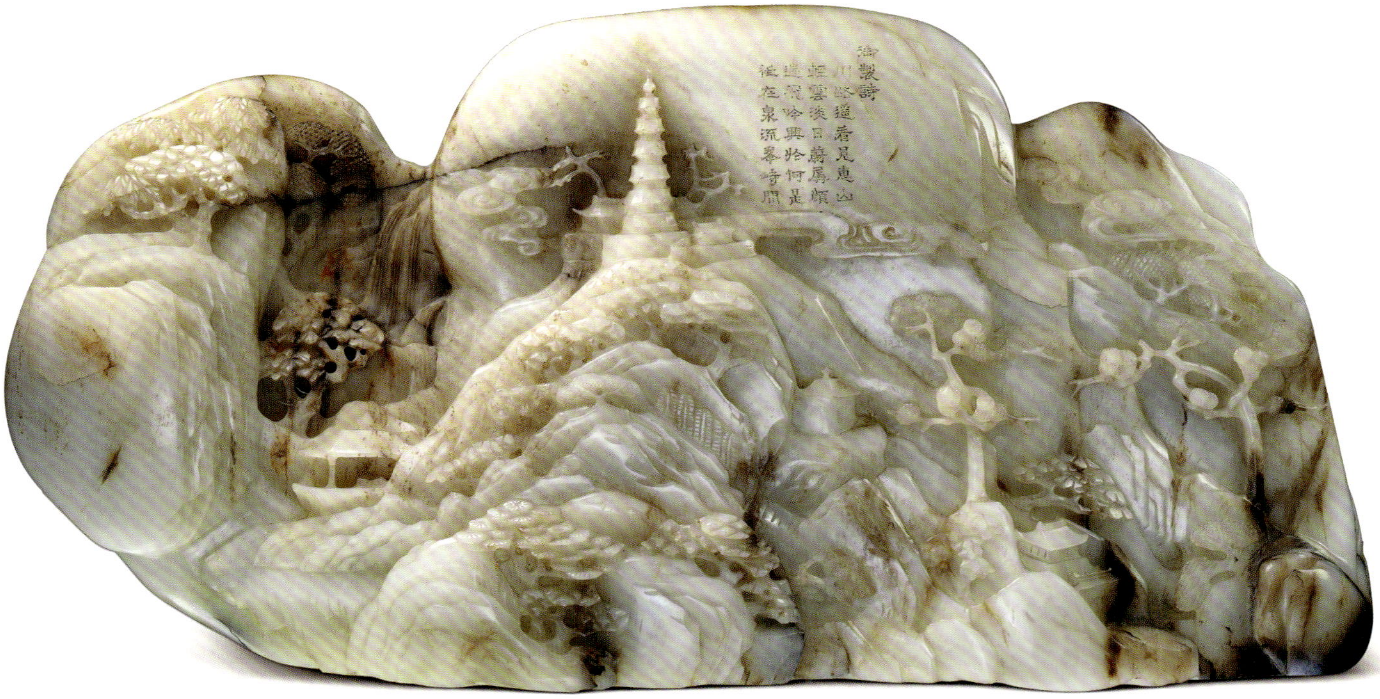

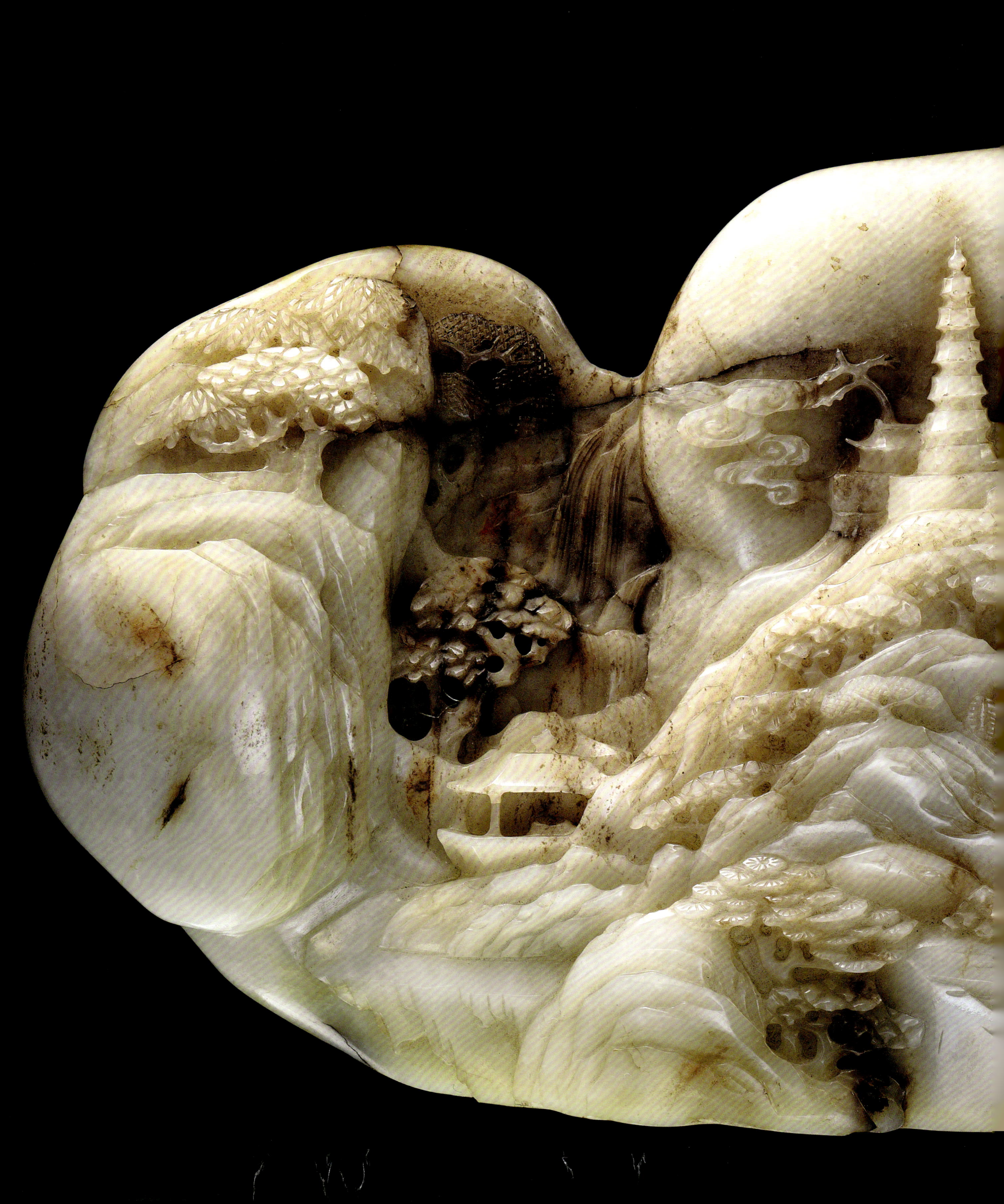

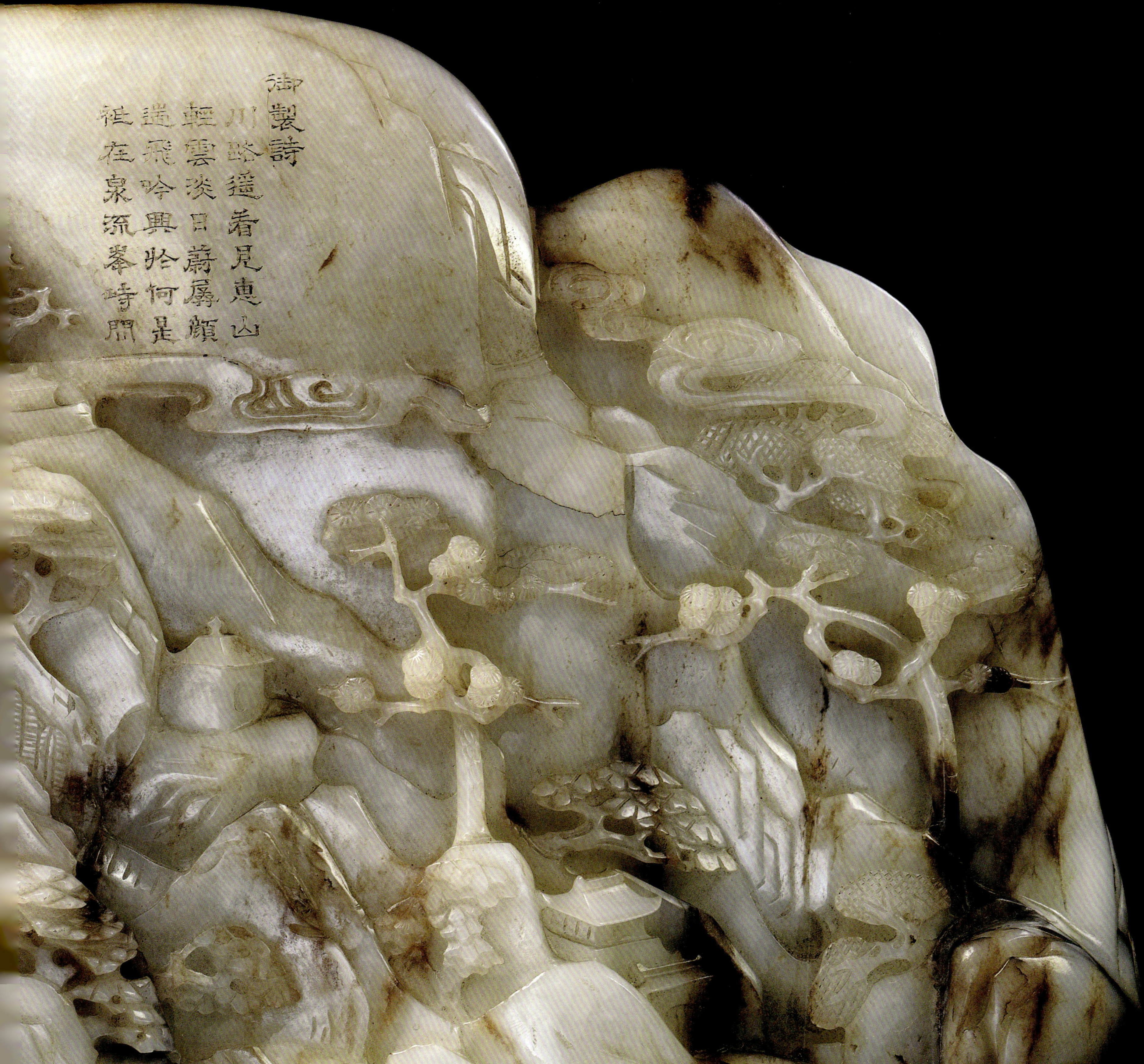
御製詩
川路遥着見惠山
輕雲淡日蔚屬顏
遥飛吟興於何是
祗在泉流峯峙間

8

《寄畅园法帖》

Jichang Garden Model Calligraphy, Album

清（1644～1911年）

纵30.2，横17.5厘米

无锡博物院藏

《寄畅园法帖》为历代丛帖，共六册。该帖由无锡秦震钧（1735～1807年）编辑，宣州汤铭摹刻，刻成于清嘉庆辛酉年（1801年）。其中三册为宋、元、明人书，以无锡秦氏先祖秦观之书冠于首，另外三册为清初至乾隆间名人书。此帖收辑秦氏先人及无锡先贤之书颇富，摹拓亦精美。

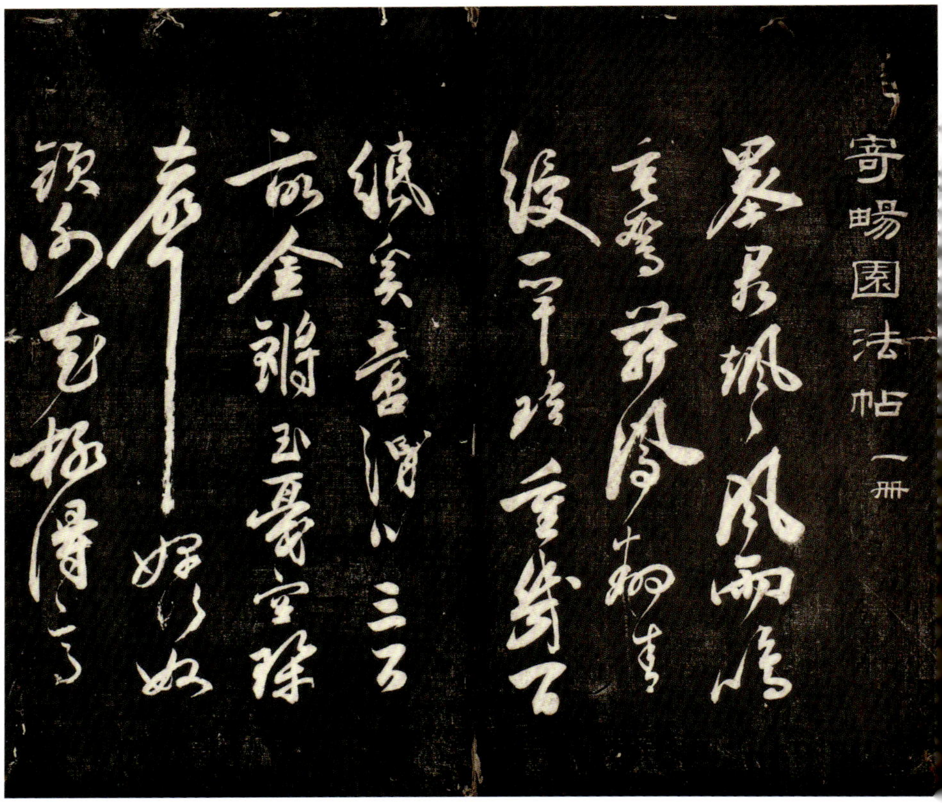

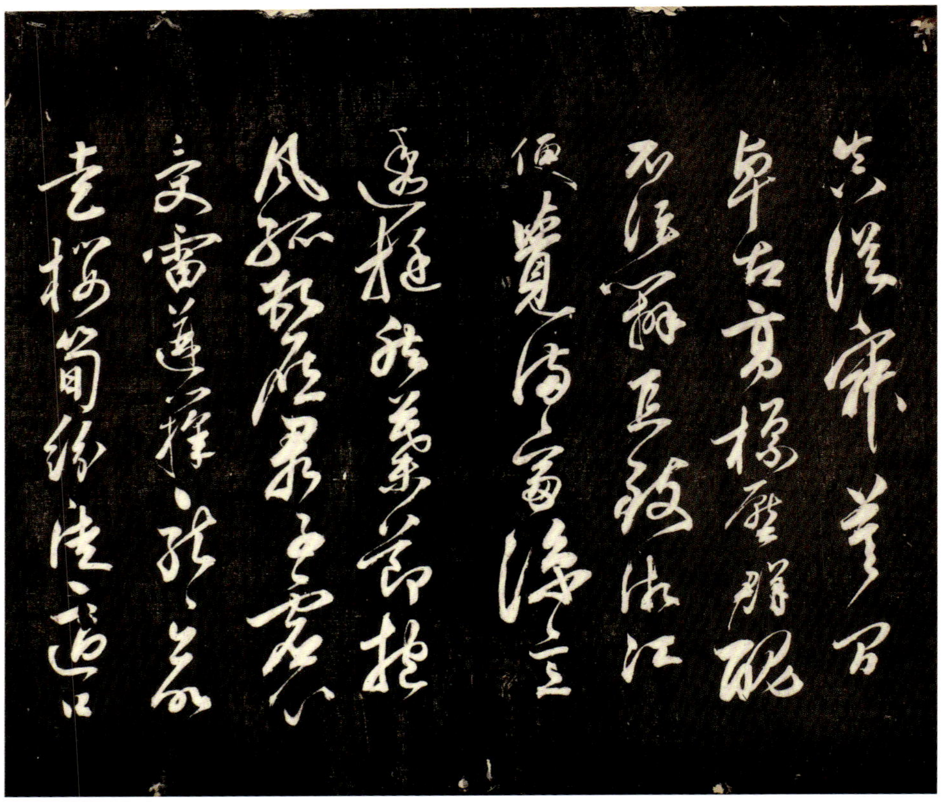

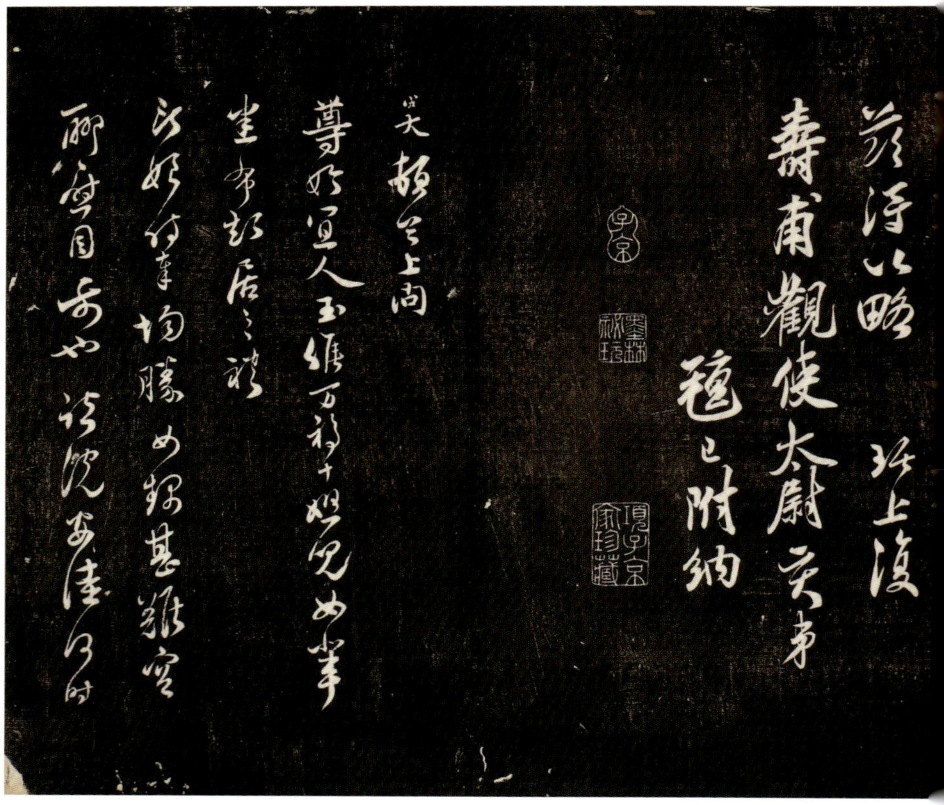

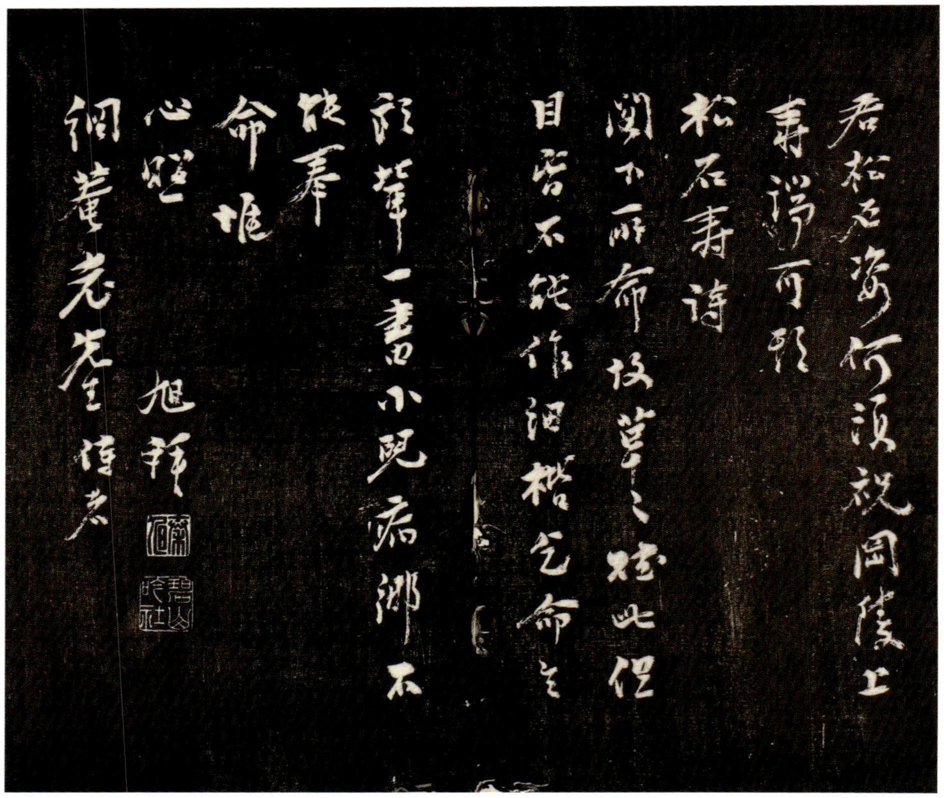

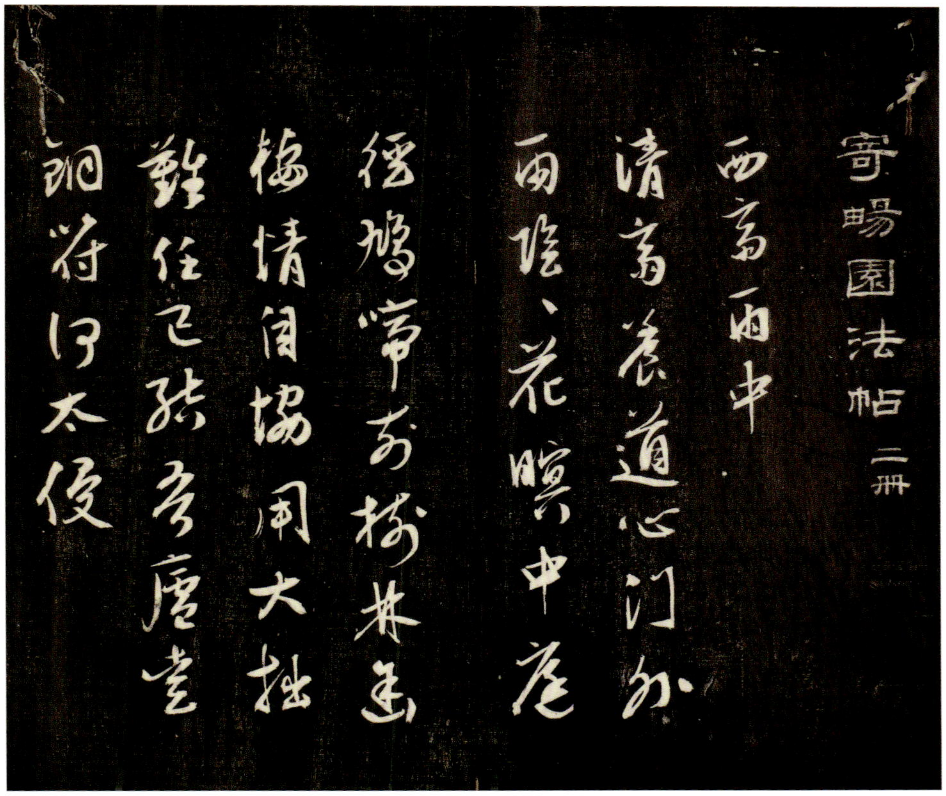
寄暢園法帖 二册
西齋雨中
清齋養道心門外
雨絲絲花暝中庭

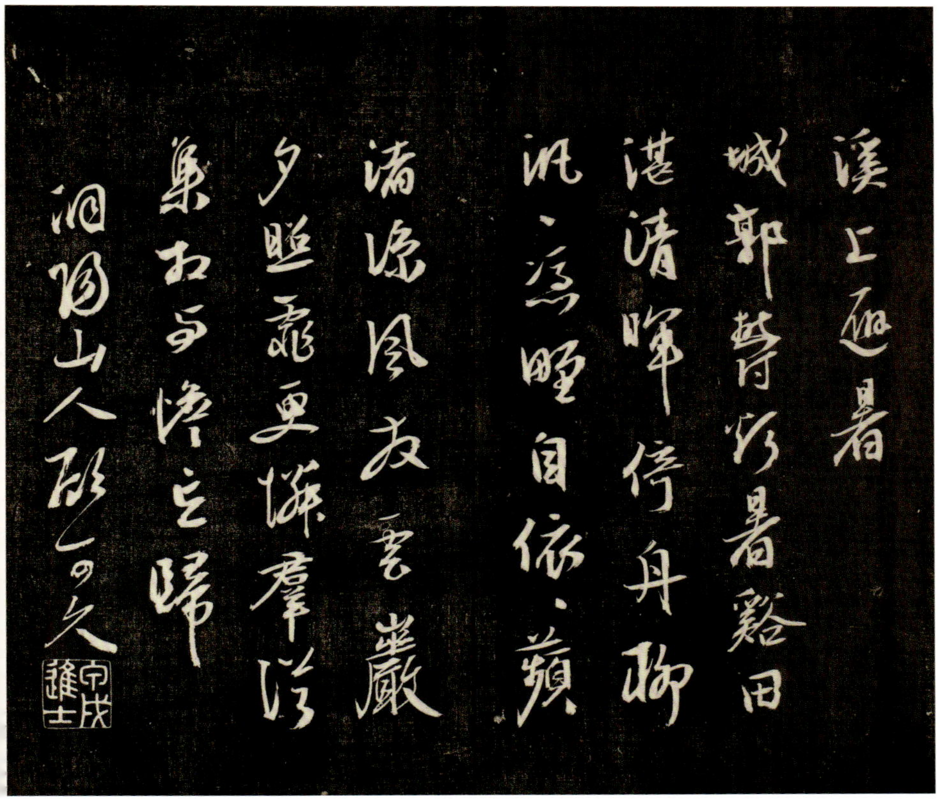
溪上避暑

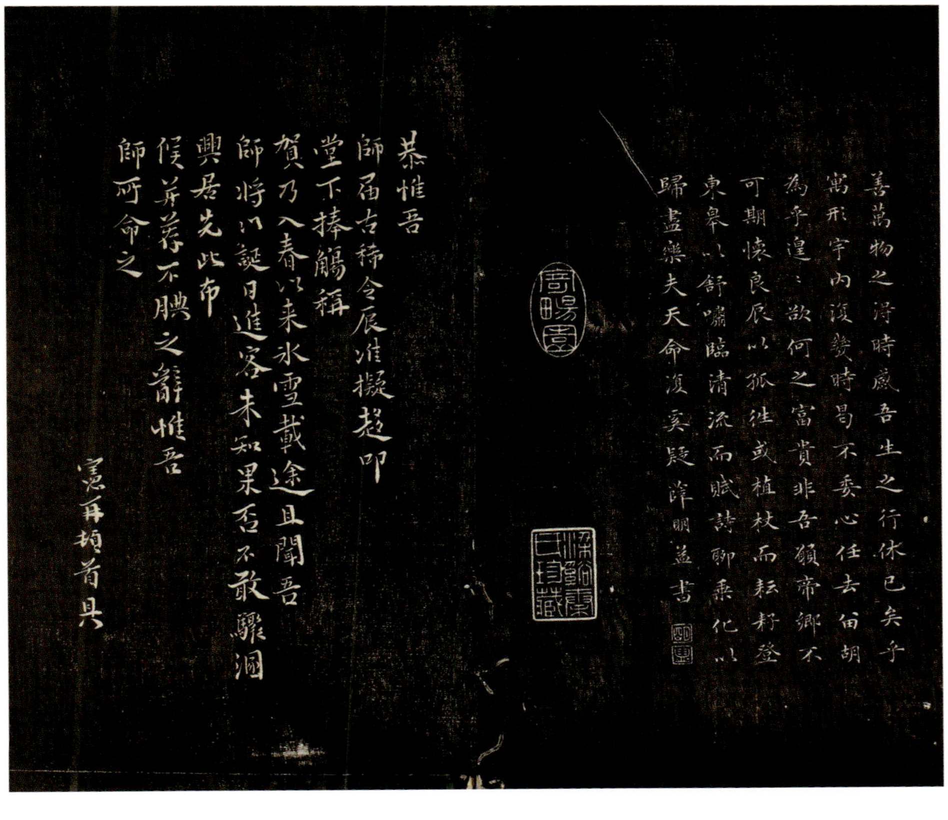
善萬物之得時感吾生之行休已矣乎
寓形宇內復幾時曷不委心任去留胡
為乎遑遑欲何之富貴非吾願帝鄉不
可期懷良辰以孤往或植杖而耘耔登
東皋以舒嘯臨清流而賦詩聊乘化以
歸盡樂夫天命復奚疑許明益書
寄暢園
恭惟吾
師届古稀令辰准擬趨叩
堂下捧觴稱
賀乃入春以來氷雪載途且聞吾
師將以誕日進客未知果否不敢驟溷
興居先此布
候并薦不腆之辭惟吾
師耐命之
憲再頓首具

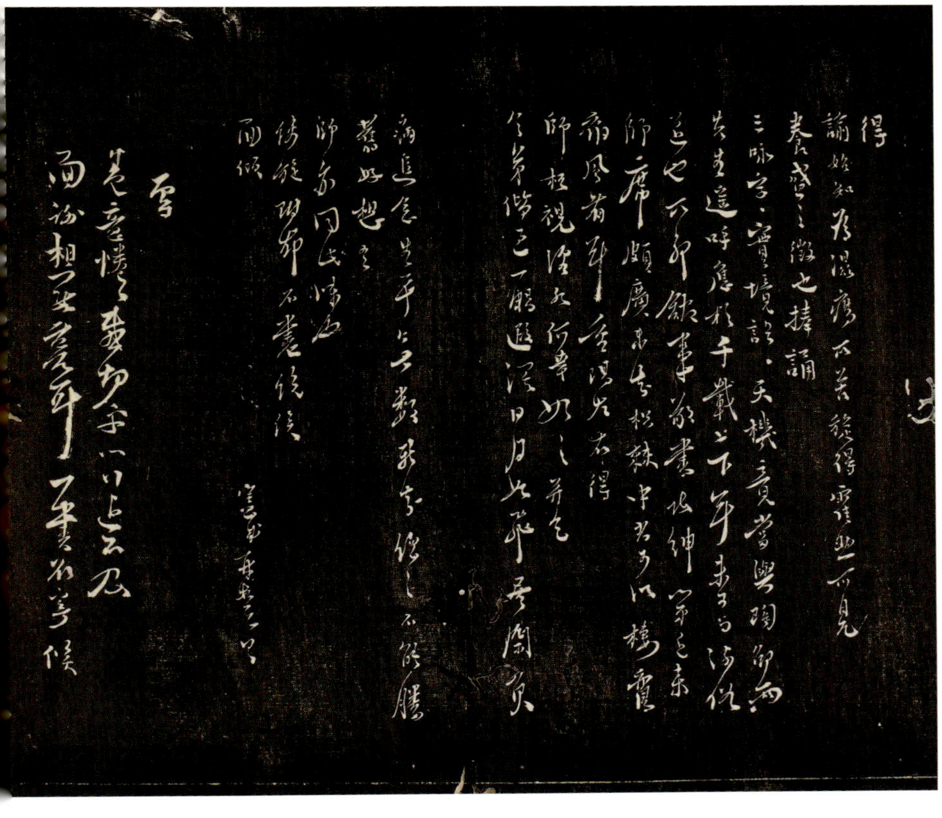

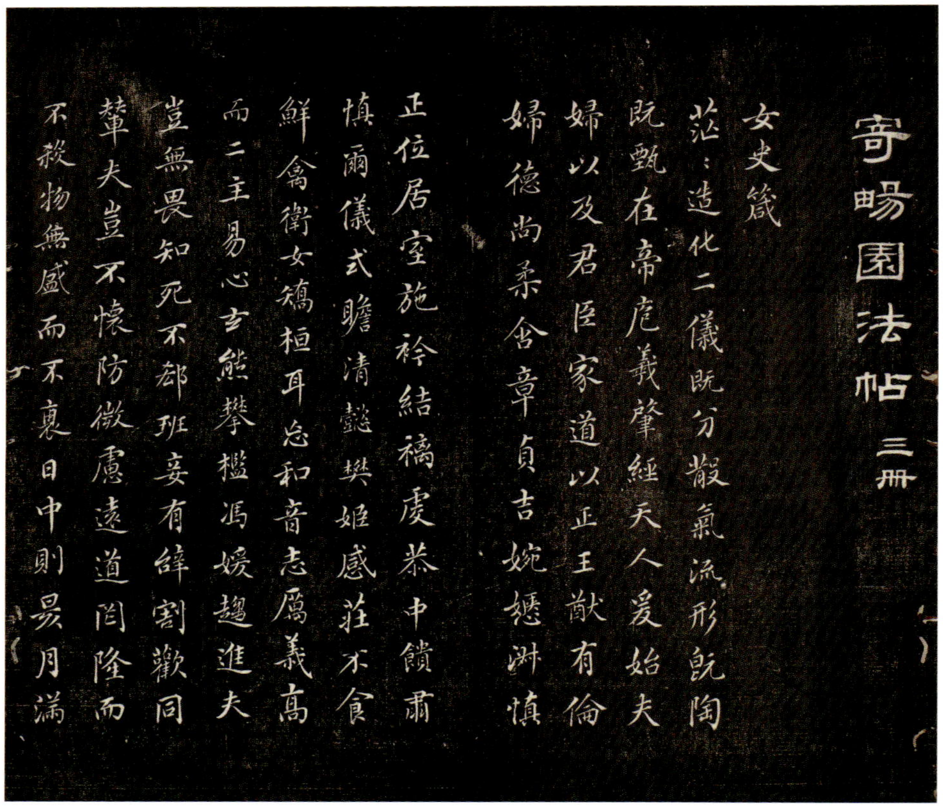
寄暢園法帖 三冊
女史箴
茫茫造化二儀既分散氣流形既陶
既甄在帝庖羲肇經天人爰始夫
婦以及君臣家道以正王猷有倫
婦德尚柔含章貞吉婉嫕淑慎
正位居室施衿結褵虔恭中饋肅
慎爾儀式瞻清懿樊姬感莊不食
鮮禽衛女矯桓耳忘和音志厲義高
而二主易心玄熊攀檻馮媛趨進夫
豈無畏知死不怯班妾有辭割歡同
輦夫豈不懷防微慮遠道罔隆而
不殺物無盛而不衰日中則昃月滿

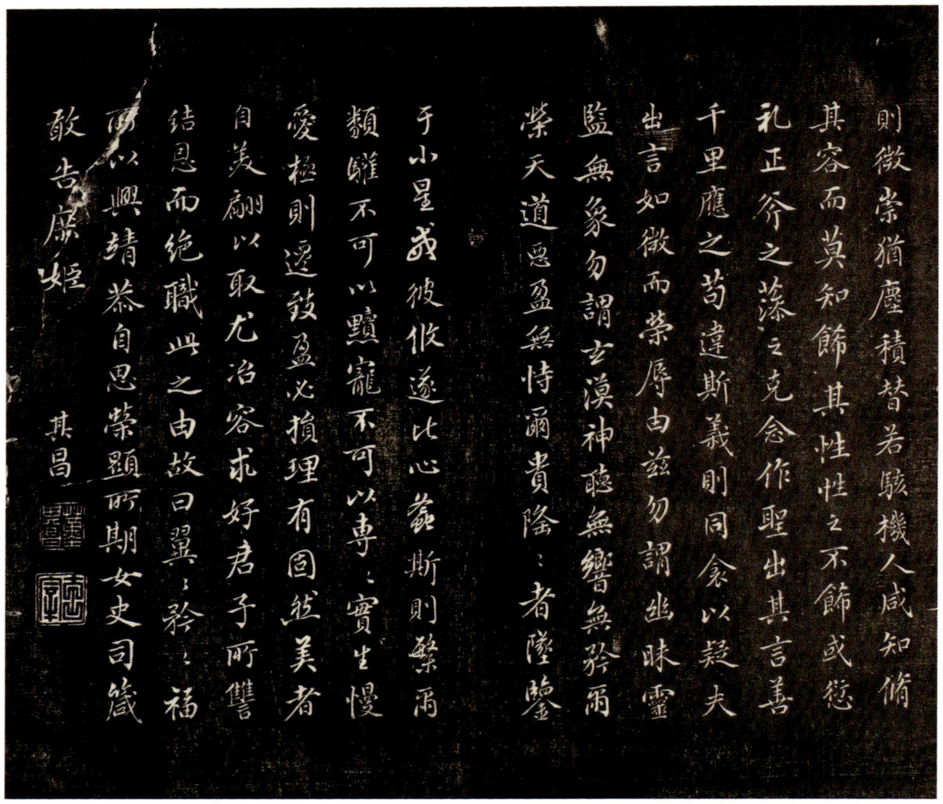
則微崇猶塵積替若駭機人咸知脩
其容而莫知飾其性性之不飾或愆
禮正斧之藻之克念作聖出其言善
千里應之苟違斯義則同衾以疑夫
出言如微而榮辱由茲勿謂幽昧靈
監無象勿謂玄漠神聽無響無矜爾
榮天道惡盈無恃爾貴隆隆者墜鑒
于小星戒彼攸遂比心螽斯則繁爾
類驩不可以黷寵不可以專專實生慢
愛極則遷致盈必損理有固然美者
自美翩以取尤冶容求好君子所讎
結恩而絕職此之由故曰翼翼矜矜福
所以興靖恭自思榮顯所期女史司箴
敢告庶姬
其昌

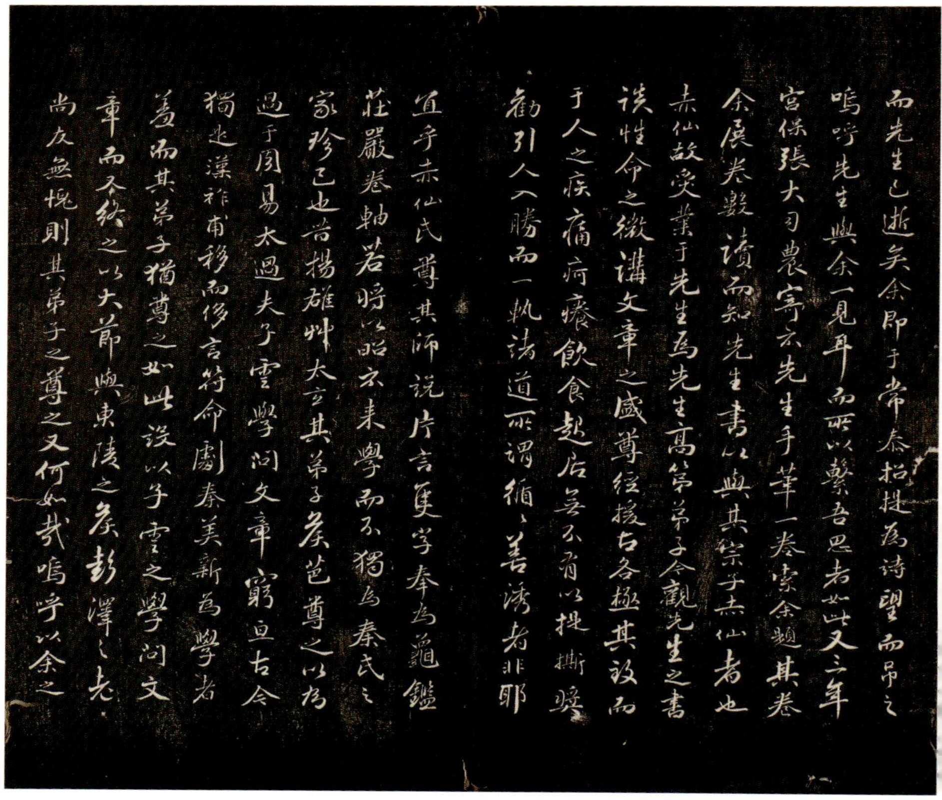
而先生已逝矣余即于常泰梠提為詩望而吊之
嗚呼先生與余一見耳而所以繫吾思者如此又三年
官保張大司農寫示先生手筆一卷索余題其卷
余展卷數讀而知先生書以與其宗子赤仙者也
赤仙故受業于先生為先生高第弟子余觀先生之書
談性命之微講文章之盛尊經據古各極其致而
于人之疾痛疴癢飲食起居無不留以提撕竪
勸引人入勝而一軌諸道所謂循循善誘者非耶
宜乎赤仙氏尊其師說片言隻字奉為龜鑑
莊嚴卷軸若將以昭示來學而不獨為秦氏之
家珍已也昔楊雄作太玄其弟子侯芭尊之以為
過于周易太過夫子雲學問文章窮亘古今
獨以漢祚甫移而作言符命劇秦美新為學者
羞而其弟子猶尊之如此況以子雲之學問文
章而不紋之以大節與東陵之侯彭澤之老
尚及無愧則其弟子之尊之又何如哉嗚呼以余之

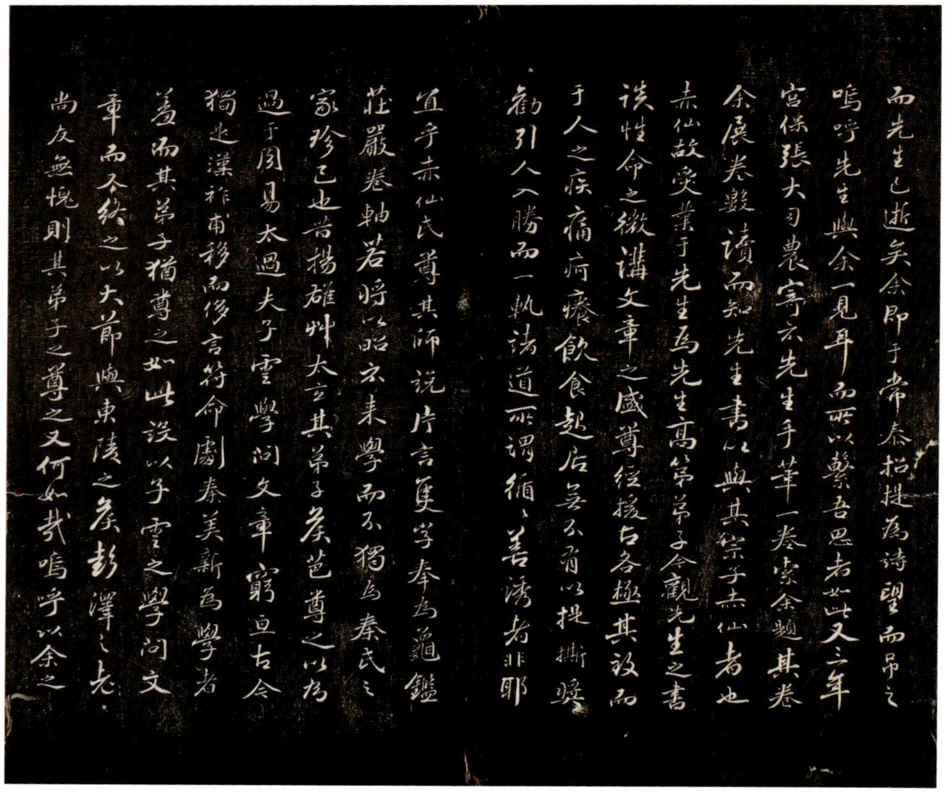
而先生已逝矣余即于常泰梠提為詩望而吊之
嗚呼先生與余一見耳而所以繫吾思者如此又三年
官保張大司農寫示先生手筆一卷索余題其卷
余展卷數讀而知先生書以與其宗子赤仙者也
赤仙故受業于先生為先生高第弟子余觀先生之書
談性命之微講文章之盛尊經據古各極其致而
于人之疾痛疴癢飲食起居無不留以提撕竪
勸引人入勝而一軌諸道所謂循循善誘者非耶
宜乎赤仙氏尊其師說片言隻字奉為龜鑑
莊嚴卷軸若將以昭示來學而不獨為秦氏之
家珍已也昔楊雄作太玄其弟子侯芭尊之以為
過于周易太過夫子雲學問文章窮亘古今
獨以漢祚甫移而作言符命劇秦美新為學者
羞而其弟子猶尊之如此況以子雲之學問文
章而不紋之以大節與東陵之侯彭澤之老
尚及無愧則其弟子之尊之又何如哉嗚呼以余之

青山補屋少
流泉畫裏
獨家近輞川
濕得一舟二乘
無發烟波隔
雲少近似

誰傾滄海珠璣
弄于山月喚不
沿逐未軟語戲
春空人間無鳳
風吉貴享雲留
醉裏邨歸來松
蜀洞幻宅
何朱

聖諭出獵恭記四首之二
今節千秋月正中早傳天語
賦車攻龍旂指日臨双闕鳳
聲先玥告雨宮中秋傳謝宴出
岐陽罷獵只蕭句早卜得期
誅氣宸正朔于官承敕授而
冬九廏蒙此程
顧貞觀

狂草洪觴於漳至唐張長
史偹懷素已極兹洽此更
無容言枝山先生以意運腕
手筆此妙為之而去其姿所
不能也
祝氏如

中蘭长安竹夜好雕輪
寶玉雲蓬山莱漾洲萼
能積玉堂開碧萼飲賓
失卖春淮見江南惟悴

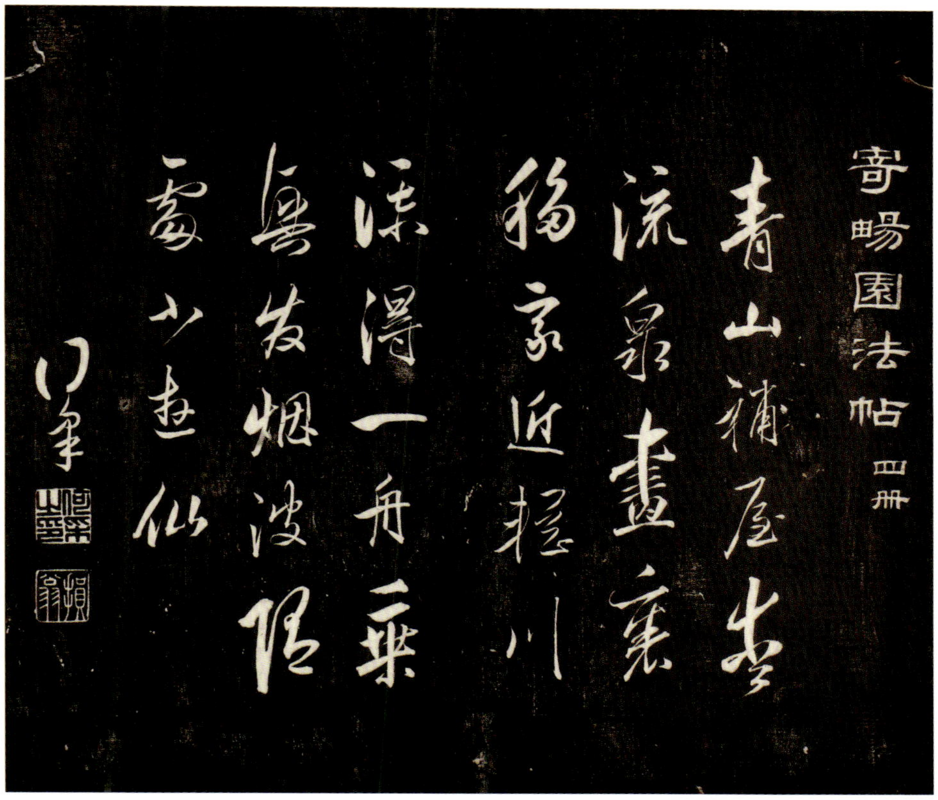

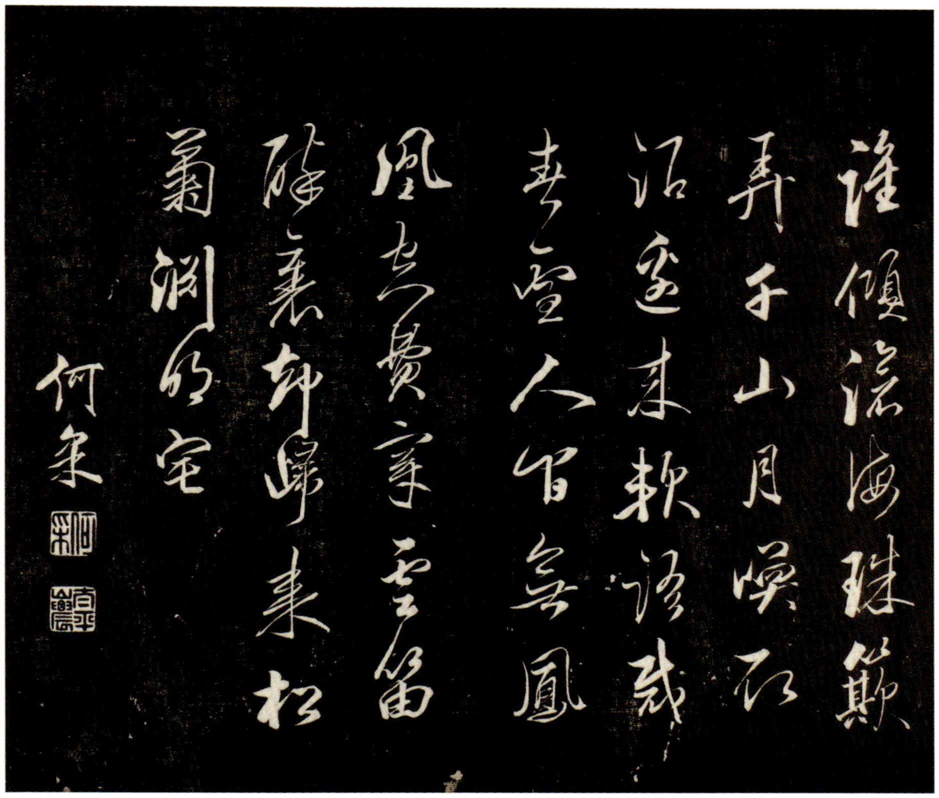

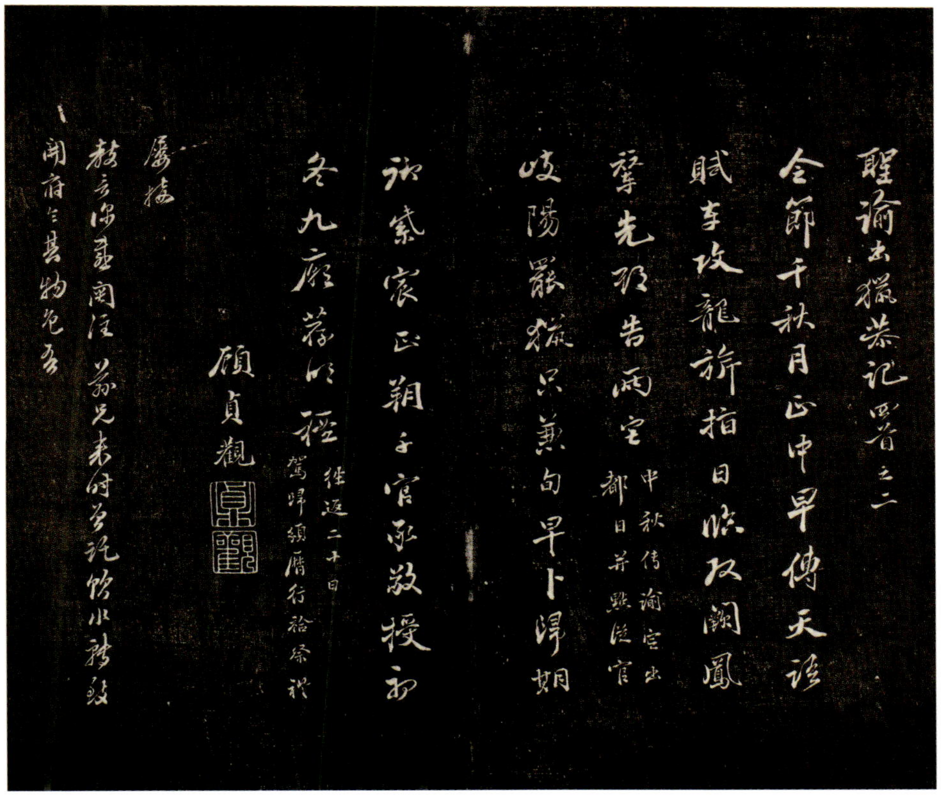

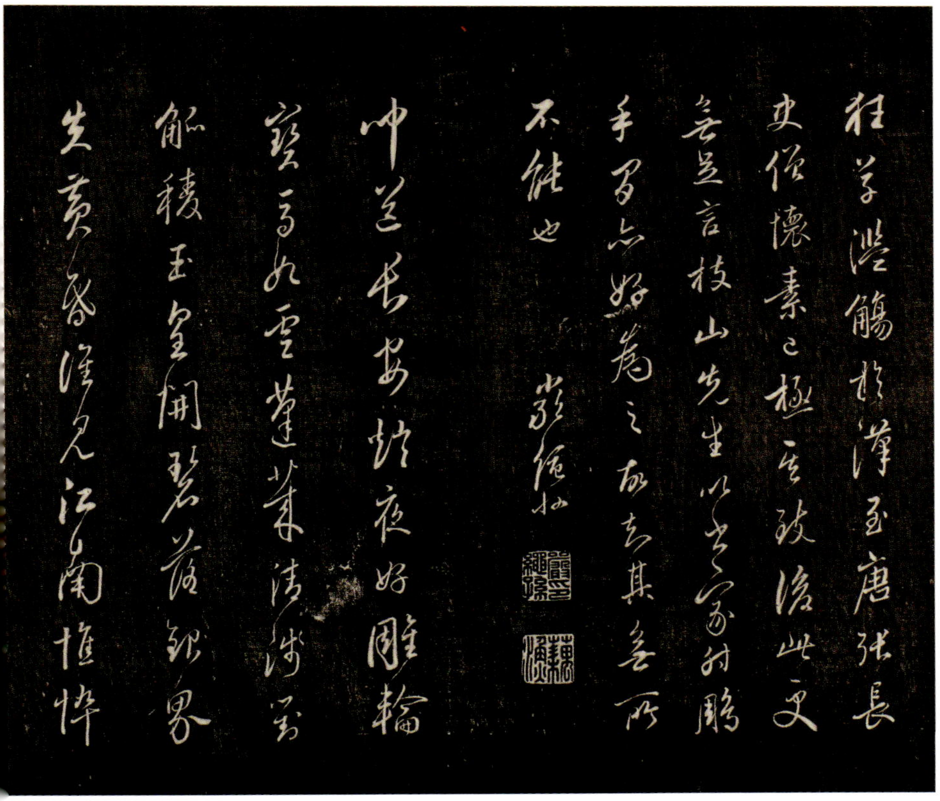

寄暢園法帖 五冊

豳風

七月流火九月授衣一之日觱發二之日栗烈無衣無褐何以卒歲三之日于耜四之日舉趾同我婦子饁彼南畝田畯至喜 七月流火九月授衣春日載陽有鳴倉庚女執懿筐遵彼微行爰求柔桑春日遲遲采蘩祁祁女心傷悲殆及公子同歸 七月流

隕蘀一之日于貉取彼狐狸為公子裘二之日其同載纘武功言私其豵獻豣于公 五月斯螽動股六月沙雞振羽七月在野八月在宇九月在户十月蟋蟀入我牀下穹窒熏鼠塞向墐户嗟我婦子曰為改歲入此室處 六月食鬱及薁七月亨葵及菽八月剝棗十月穫稻為此春酒以介

寄暢園法帖 六冊

陶靖節詩

閒居三十載遂與塵
事冥詩書敦宿好林
園無俗情如何捨此去
遙遙至南荊叩枻新秋
月臨流別友生涼風
起將夕夜景湛虛明
昭昭天宇闊晶晶川上平
懷役不遑寐中宵尚
孤征商歌非吾事依依
在耦耕投冠旋舊墟
不為好爵縈養真衡
茅下庶以善自名 江陵夜行

在昔聞南畝當年竟
未踐屢空既有人春
興豈自免夙晨裝吾
駕啟塗情已緬鳥哢
歡新節泠風送餘善
寒竹被荒蹊地為罕
人遠是以植杖翁悠
然不復返即理愧通
識所保詎乃淺 懷古

結廬在人境而無車
馬喧問君何能爾心遠
地自偏採菊東籬下
悠然見南山山氣日夕佳
飛鳥相與還此中有
真意欲辯已忘言
秋菊有佳色裛露掇
其英汎此忘憂物遠
我遺世情一觴雖獨
進杯盡壺自傾日入
群動息歸鳥趨林
鳴嘯傲東軒下聊復
得此生

青松在東園眾草沒
其姿凝霜殄異類卓
然見高枝連林人不覺
獨樹眾乃奇提壺挂

9

宋懋晋《寄畅园五十景》册

Scenes in Jichang Garden by Song Maojin, Album

明（1368～1644年）

绢本 设色

纵27.3、横24.2厘米

无锡博物院藏

宋懋晋（1559～1622年），字明之，松江（今属上海市）人，为“松江派”著名画家。本册所画为无锡寄畅园五十景，笔墨古雅秀润，设色明快清丽。寄畅园坐落在无锡市西郊东侧的惠山东麓，毗邻惠山寺，又名“秦园”，园址在元朝时曾为二间僧舍，名“南隐”“沤寓”。明正德年间，曾任南京兵部尚书的秦金购“沤寓房”并进行扩建，垒山凿池，移种花木，营建别墅，辟为园，名“凤谷行窝”。秦金后，园为其族侄秦瀚及其子江西布政使秦梁继承。秦梁卒后，园改属其侄都察院右副都御史、湖广巡抚秦燿所有，并改园名为“寄畅园”。万历时构列二十景，并逐景赋诗。寄畅园多数建筑于咸丰、同治年间毁于兵火，后稍作补葺。

停蓋

石丈

采芳舟

清響

霞蔚

荅源

栖雲堂

寉巢

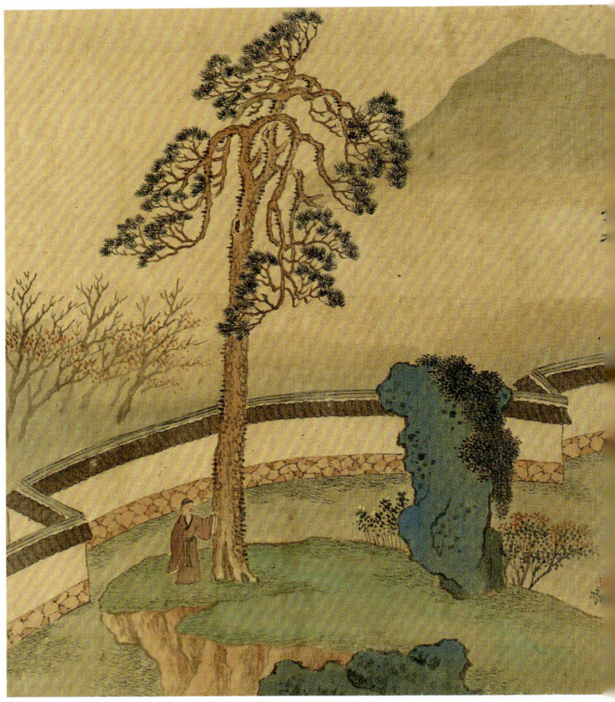

飛泉

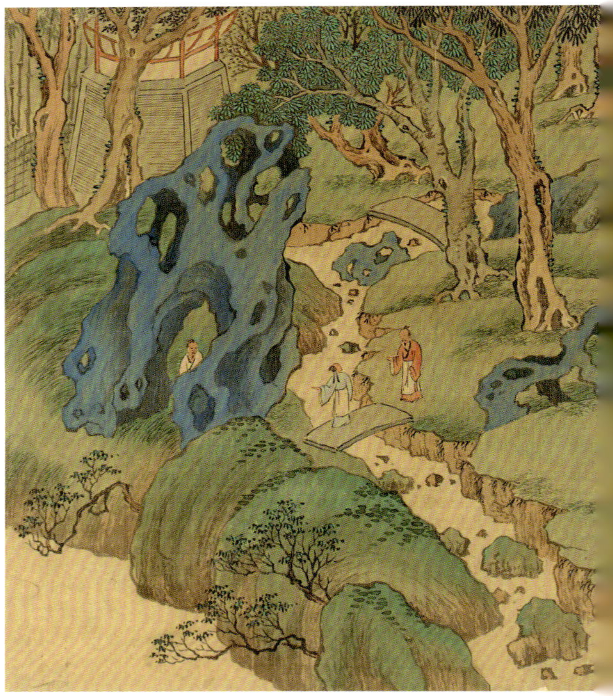

香蒨

浚翠

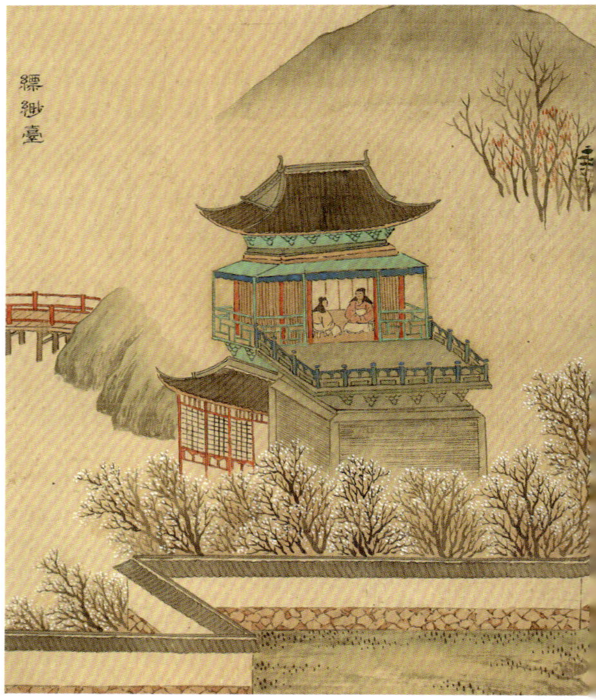
縹緲臺

含貞齋

爽臺

振衣岡

環翠樓

涵碧亭

禪棲

涼陰

綠蘿逕

夕佳

薔薇幕

綰秀

寄暢園
宋懋晉寫

雲岫

彙芳

駢翠

魚磯

楳花塢

芙蓉隄

翹材

搛薰

濯足溪

曠怡館

西林园

西林园，位于今无锡市胶山南麓。由明代出版家、收藏家安国兴建于嘉靖元年（1522年）。其后代安绍芳，利用胶山天然地势进行了“磐”“岩”“谷”“坞”的处理，又对湖岸与水面形式进行自然水体的写仿，通过“屿”“洲”“渚”“矶”等方式，获得“丽于水”的景观特色，完成三十二景的营建，并请文学家王世贞作《安氏西林记》，画家张复绘《西林园景图册》以纪念。

10

张复《西林园景图》册

Scenes in Xilin Garden by Zhang Fu, Album

明（1368～1644年）

纸本 设色

纵35.5、横25厘米

无锡博物院藏

张复（1546～约1631年），字元春，号苓石、中条山人，江苏太仓人，一说江苏无锡人，是吴门画派的著名画家之一。张复年少时师从钱榖，此后博采众长，广摹宋元诸家，终自成一家。人物以沈周为宗，而工致过之。

图册绘于明万历八年庚辰（1580年），是张复应西林园主安绍芳之命所画。西林园是明代江南名园，为无锡望族安家所置别业。图册原绘有西林园中三十二景，现仅存世十六景。画风以写实为主，笔墨精雅，册后有顾文彬之题跋两开。西林园在明末时逐渐湮没，该册是记录当时园中景观风貌最为直观和形象的第一手资料，史料价值极为珍贵。

夕霽亭者以晞髮於頹陽名曰素波亭者渡口館也曰息磯者可
憩而息者也曰醉石者可藉而醉者也是皆得之水故曰水事也曰虛
籟堂以遲賓者也中空於緒颶叵所不納故名曰榭庭者廣除也可以
眺山榭曰爽臺者踞榭庭而聳梧竹承之是不盡麗山水者也然山
水之致馥焉故曰兼所麗也其曰西林則以大士閣在焉茂卿之所寓
皈以其異曰與遠公埒者也
安氏西林王弇州記張元春畫之畫凡三十二景此冊已佚其半
因節錄弇州記於後記中選其尤勝者二十景而缺其十二
茲以畫與記互相參攷其兩存者八景風弦障邀谷上島空
香閣素波亭息磯榭庭爽臺是也畫中有而記中無者
八景花津石道榮木軒沃山鶴徑層磐藻渚雪舲是也

記中有而畫中無者十二景蘭巖晨光塢鐵〻泉鏡潭
島嶼中州蕭閣景榭一葦渡夕霽亭醉石虛籟堂是
也合而計之共得二十八景此外四景則并其名而軼之
矣此冊得之已三十餘年日望延津之合杳不可得聞
嘗過無錫訪西林遺址而故老已不能指其處蓋距今
三百年矣盛衰靡定興廢迭乘固然其無足怪幸而
尚有畫與記存令讀者心游目想恍若置身波光林影
中雖謂西林至今存可也己卯仲秋顧文彬識
弇州又謂吳中丹青一派所見無過元春者自荆關以至
倪黃無所不有而能自成一家人物以沈周為宗而工緻過
之少師錢穀有出藍之譽年逾八十揮洒不倦

安氏為無錫甲族其居東離邑二十里而鼐郎里之雄況与晦井之饒沃無論埒國封然不以豪故廢林野之趣北之膠山三里而嬴即山趾得園二其上割山而半籠之太學茂卿蓋時栖處其右方自茂卿之時栖處而園益勝破石根則神瀵涌疏磴道則幽穴顕斬惡木則嘉楠出列棘以為藩藩巖而中靚深分流以自環環多而相映络其臺榭可以巧承態其戶牖可以奇取睨其泉可以釀果茹蓛蔬可以羹魚鱉鰕蠏可以飫客山人華茂長甫客之雄也自錢塘倦游還訪茂卿倒屣揖之入載酒肴或凭庛車或鼓魚刀相与窮晝夜為娛樂時秋氣鮮霽雲初鮮駁山若迫而迩水若媚而客禽魚若傲而尔汝我茂卿之愛託於酒而猶未已則与茂長謀所以寵靈之蓋撰其景為三十有二各有詩茂卿具其事貽書

友人王世貞俾為記世貞乃復约其所謂三十二景而得其尤勝者臺館亭榭之類凡麗於山事者五麗於水事者十二兼所麗者三曰蘭巖者嵺之衡縱巖也大國之香滋焉曰風弦障者高坪直上接於嵺下瞰諸水長松冠之風至則調調刁刁鳴故曰風弦也曰邂谷者降嵺而凹郤入水深佳處也曰晨光塢者嵺之逶迤而左右抱林者也以左小缺得喝東候獨早故曰晨光也曰纖纖泉者穴於嵺巖冽而分甘所謂可以釀者也然於茗尤蘞香而益色是山事也曰鏡潭者諸流之所滙也其受纖纖既皎而澄可以燭鬚眉故曰鏡也曰鳧嶼者水中最大洲也群鳧鷺屬玉而族焉曰上島者嶼之右別島也曰中州者嶼之輔洲也曰蕭閣者于嶼長松市之曰空香閣者于島竹木叢之曰景樹者緣

石道

11

安璿、安诗《山水行书合册》

Painting and Running Script Calligraphy of Landscapes by An Xuan, Album and An Shi, Album

清（1644～1911年）

纸本 设色 墨笔

纵25.3、横28.2厘米

无锡博物院藏

安璿（1629～1703年），字苍涵，号孟公，江苏无锡人，为安绍芳族侄，能诗工书，善画山水，岩壑平沙俱妙，亦精花鸟。

安诗（1792～？年），字仲衣，号芝卿、博斋，江苏无锡人，道光癸巳（1833年）进士，为安璿族孙，工诗，与秦瀛等名流往来唱和。

孙伯亮（1903～1988年），字晴梅，为无锡籍书画收藏家。

秋水清處溪泛橝七生泪没往
堑涯蕭冒堂之收書坐八月夫
容把著花
博爾

茱萸黄菊稍斑斑　野水容娟草莽間送
容歸來逢九日華家亭上獨有山
芷艸

乍見芙蓉開满樹更梅楊柳綠
昝風秋宵好蚤無人知为在朦
朧月中
芷爱韵

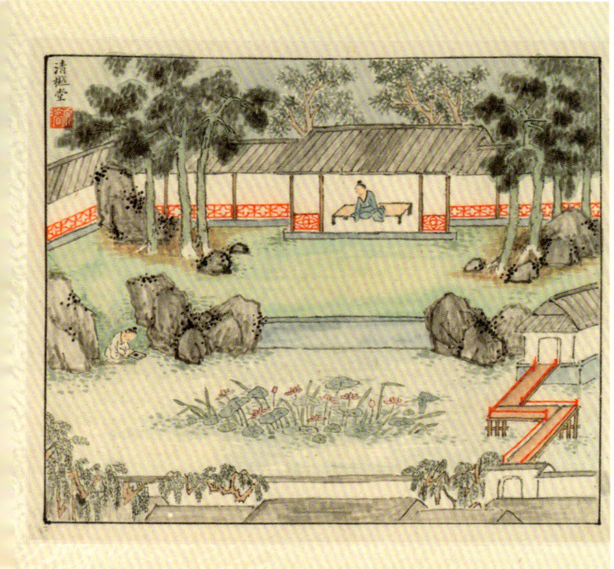

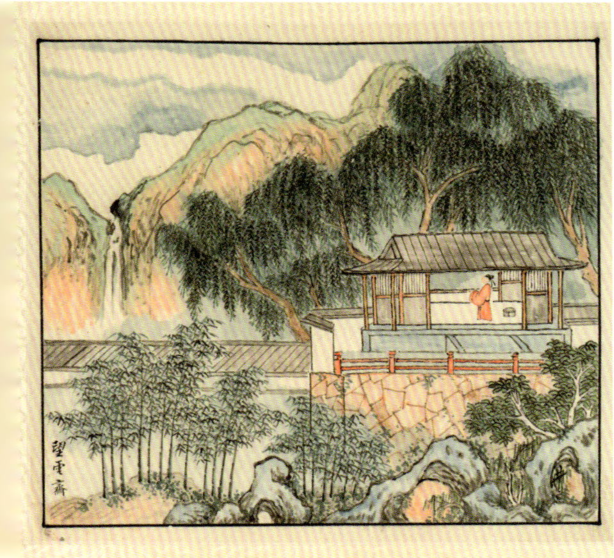

　　此册由安璿所绘，现存二十四开，其中设色二十一开，墨笔三开，画风受吴门画派影响，笔墨朴厚。对开有安诗题诗，册后另有安璿、安诗及孙伯亮跋文三开。据册后题跋可知，安璿作图在康熙戊申年（1668年），原图有四十八开，分两部分。一部分描绘的是其家荒废多时的城东之别业及东山之旧园，共三十二开，作品"半属真境，半属创获"，仍带有一定的写实性质；另一部分为摹写先祖安国之东菊园，共十六开。图景完成后，安璿曾录倪瓒之诗文于对开，流传至安诗时大概安璿原题已遗失，遂由安诗于嘉庆甲戌（1814年）补题。

竹裏梅花淡泊
香映空流
水斷人腸春風
庭月無踪
踪化鶴還故返
故鄉　詩

性癖居幽每起遲一來溪口
意凄迷林亭曉色蒼茫裏日
送風帆過水西
詩

憶昔每味雪浦濱松林綠竹出生春
閒拈逸筆圖清思今日披圖似隔塵
博齋

環慶樓前翠竹多雨落侵石樹
交柯不游疊画溪頭路奈此春宵
明月何
芷卿詩

元館清虚五月
秋
疏簾珠箔冷瀛
洲
窓前種得青桐
樹
时有鳳皇栖上
頭
芝卿

荷葉田田柳弄陰
菰蒲短短落涼
多飛魚躍小玉瓶
静裡游觀一賞心
仲依

隨宜噇罷了殘生飯後悠悠岸
履日日落高柯半沁新蒼明
聽歎欖閒情
岳心

錫麓洞前開竹扉
孟公舊築草堂基
已倩王維圖別業
更從裴迪賦新詩
芝卿詩

何処溪山
好卜居
武夸不住
即匡廬
蓬萊兜率
元非遠
雲錦箱中
貝葉書
詩

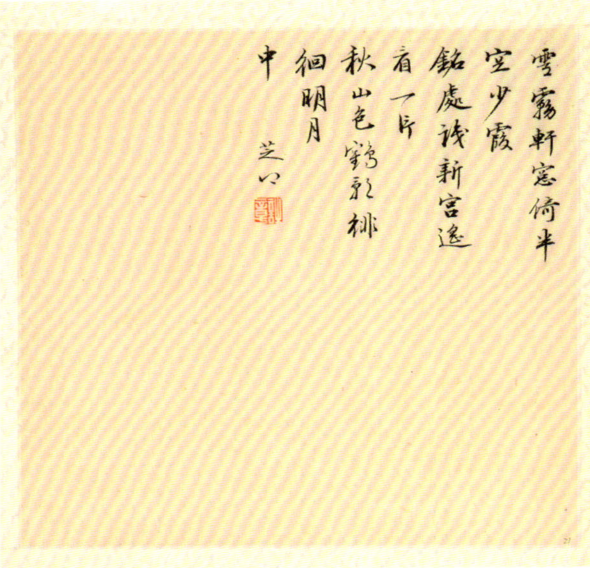
雲霧軒窗倚半
空少霞
銘處識新宮邊
有一片
秋山色鶴飛排
徊明月
中
芝心

樓邊昨夜雷風起
蔣芽荇葉生春水
睡醒獃立無人溪
散歷歷青山水光裡
仲依詩

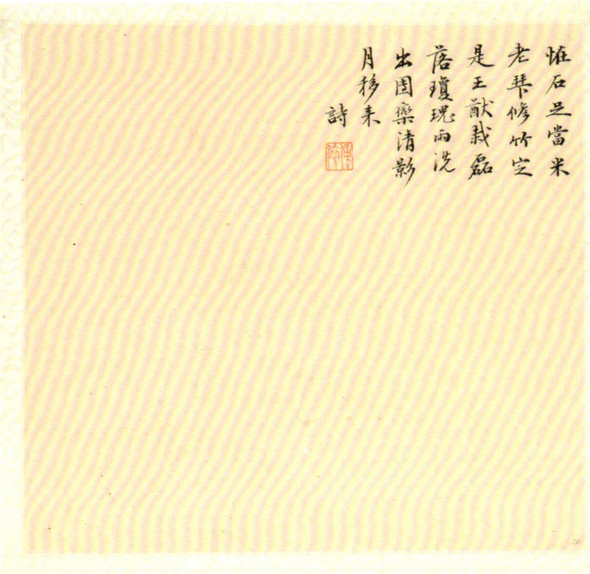
惟石足當米
老琴修竹定
是王猷栽磊
落璸瑰雨洗
出園欒清影
月移來
詩

池上白蘋風
起波冷紋縈
碧草煙和織
成一幅光央
錦嬋落紅衣
遠恨多

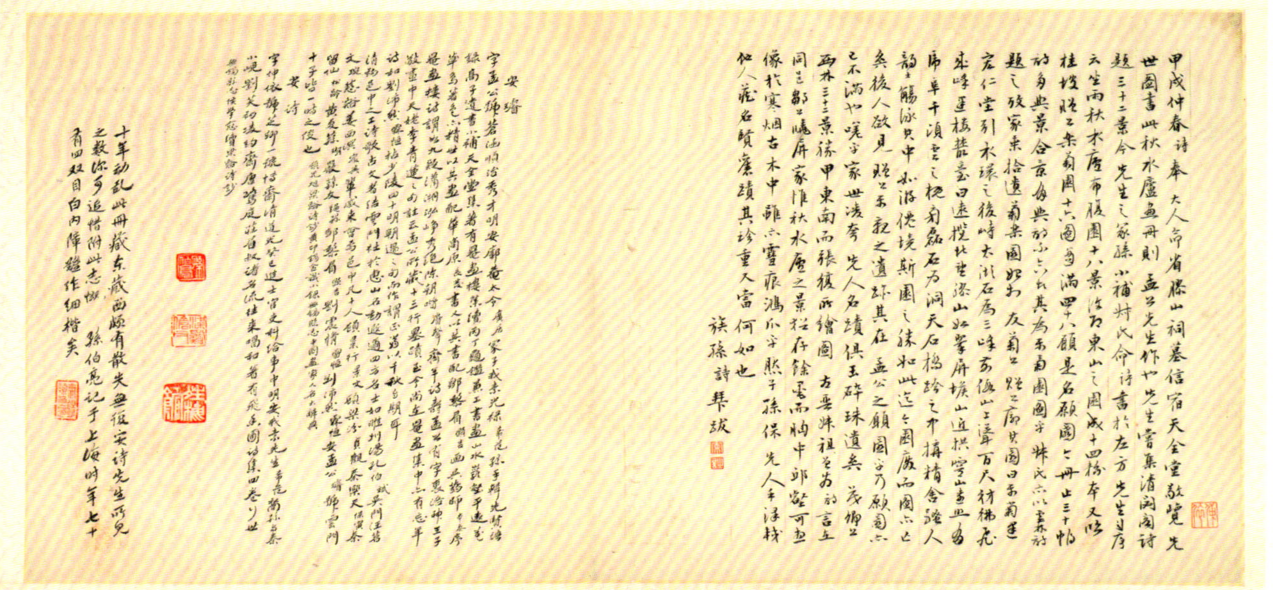
十年動亂此冊藏東藏西頗有散失無復安詩先生所見之數深可追惜附此志慨
孫伯亮記于上海時年七十有四雙目白內障盲作細楷矣

先大令嘗以千金置誠東曲水結構未備遂亦棄去余有志克復故物巨心創獲奈命與仇謀忽忽窮愁老矣俯仰之際多以感慨戊申夏生雨秋水廬游神縮造遙擬墨汁一斗布腹園十八景頓盡茲水之勝當宗少文肆上觀可也當冉子蹤畫地壁上可也
蓍涵子璿記

楊柳春風未枝黃晴空孤雁
不成行魚出小谿生幽夢芳
草池塘路亦荒
詩

樓閣參
差處
綺開峰巒
重複
水縈回
赤闌
橋外垂楊
小步
了以坐
笙向
此來
韻

余性好山水貪不得遂其志胸中五嶽突屼不平时时蜷然雲峯之間踢蹐一室魂夢皆山雲作峯已且念三十年前有城東別業白水一池縹緲湖東山有園巖林古屋與余假道不必占帆千里於曾置身其凝自別業廢而山園亦就荒矣間覽舊事俯觀时复撫而懸往視消戊申夏日邑有老友歸自豫章貽我赫蹏大堪着墨因追摹兩園小景前三一二半屬真境半屬創獲以寄予中磊磊者復十六幅則高祖坡翁東蘭園藿園也園為家氏園上隨之迹特借臨彙成一帙閔之空門有四十八願若行修持願皆圓滿余畫恰符其數亦冀金僊幻花俾得圓滿於願足矣是名願園云
秋水廬主人茗涵子璿視

家園之廢久矣以存者閒田十畝古木兩株耳秋雨日一杖獨遊門膝磧而已無憩息地也於時覩慈積積曾驗而魂夢經營又焉以發其遊目騁懷不勝嗟悼戊申結夏霖雨初足梵廬宴歡既而城東曲水興感命圖已舒胸中雲夢八九而墨雲猶未散也凌而閒田古木之間追有於無際乎於有霜華幻化繼成十四幀本置身此寢歷景間齋於極亦雅暢適之觀時方病起不覺躍於起曰安得行吾方外門者如不律中耶蘊長公云吾生平無快意事惟作文章任筆曲折無不盡言世間樂事無踰於此余於此圖亦云茗涵子璿題於秋水廬

余既成秋水廬三十二景因思有景不可無詩然非詩中有畫如輞川諸詠詩其贅乎偶簡雲林絕句半屬題畫多合余景每幅系以一絕拈配既當即對景賦詩不啻屋梁落月夜臨風載詠髣髴清閟老人栅栅而來聲欬珠玉淋漓我巖壑矣孰謂後百世而不及見古人為可歎哉
茗涵

秋水屋

問津處

望雲齋

環翠閣

遠攬

文漪軒

虞山十八景

虞山，位于今常熟市西北部。“虞山十八景”之说，形成于明、清，正式得名在光绪年间。十八景包括湖田烟雨、湖桥夜月、拂水晴岩、维摩旭日、方塔夕照、破山晚钟、西城楼阁、剑门奇石、吾谷枫林、桃源春霁、福港观潮、三峰松翠、星坛七桧、藕渠鱼乐、锦峰游舫、中峰竹径、北郭采菱、书台积雪。这些景致依山而建，傍水而居，自然景色和人工巧异融汇一体。

12

吴毂祥《虞山十八景山水图》册（六开）

Eighteen Scenes in Yushan Hill by Wu Guxiang, Album

清（1644～1911年）

绢本 设色

纵27.2、横28厘米

常熟博物馆藏

吴毂祥（1848～1903年），字秋农，号秋圃，浙江嘉兴人。工山水，喜好青绿设色，苍秀沉郁，气韵生动，亦擅人物花卉。曾客居常熟，后游京师声誉鹊起。

此画册作于光绪七年（1881年），为吴毂祥34岁时所作，共十八开（展出六开），笔墨清逸，设色妍丽。所绘景色为“虞山十八景”，其中六开分别为破山晚钟、剑门奇石、中峰竹径、拂水晴岩、桃源春霁、书台积雪。

虞山十八景的说法，形成于明清，正式得名当在光绪年间，留存至今多有湮废，亦可从该作品景致中领略到140多年前虞山十八景的风貌。

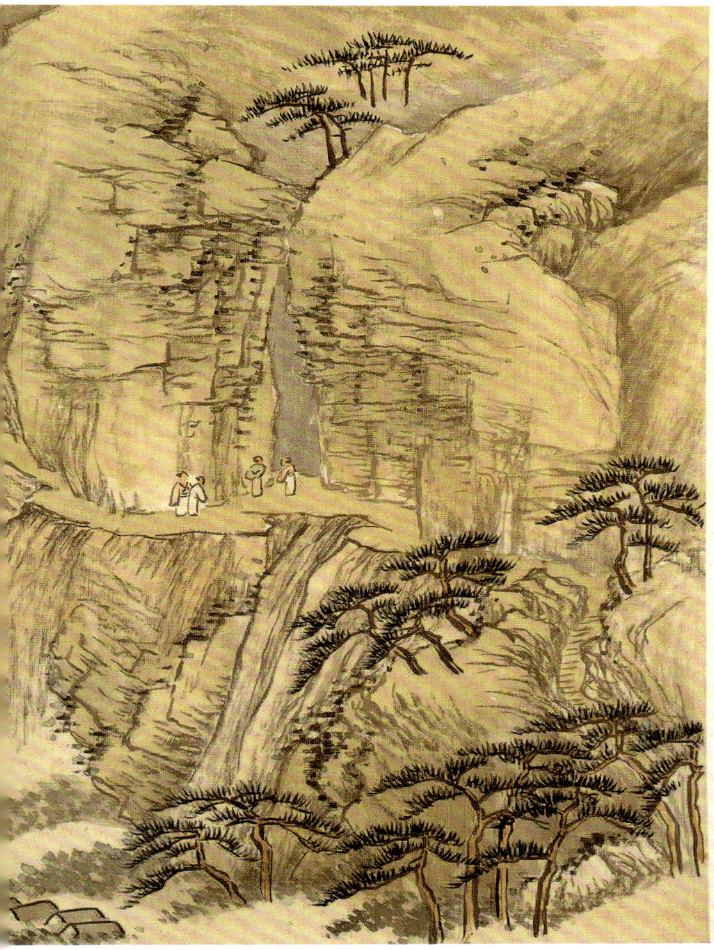

劍門奇石

破山晚鐘

桃源春霽

拂水晴巖

赵园

赵园，位于今常熟市翁府前。原为明万历监察御史钱岱所筑“小辋川”部分遗址。清嘉庆、道光年间，邑人吴峻基在此建园，初名“水壶园”，又名“水吾园”。咸丰十年（1860年）该园被毁。清同治、光绪年间，阳湖赵烈文购得此园，时称“赵园”。园以水景取胜，景点皆环池而构，参差错落，自然呼应，布局得体，并以园外虞山为借景，引山色入园，使之俯仰皆得。

13

吴大澂《静溪图》卷

Tranquil Stream by Wu Dacheng, Handscroll

清（1644～1911年）

纸本 设色

纵45、横106.5厘米

常熟博物馆藏

吴大澂（1835～1902年），初名大淳，字止敬，又字清卿，号恒轩，晚号愙斋，江苏苏州人。同治七年（1868年）进士。善画山水、花卉，用笔秀逸，书法以篆书负盛名。

此图是吴大澂为赵烈文所作，由跋文可知：光绪四年（1878年）二月，吴大澂游虞山，访友人杨沂孙、曾伯伟，逗留十日，时正值赵烈文的“静圃”落成，赵邀请吴大澂游园宴饮，吴大澂绘《静溪图》以表酬谢。此图描绘园中主景，以水景取胜，景点皆环池而构，亭台楼阁，参差错落。一座三进院落“能静居”南向，楼前假山树木掩映，西面建单孔石拱桥名“柳风”，城河之水自柳风桥引入，名“静溪”。水面之中有九曲石板桥横跨，墙外老柳盈堤，偃卧波上；溪之北，南向有楼名“天放楼”，为赵烈文藏书之处。

靜谿圖
光緒戊寅
二月買梓
偕徐君子
晉游虞山
亞尚湖訪楊
詠春觀察
曾伯偉孝
廉作十日之
游過趙惠甫
司馬新構靜
圃落成林木
幽秀樓觀參
差承惠翁置
酒招飲盡歡
數日歸後寫
此以誌良辰
美景藉留鴻
跡不足云酬報
主人之雅意也
吳大澂寫
并記

钱塘锦澜

杭州地处长江三角洲南沿和钱塘江流域，山林、湖泊、平原地貌相互衔接。南宋偏安江南，王公贵族、文人墨客汇聚，掀起建园高潮。明清杭州园林以滨水、山地园林营造见长，善于因地制宜，力求园林本身与外部环境相契合，凸显出和谐、雅正、大气的地域特色。

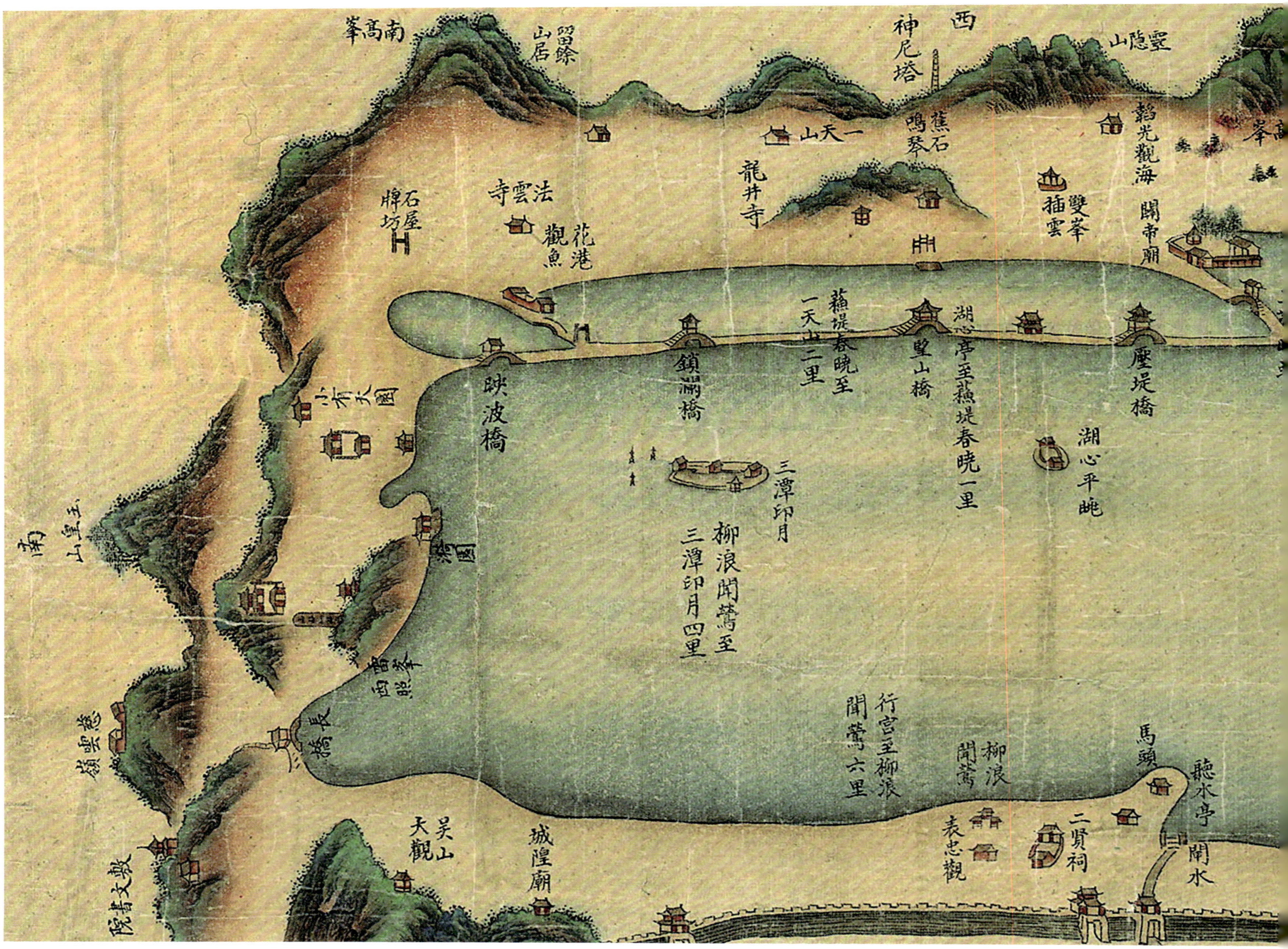

西湖

西湖，位于今杭州市西部。苏堤和白堤将湖面分成北里湖、外西湖、岳湖、西里湖和小南湖五个部分。西湖风景主要以一湖、二峰、三泉、四寺、五山、六园、七洞、八墓、九溪、十景取胜。西湖作为江南名胜，历来为文人墨客所传颂，是江南士人的游览、唱和之所。

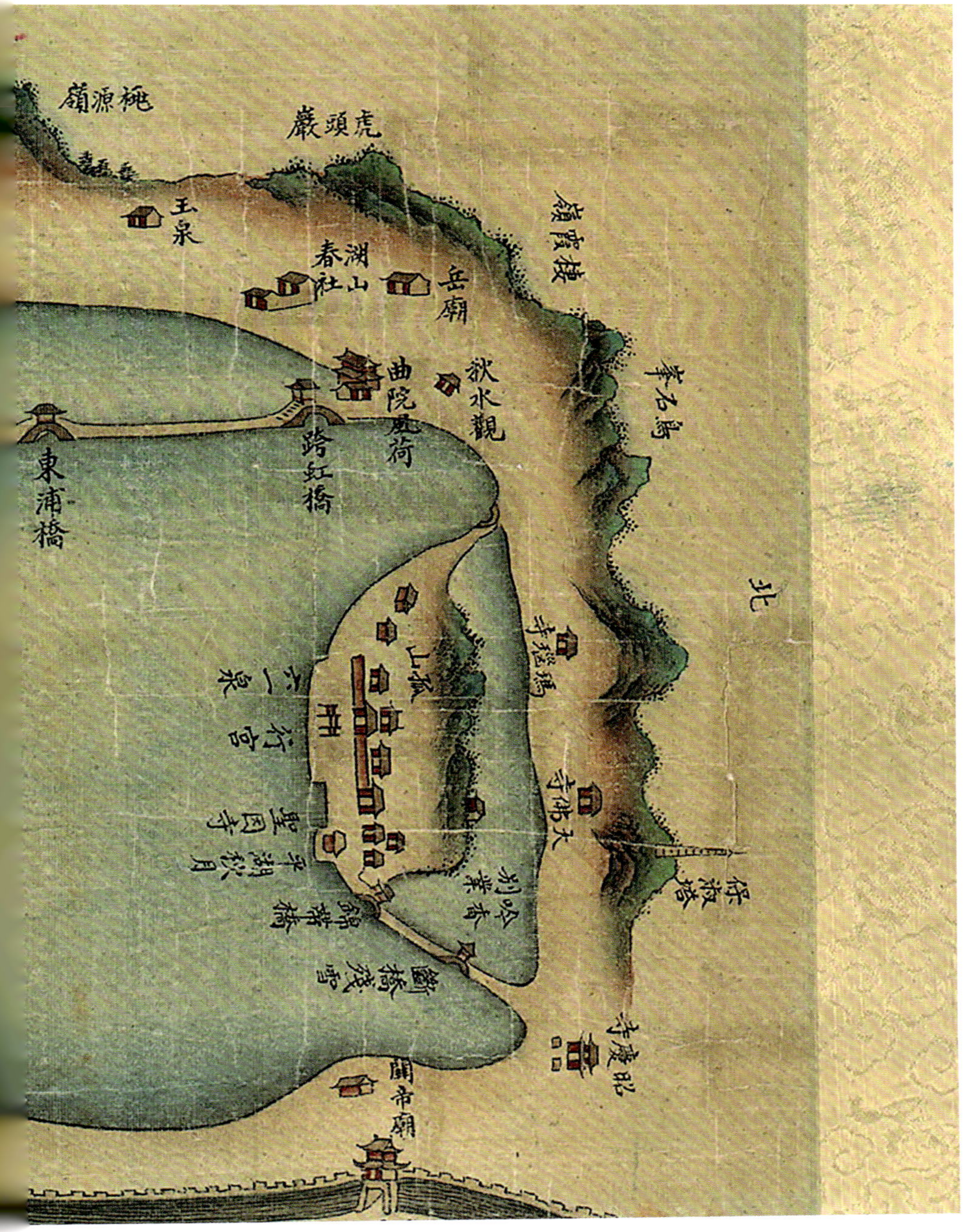

14

《西湖行宫图》卷（局部）

Map of the West Lake Documented Qianlong Emperor's Tour, Handscroll (Detail)

清乾隆（1736～1795年）

纵34.5、横950厘米

杭州西湖博物馆总馆藏

全图将西湖全景分绘成东西南北中五段，用鸟瞰的形式以青绿设色的写实画法，描绘乾隆南巡时游览西湖行宫及各景点的具体方位、行宫至各景点的具体里程，多处景点标识文字，是皇帝出游指南，也是典型的官绘本地图。

清康乾两帝曾多次南巡，每次南巡前后都有官绘本西湖图问世。这些地图或为皇帝南巡作导游图，或总结皇帝南巡路线。清《西湖行宫图》应属于总结路线式的地图，图多描绘山川之美，色彩绚丽、图像逼真、缩全貌于眼前，体现了地图元素与传统绘画相结合的中国古代地图绘制特点。

15

吴汝谦《武林明圣湖全图》通景屏

West Lake Panoramic View by Wu Rujian

清（1644～1911年）

磁青 纸本 金绘

纵135.5、横162.8厘米

杭州西湖博物馆总馆藏

吴汝谦（生卒年不详），字容叔，清末杭州人，善山水，喜用金粉在磁青纸上作画，作品取材多为地方名胜，名盛一时。

此图是将西湖全景绘于通景屏上，用金粉在磁青纸上描绘清末西湖自然风光和人文景点，通屏绘有西湖群山、双塔、两岛、两堤、城墙、亭台楼阁，可谓湖光山色，景色宜人。图中山石林木重施金粉，建筑物着色浓艳，群峰跌宕，水域开阔，给人旷远雄浑之感。通景屏后题有跋文和印章。

款署：武林明圣湖全图，蓉叔吴汝谦绘。

印鉴：吴容叔、汝谦印信、臣吴汝谦之章、小蓬莱仙馆书画之印、蓉叔一字容叔、笔研精良人生一乐。

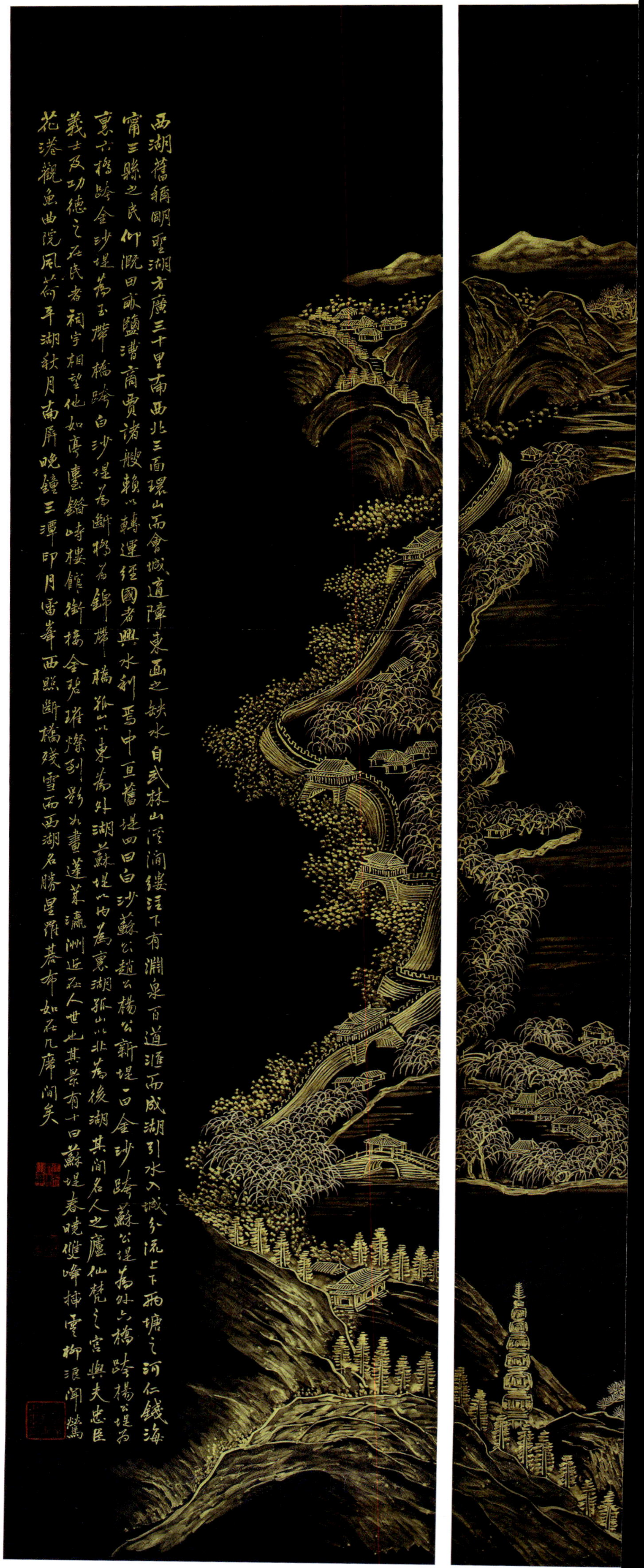

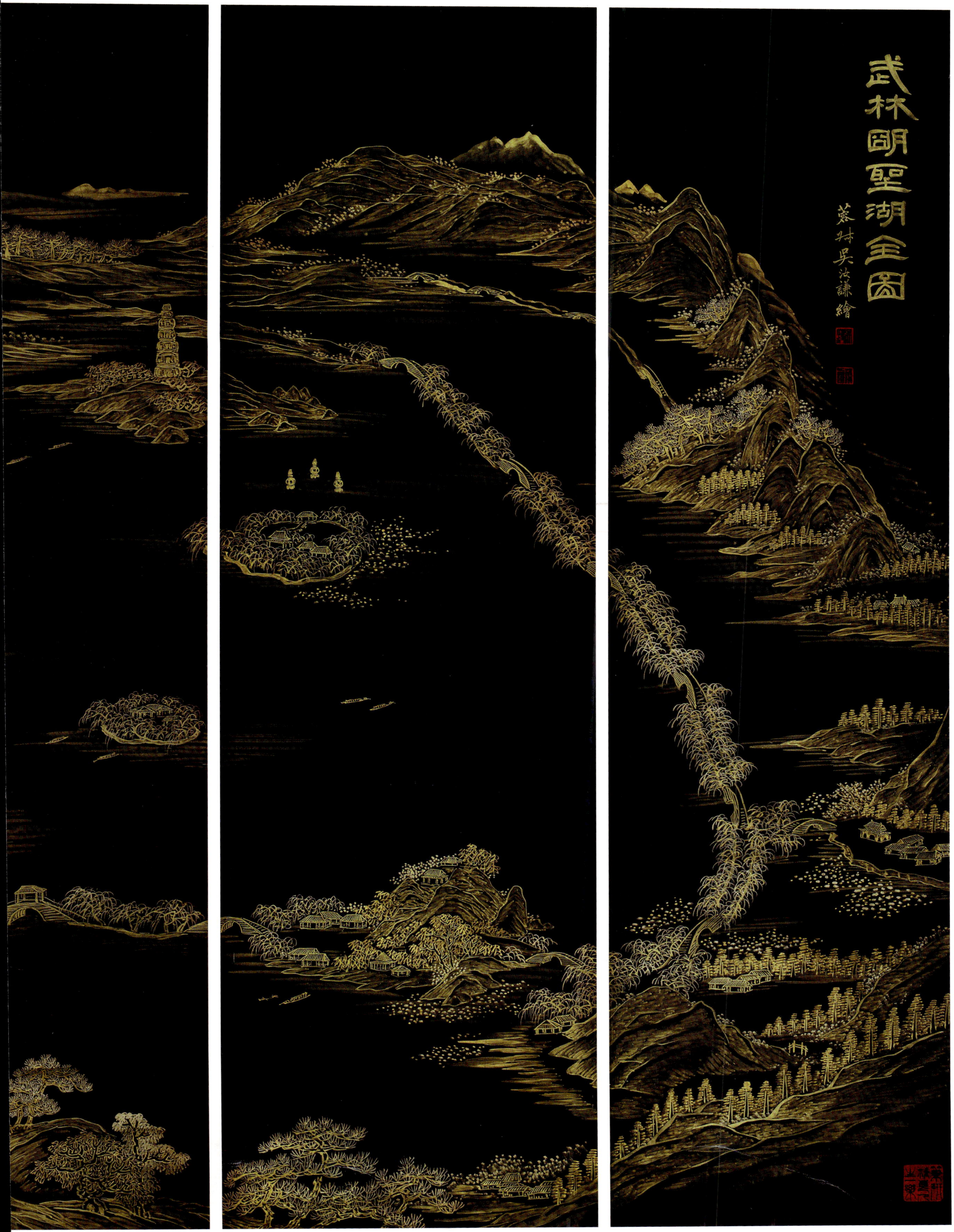
武林明聖湖全圖
蓉村吳汝謙繪

16

《西湖游览志》

West Lake Tourist Gazetteer

明（1368～1644年）

长14.5、宽9.4厘米

中国园林博物馆藏

该书为一函十册，明万历年刻本。卷首《新刊西湖游览全志叙》为万历癸卯年（1603年）所作，落款“苕溪槐庭王豫辑”。苕溪位于今浙江省。辑录者王豫，号槐庭，出身万历年间乌程（今浙江湖州）文人世家。书中依次收录西湖志叙（序）、西湖总图、西湖十景以及游览志十二卷，每景除辑录时人诗词歌咏外，另配以风景人物版画。该书将舆图和风景画两种形式相结合，集诗词文章于一体，较为全面如实地记录了西湖胜境的自然地理风貌和时人对西湖景致的游览体验。

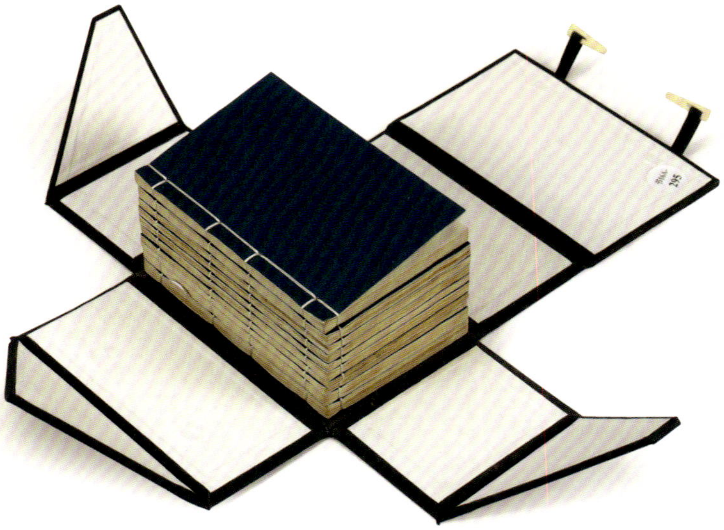

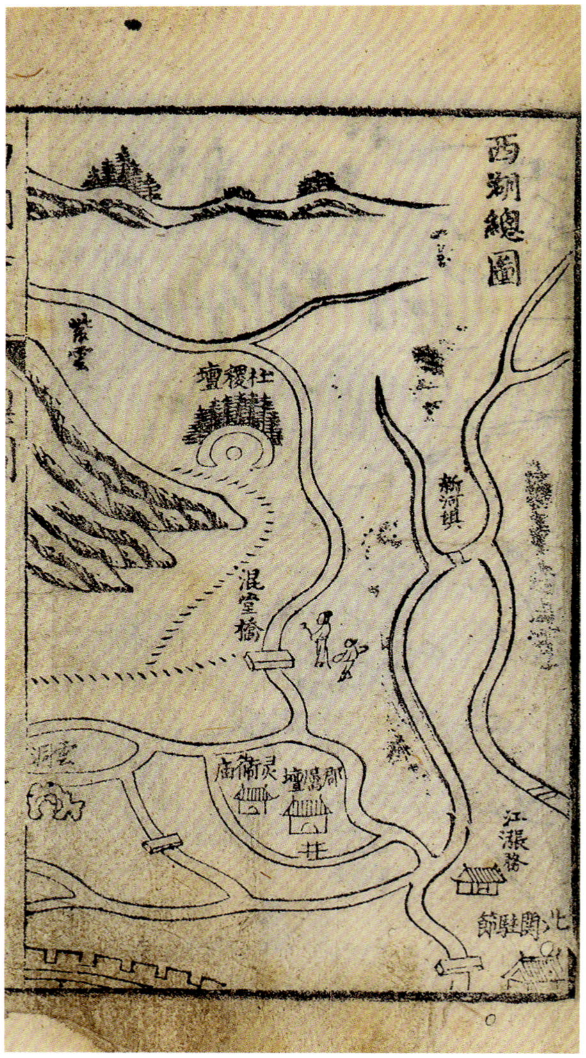

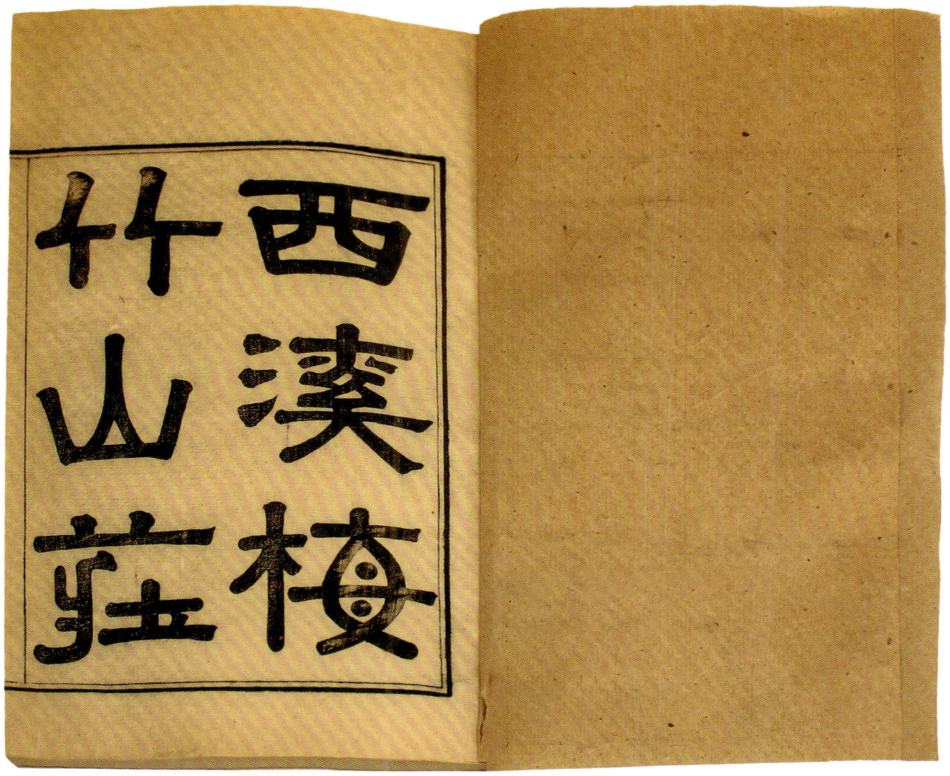

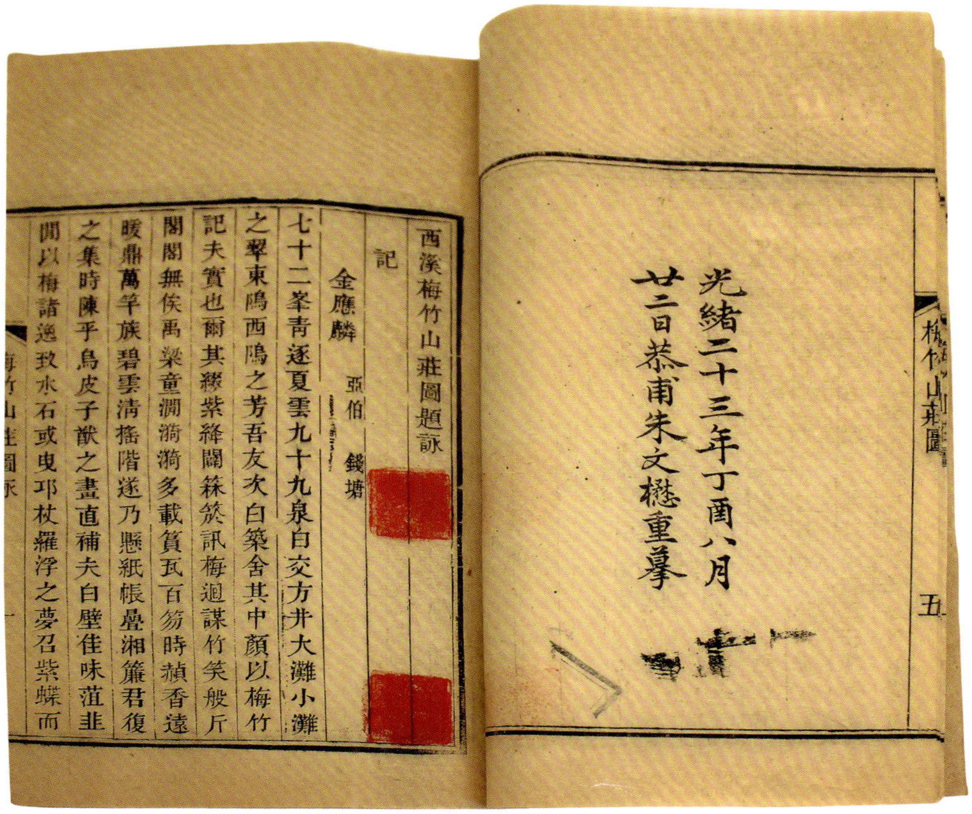

17

《西溪梅竹山庄图咏》
Poems and Paintings of Meizhu Mountain Villa in Xixi, Album
清光绪（1875～1908 年）
纵 16.8、横 11.4 厘米
杭州西湖博物馆总馆藏

金应麟（1793～1852 年），字亚伯，浙江钱塘（今杭州）人。清朝官吏、学者。道光六年（1826 年）登进士，授刑部主事。后历任员外郎、江西道监察御史、给事中、福建乡试副考官，之后进入官场，升任鸿胪寺卿、直隶按察使、大理寺少卿等职。道光二十三年（1843 年），因母年事高而辞职返乡。

梅竹山庄，为清代文人章黼所建，章黼受命疏浚西溪后，移居此处，广植梅竹，常与文人相聚于此。该书收录了歌颂西溪山水诗词近百首与梅竹山庄图数幅，为研究清代西溪提供了珍贵史料。

安澜园

安澜园，位于今浙江省海宁市盐官镇。原为南宋安化郡王王沆故园。明万历年间，太常寺少卿陈与郊建“隅园”，俗称“陈园”。清初渐荒废，雍正十一年（1733年）陈与郊曾孙、大学士陈元龙得之，扩建并更名为“遂初园”。乾隆二十七年（1762年）乾隆帝第三次南巡驻跸于此，赐名“安澜园”。全盛时期的安澜园园中假山怪石林立，水面位于全园的中心，池间以湖、涧、溪、湾等水系相互贯通，建筑多沿水边布置，与地形穿插融合。

『市井不可园也；如园之，必向幽偏可筑，邻虽近俗，门掩无哗。』

——〔明〕计成《园冶·相地》

18

《钱维城画西湖名胜图》册（之二）

Famous Scenes on West Lake by Qian Weicheng, Album

清（1644～1911年）

纸本 设色

纵33.0、横44.0厘米

颐和园藏

钱维城（1720～1772年），初名辛来，字宗磐，一字幼安，号纫庵、茶山，晚号稼轩，江苏武进人。乾隆十年（1745年）状元，官至刑部侍郎，谥文敏。绘画初从陈书学画写意折枝花果，后学山水，经董邦达指导，遂成名手，供奉内廷。

此图册描绘了浙江海宁、杭州一带名胜风光。每幅书、画对开，右边绘山水风景，左边配以文字介绍，记录位置、由来，并记乾隆作御制诗情况。作者以中锋行笔，细笔、淡墨勾勒线条，青绿、赭石设色。画风秀逸，笔墨精工，画中楼阁、树木等景致错落，层次分明，真实描绘出江南名胜的秀丽景象。封面上贴有黄签墨笔篆书题“钱维城画西湖名胜图”，其中安澜园一页画面上方钤盖“乾隆御览之宝”朱文印。

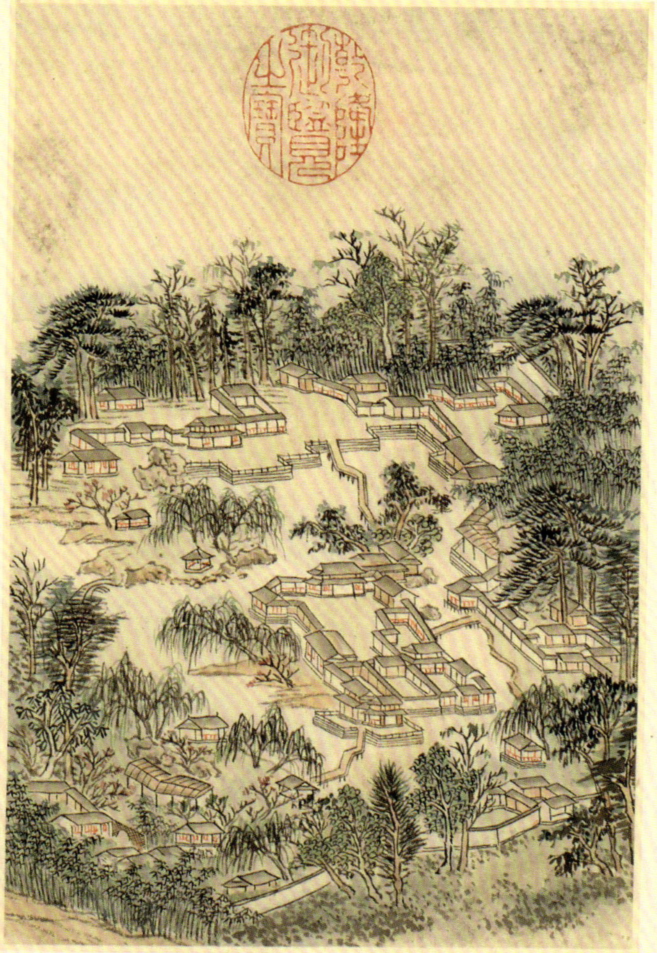

安瀾園

在海寧州拱宸門内初名隅園前大學士陳元龍别業園中恭懸
世宗憲皇帝御書林泉耆碩額乾隆二十七年
皇上親閲海塘
駐蹕園中
賜名安瀾園
皇上御製駐陳氏安瀾園即景雜詠五言律詩六首壬午疊舊韻六首
乙酉

西湖
行宫

在聖因寺西康熙間恭建
聖祖仁皇帝行宫雍正間奉為聖因寺乾隆十六年就寺西拓地恭建
皇上行宫有
御題八景曰四照亭曰竹涼處曰綠雲逕曰瞰碧樓曰貯月泉曰鷲香
亭曰領要閣曰玉蘭館
皇上御製聖因行宫即景七言律詩二首西湖行宫八景五言律詩八
首辛未駐蹕聖因行宫七言律詩一首丁丑再題西湖行宫八景
七言截句八首壬午西湖行宫八景重詠七言截句八首乙酉

六和塔
在開化寺内宋開寶三年僧智覺於龍山月輪峯開山建塔以鎮
江潮雍正十三年奉
敕興脩
皇上御製開化寺五言古詩一首登六和塔作歌一首開化寺再作五
言古詩一首辛未開化寺五言律詩一首登六和塔作五言古詩
一首丁丑開化寺七言律詩一首瞻禮六和塔作七言律詩一首
壬午開化寺疊舊韻七言律詩一首瞻禮六和塔作歌一首乙酉

吴山即吴山大觀
在會城西南方登山遠眺左江右湖城堞室宇足攬形勝之全山
上恭建
聖祖仁皇帝御製詩碑亭
皇上御製吴山大觀歌一首辛未登吴山作五言律詩一首丁丑登吴
山作歌一首壬午策馬登吴山五言古詩一首乙酉又四次恭依
皇祖吴山詩韻七言絕句各一首

觀潮樓即浙江秋濤
在候潮門外浙江一名漸江見水經注其潮每晝夜再至四時皆
然三秋尤盛
聖祖仁皇帝再幸江干
御書恬波利濟額及
御製詩恭建碑亭
皇上御製錢塘觀潮歌一首辛未觀江潮作歌一首丁丑觀潮樓紀事
五言古詩一首壬午觀潮樓五言律詩一首乙酉

鳳凰山
在鳳山門外有左右兩峯跨越甚廣其右麓有勝果寺吴越時建
由寺側取徑而上曰中峯再上曰月巖再上曰排衙石吴越錢氏
所名再稍上即右峯之頂平如掌志稱四顧坪城郭江山無遠弗
矚乾隆三十年
皇上御題額曰江湖曠覽曰澄觀臺
御製初遊勝果寺五言律詩一首澄觀臺七言律詩一首再登鳳凰山
七言律詩一首排衙石口號七言截句一首題御教場七言截句
一首乙酉

鎮海塔院
在海寧州春熙門外明時建高一百五十尺廣周九十六尺左有
平臺可以觀海
皇上御製觀潮七言截句四首乙酉

西湖
行宮
在聖因寺西康熙間恭建
聖祖仁皇帝行宫雍正間奉為聖因寺乾隆十六年就寺西拓地恭建
皇上行宫有
御題八景曰四照亭曰竹凉處曰綠雲逕曰瞰碧樓曰貯月泉曰鷲香
亭曰領要閣曰玉蘭館
皇上御製聖因行宫即景七言律詩二首西湖行宫八景五言律詩八
首辛未駐蹕聖因行宫七言律詩一首丁丑再題西湖行宫八景
七言截句八首壬午西湖行宫八景重詠七言截句八首乙酉

宗陽宮
在會城新宮橋東即南宋德壽宮遺址宋時亭榭多規仿靈鷲諸
勝今尚存石丈許象飛来峰即孝宗題德壽宮飛来峯詩所咏咸
淳中改為道院曰宗陽宮雍正九年督臣李衛重修

安瀾園
在海寧州拱宸門内初名隅園前大學士陳元龍別業園中恭懸
世宗憲皇帝御書林泉耆碩額乾隆二十七年
皇上親閱海塘
駐蹕園中
賜名安瀾園
皇上御製駐陳氏安瀾園即景雜詠五言律詩六首壬午疊舊韻六首
乙酉

敷文書院
在鳳凰山之萬松嶺舊名萬松書院康熙五十五年
聖祖仁皇帝賜浙水敷文額因名敷文書院雍正十一年
世宗憲皇帝特賜帑金以資膏火
皇上御製題敷文書院七言律詩一首辛未敷文書院六韻五言排律
一首丁丑疊舊韻五言排律二首壬午乙酉

尖山
在海寧州城東南四十五里突出海岸㝡當潮汐之衝凡石壩柴
塘竹簍坦水各工防禦要處俱在尖山以西
皇上御製觀海塘誌事五言古詩一首登尖山觀海七言律詩一首尖
山禮大士七言截句一首視塔山誌事五言古詩一首閱海塘七
言律詩一首觀海潮作歌一首壬午登尖山觀海七言律詩一首
視塔山誌事疊舊韻一首閱海塘疊舊韻一首乙酉

杭州府
行宮
在湧金門内太平坊康熙二十八年
聖祖仁皇帝南巡臨幸即織造官廨為
行宮我
皇上四巡恒莅焉
御製三月朔日車駕至杭州駐蹕之作七言排律一首辛未至杭州行
宮駐蹕八韻五言排律一首丁丑三月朔日至杭州駐蹕七言律
詩一首壬午韻玉館五言律詩一首乙酉

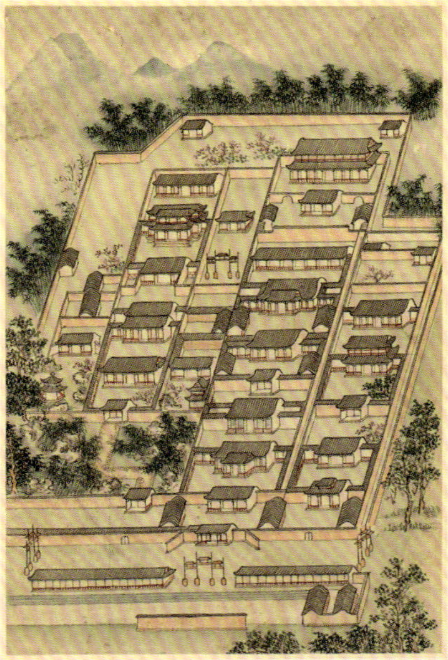

理安寺
在南山十八澗舊名法雨寺宋理宗改為理安寺有松巔閣法雨
泉康熙五十三年
聖祖仁皇帝發帑重建置寺山千畝齋田二百餘畝
御書額曰石磬正音曰理安寺雍正五年
世宗憲皇帝御書慈悲自在額并
賜僧實慧曹溪人瑞額奉懸經樓法堂
皇上御製理安寺七言律詩一首辛未理安寺五言律詩一首丁丑理
安寺五言律詩一首過理安未入五言古詩一首壬午理安寺五
言律詩二首乙酉

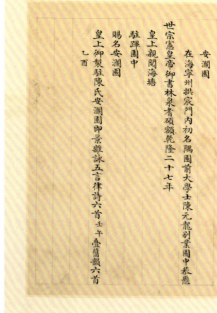

淮左金芳

扬州位于长江下游北岸，南濒大江，北负蜀冈，西有扫垢山，东沿运河。扬州园林兴起于魏晋南北朝，隋代皇家行宫园林营建，唐代私家造园兴盛。至明清时期，扬州已成为南北漕运与盐运的咽喉重地，瘦西湖两岸盐商私家园林渐起，风格兼具南方之秀与北方之雄，一时冠绝江南。

『增假山而作陇，家家住青翠城闉；开止水以为渠，处处是烟波楼阁。』

——〔清〕李斗《扬州画舫录》

瘦西湖

瘦西湖，原名保障河，位于今扬州市西北郊。明清两代在此营建私家园林集群，乾隆年间建成二十四景，形成“两岸花柳全依水，一路楼台直到山”的湖上园林风光。两岸的私家园林以湖面为中心，空间错落有致，不同风格融于一体，构成一幅连绵不断、秀色如锦的园林长卷，在中国古典园林艺术中独树一帜。

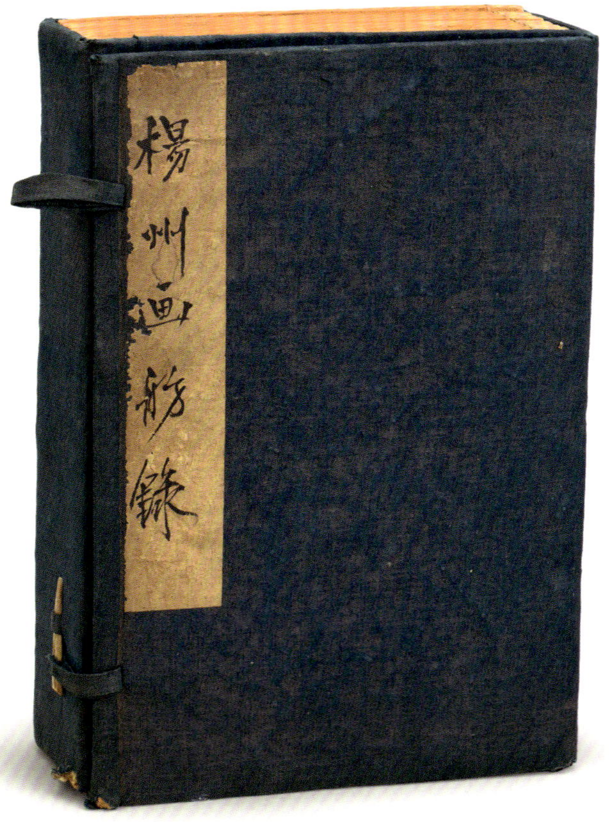

19

《扬州画舫录》

The Pleasure Boats of Yangzhou

清（1644～1911年）

长25、宽16厘米

颐和园藏

刊本，全书一函八册，十八卷。

李斗（1749～1817年），字北有，号艾塘，江苏仪征人，生活于乾隆年间，清代戏曲作家。

此书是作者居扬州期间，根据目见耳闻撰写成的一本城市笔记，内容翔实，按照地理位置划分，记述不同区域的地标风景、园林名胜、风俗人物等。该书全景展现了清代乾隆时期扬州的经济文化与社会风貌，其中卷十三桥西录中记载了“白塔仿京师万岁山塔式”，是扬州白塔写仿北方园林景观的佐证。

乾隆乙卯年鐫
揚州畫舫錄
自然盦藏板

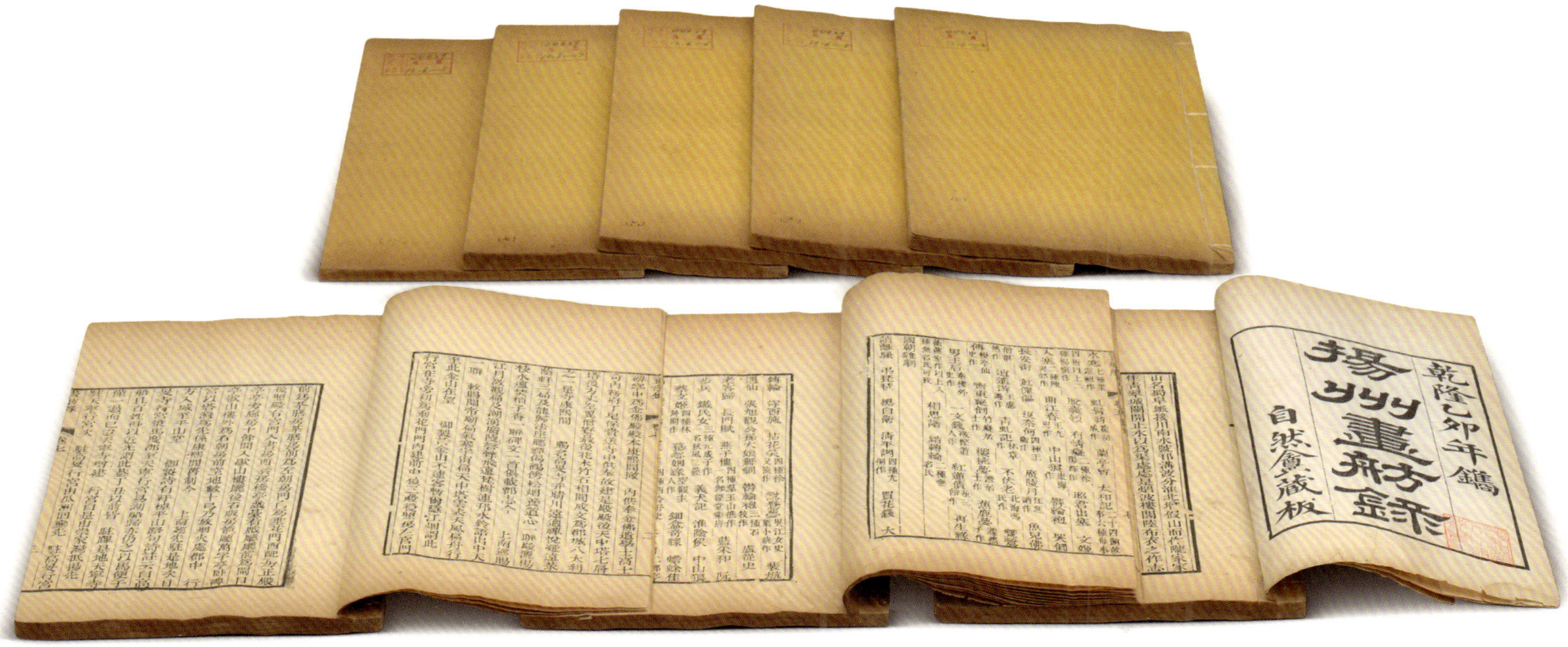
乾隆乙卯年鐫
揚州畫舫錄
自然盦藏板

个园

个园，位于今扬州市广陵区。始建于明代，名为“寿芝园”。清嘉庆二十三年（1818 年）两淮盐总黄至筠在此基础上改建成家宅。黄至筠爱竹，在园中栽植近万株，并取“竹”字之半命园名为“个园”。个园以假山堆叠之精巧而名重一时，叠山采取分峰用石的手法，结合石头的色彩、造型配置不同的植物，创造出象征四季景色的景观，在中国古典园林中独一无二。

『夫借景，林园之最要者也。如远借，邻借，仰借，俯借，应时而借。然物情所逗，目寄心期，似意在笔先，庶几描写之尽哉。』

——〔明〕计成《园冶·借景》

21

丁以诚《黄个园图》轴

Huang Zhijun in Geyuan Garden by Ding Yicheng, Hanging Scroll

清（1644～1911 年）

纸本 设色

纵 132、横 61.3 厘米

故宫博物院藏

丁以诚（生卒年不详），字义门，江苏丹阳人，清代画家丁皋之子，善绘人物肖像。

该轴为清代两淮盐业商总黄至筠（1770～1838 年）肖像画。该图绘制背景为黄至筠于嘉庆二十三年（1818 年）所建园林别业“个园”。园主人立于园内一处坡石之上，其身旁有苍松翠竹，身后有板桥流水。人物面带微笑，双手叠放于身前，自然洒脱。该画笔墨精妙，设色清丽雅致，衬托出人物亦商亦儒的身份与风雅闲适的品位。

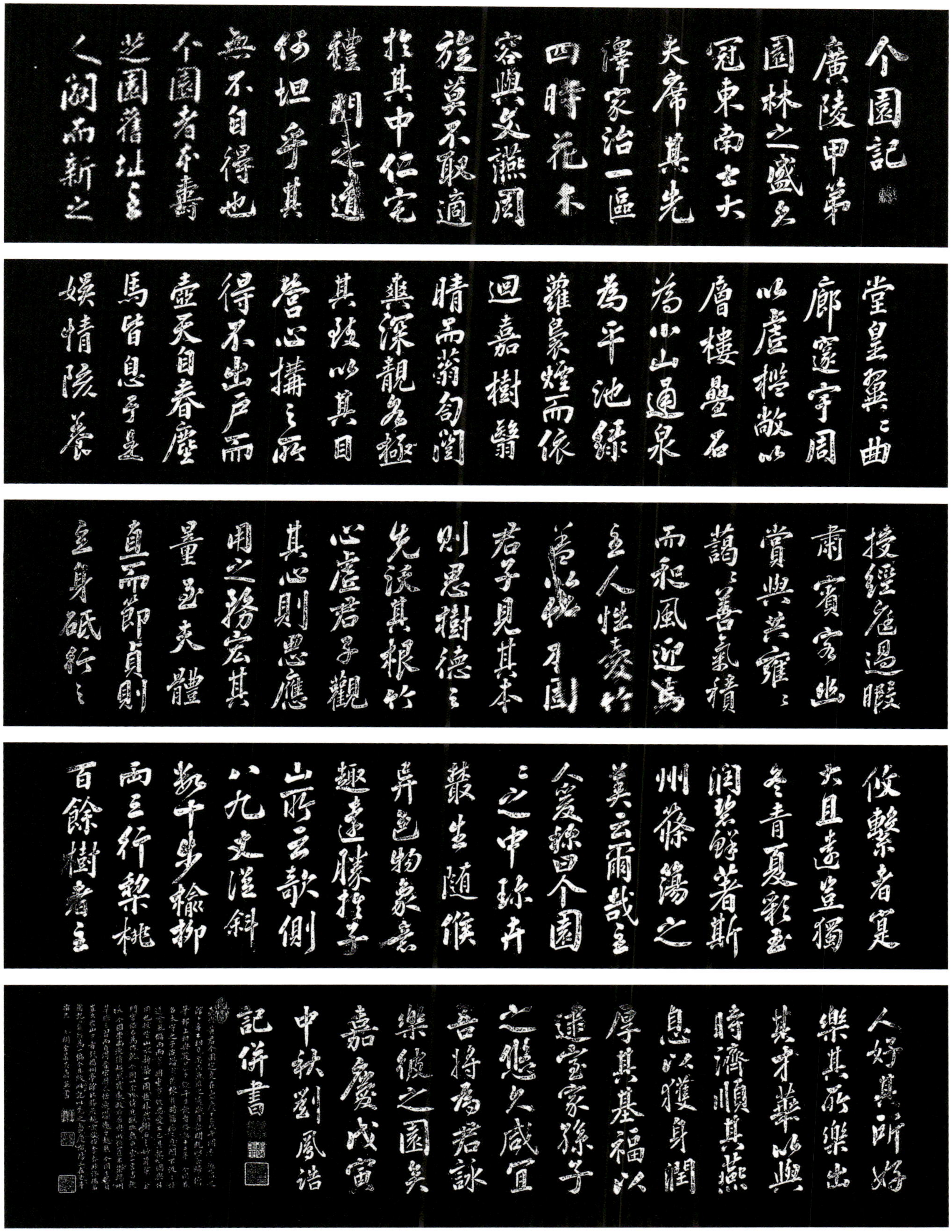

22

《个园记》拓片

Rubbing of Record of Geyuan Garden

清（1644～1911年）

纵38、横128厘米

个园管理处藏

刘凤诰（1760～1830年），字丞枚，号金门，江西萍乡人。《个园记》碑嵌于扬州个园“抱山楼”中，共五方，皆为小横碑，清嘉庆二十三年（1818年）由刘凤诰撰文，吴鼒题跋。

南万柳堂

南万柳堂，位于扬州邵伯湖。清道光年间，阮元在其父所建珠湖草堂的基础上仿京师元代廉希宪、清初冯溥的万柳堂建造。万柳堂之盛始于冯溥，康熙年间在此多次举办雅集。阮元在京为官期间常与师友于此集会，归乡后在扬州仿建“南万柳堂”。其水乡特色鲜明，质朴野趣更胜于京师万柳堂。万柳堂所象征的文人雅集社会风尚也汇集于京城之外的扬州。

『顺插为杨，倒插为柳，更须临池种之。柔条拂水，弄绿搓黄，大有逸致。』

——〔明〕文震亨《长物志·花木》

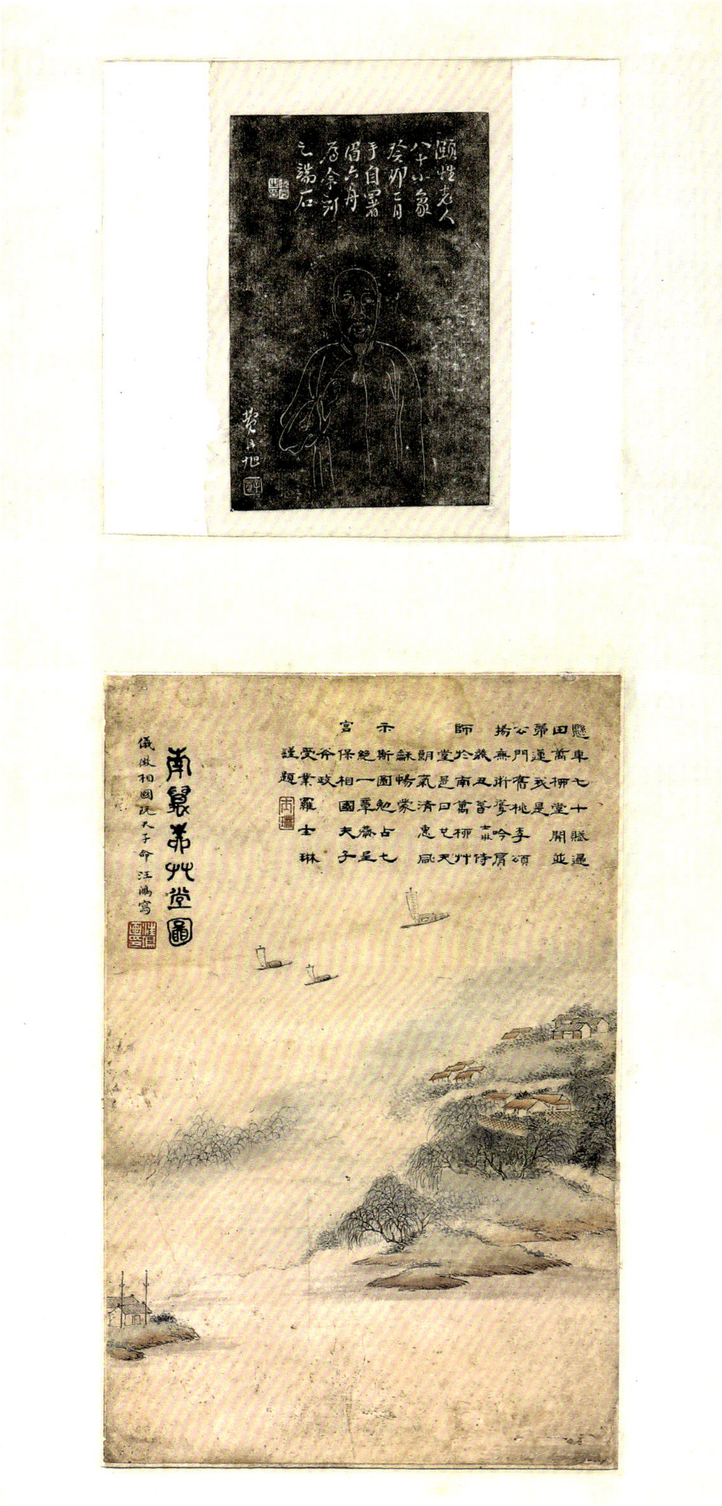

23

汪鸿《南万柳草堂图轴》

Thatched Hut among Myriads of Willows by Wang Hong, Hanging Scroll

清（1644～1911年）

纸本 设色

纵43、横27厘米

扬州博物馆藏

汪鸿（生卒年不详），字延年，号小迂，安徽休宁人。清代著名书画家，在书画、篆刻、音乐诸方面均有成就。

阮元（1764～1849年），江苏扬州仪征人，字伯元，号芸台。乾隆五十四年（1789年）进士，官至体仁阁大学士。清代经学家、训诂学家、金石学家。

此图画面清雅淡泊，萧疏静谧。图面以平远法构图，近景岸上垂柳茅屋，远处湖中小舟行驶，画中水面开阔，两岸湖柳荫荫，着重表现了江南园林的秀美景致。画心上方装裱诗堂，加裱“颐性老人八十小象”，即为阮元画像拓片，阮元作为南万柳堂的主人，画像与画心相互呼应。

金陵烟阁

南京地处长江下游、濒江近海，为六朝古都，亦为江南政治文化中心，是江南私家园林的重要发祥地。早在南北朝时期，南京已经出现私家园林；唐宋年间，文人园林成为造园主流。至明初定都金陵，私家园林迎来发展高峰，园林造景呈现清幽朴素、风雅蕴藉的特点。

24

袁江《瞻园图》卷

Zhanyuan Garden by Yuan Jiang

清（1644～1911年）

绢本 设色

纵 51.5，横 254.5 厘米

天津博物馆藏

袁江（生卒年不详），字文涛，江苏扬州人，活跃于康熙至乾隆前期。擅画山水、楼台，师法宋人。

“瞻园”是明初著名将领徐达的府第，入清以后成为布政使司署，其地在金陵大功坊，今南京夫子庙附近。此画绘制手法写实，园林中匾联上的文字清晰可辨，画中人物均着满族服饰，建筑物亦不用重色，明显具有对景写生的特点。这在袁江作品中较为少见，应是其受托到南京所绘。全图布置疏密有致，晕染赋色清淡古朴，山石或雨点皴，或鬼脸皴，皆卷曲玲珑。不似袁江成熟期的山水界画风格，应是画家早年作品。

款署：袁江图。钤朱文方印“文涛”、白文方印“袁江印”。

瞻园

瞻园，位于今南京市秦淮区。始建于明嘉靖年间，初为明代开国功臣、魏国公徐达府邸之“西圃”。乾隆二十二年（1757 年）乾隆帝第二次南巡时曾驻跸于此，并赐名“瞻园”。园林以山石为主体、以水为辅，建筑布局开阔舒朗。明清时曾以石坡、梅花坞、抱石轩、老树斋、木香廊等十八景名噪一时。

『假山之基，约大半在水中立起。先量顶之高大，才定基之浅深。掇石须知占天，围土必然占地。最忌居中，更宜散漫。』

——〔明〕计成《园冶·立基·假山基》

江宁织造署

江宁织造署，位于今南京市玄武区，始建于清康熙二年（1663 年）曹玺任江宁织造监督官之时，是督理织造官员驻地及办公、生活的衙署。康乾二帝南巡时，多次以此作为驻跸江宁的行宫，行宫西北面辟为完整的园林，即织造署花园，花园以一个大水池为中心，围绕水池建置游廊周圈，其间穿插厅、堂、楼、馆、亭、轩等园林建筑。

25

《行宫座落图》

Temporary Imperial Residences in Kangxi and Qianlong Emperors' Southern Inspection Tours

清乾隆（1736 ~ 1795 年）

长 26.1、宽 16、高 1.9 厘米

中国园林博物馆藏

内府刊本，一函一册二十开。

书中对康熙、乾隆两帝南下途中的驻跸场所有较翔实的记录，包括龙泉庄行宫图、顺河集行宫图、林家庄行宫图、桂家庄行宫图、惠济祠行宫图、焦山行宫图、苏州行宫图、虎丘行宫图、灵严行宫图、江宁行宫图等。清制规定，凡皇帝经临御道与驻跸所在，地方官员须提前绘图并奏呈御览。该刊本图文并茂，详细记载皇帝驻跸地之位置、名胜风物等内容，是研究清代行宫历史沿革和造园特色的重要史料。

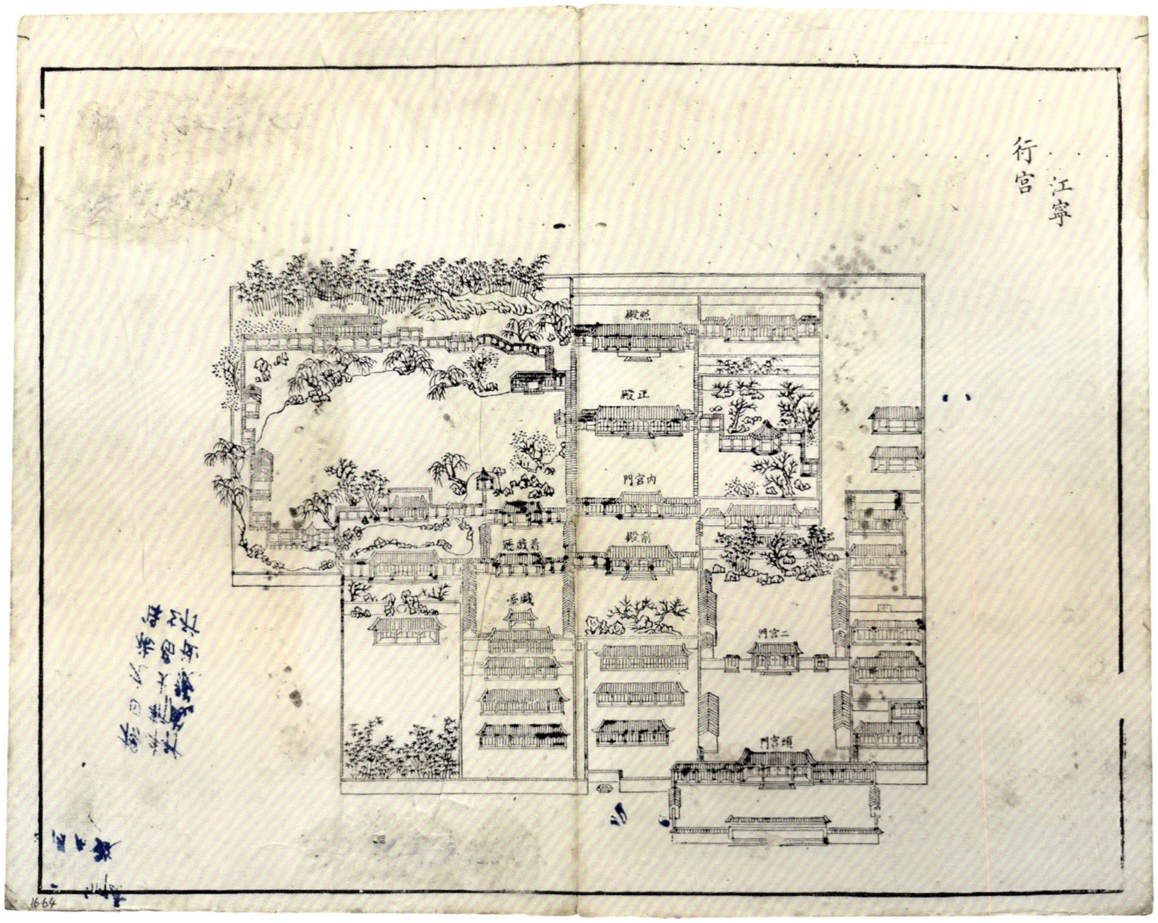

26

《金陵名胜图》册（二册）

Famous Scenes in Nanjing by Shao Peng, Albums

清（1644～1911年）

绢本 设色

纵24.9、横22.1厘米

首都博物馆藏

图册共二册。每册各二十开，以写意笔法共绘金陵名胜四十景，包括莫愁渔唱、冶城仙观、三宿灵岩、乌衣归燕、幕府登高、燕矶晓望、风台步月、狮子雄风等，多采用一诗一画的形式。由封面题签可知，此图册出自“长白山耆寿”，图中多见其署款，另有钤印“绍彭”及“孟茀”，作于光绪乙未年（1895年）夏日。画面着意对各名胜特点和细节进行描绘，构图饱满，设色清雅。题诗与题记，笔意潇洒流畅，与图中景致和谐统一。

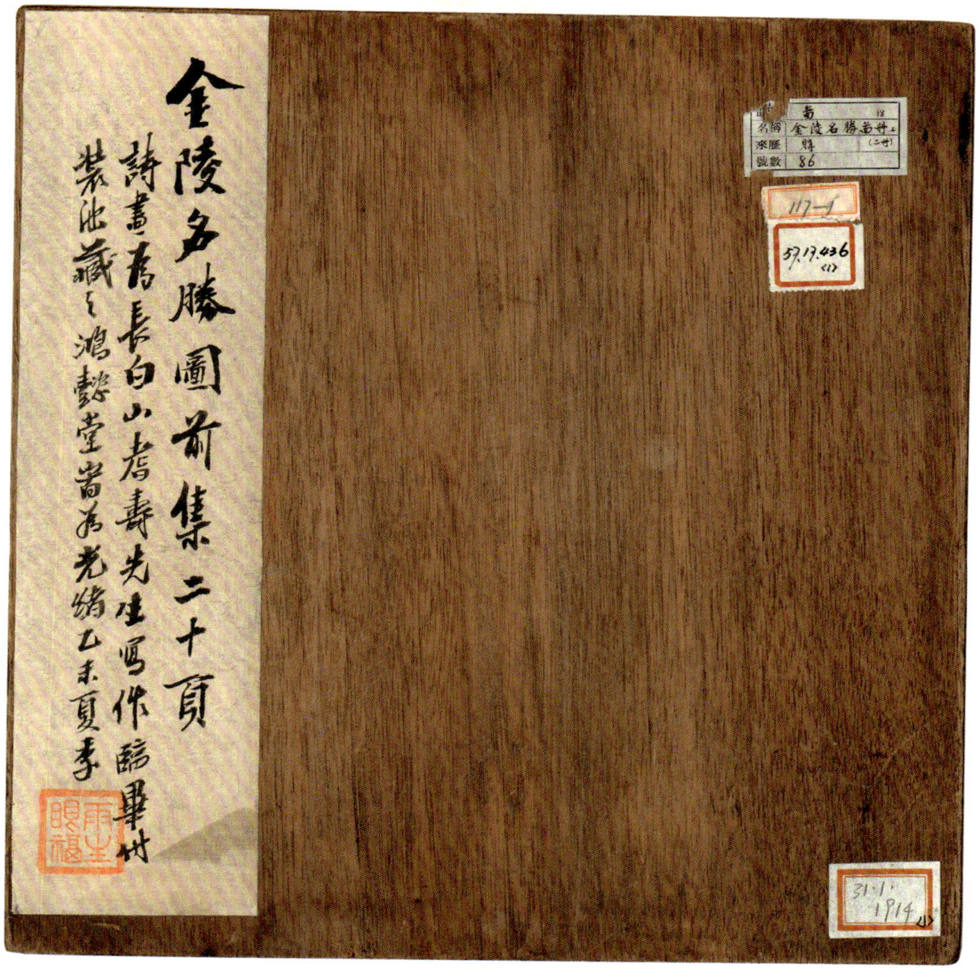

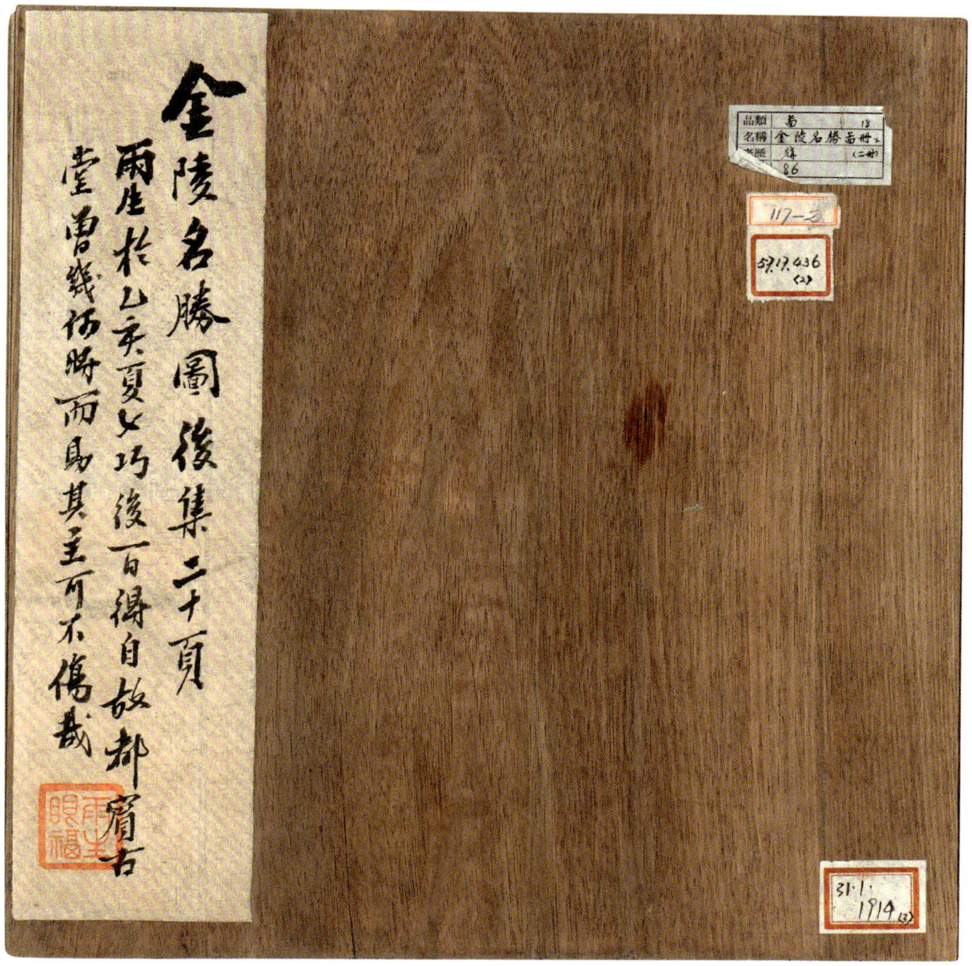

三宿靈巖

冶城仙觀

莫愁漁唱
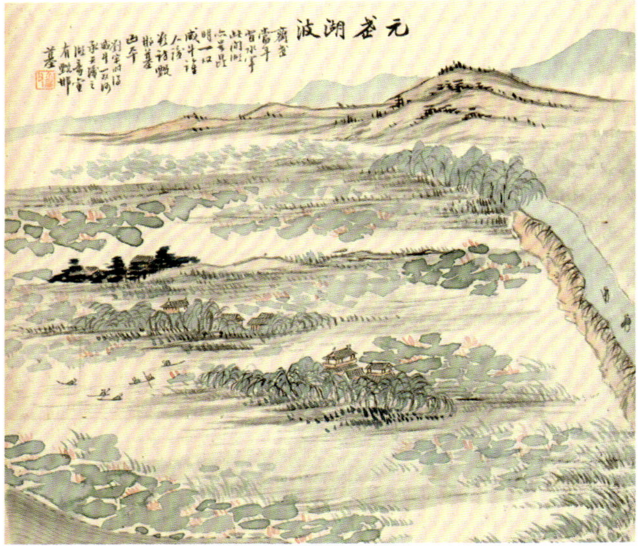
元武湖波

長干鐙火

永濟江聲

青谿打槳
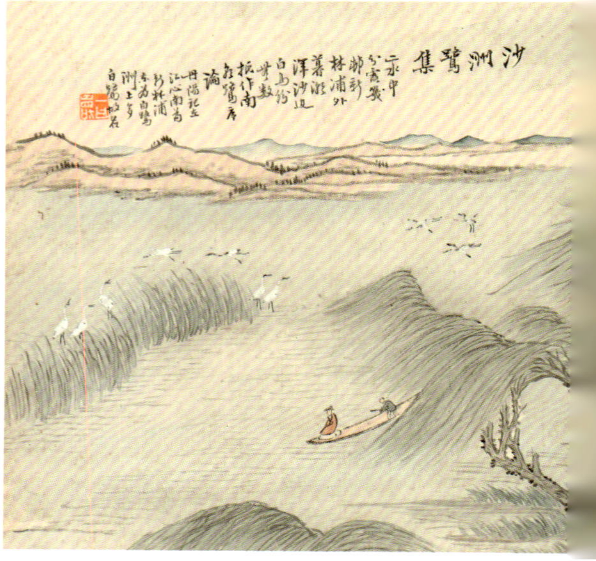
沙洲鷺集

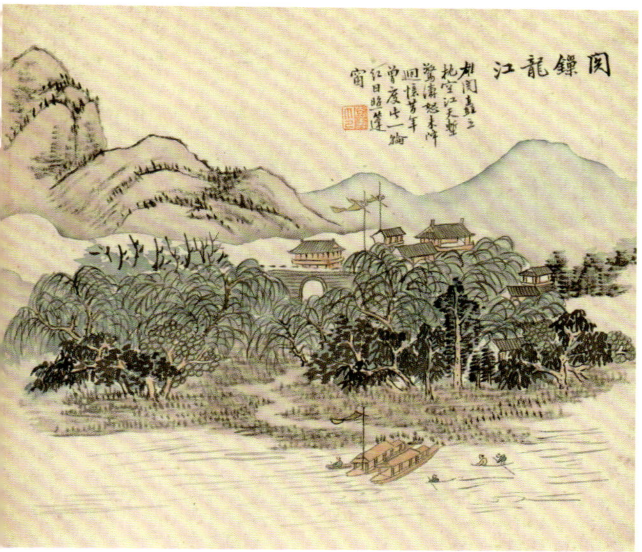

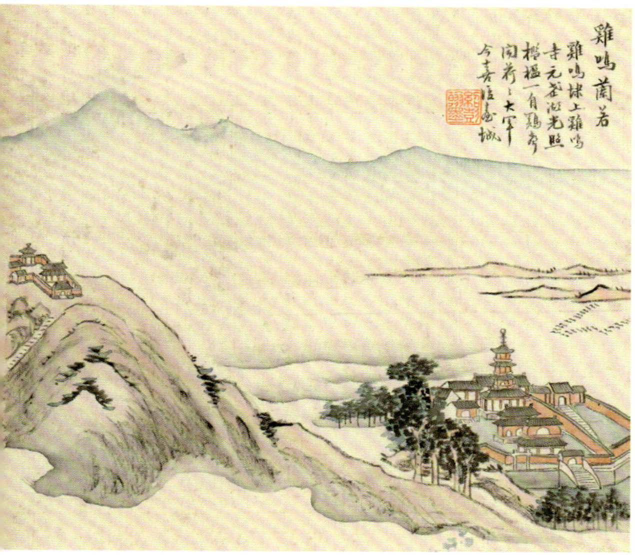
雞鳴蘭若

天印樵歌

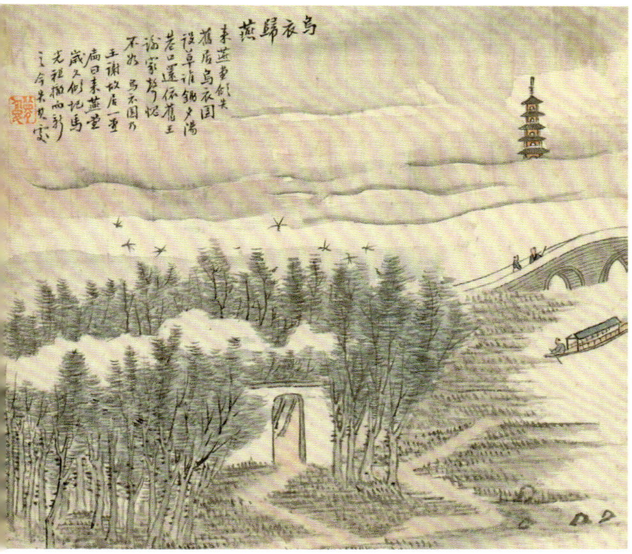

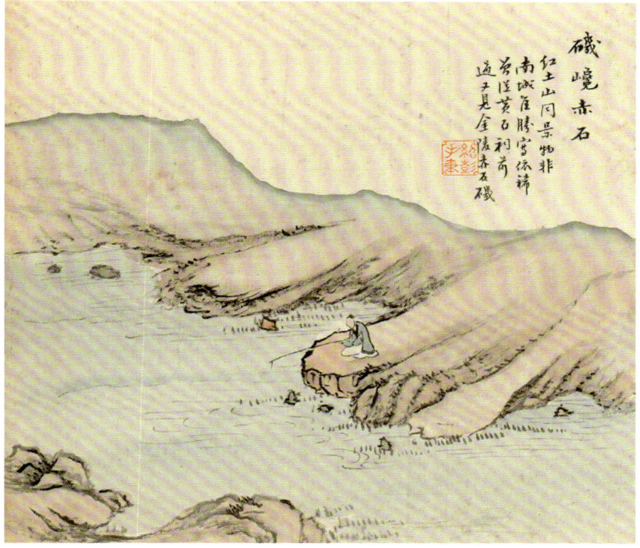

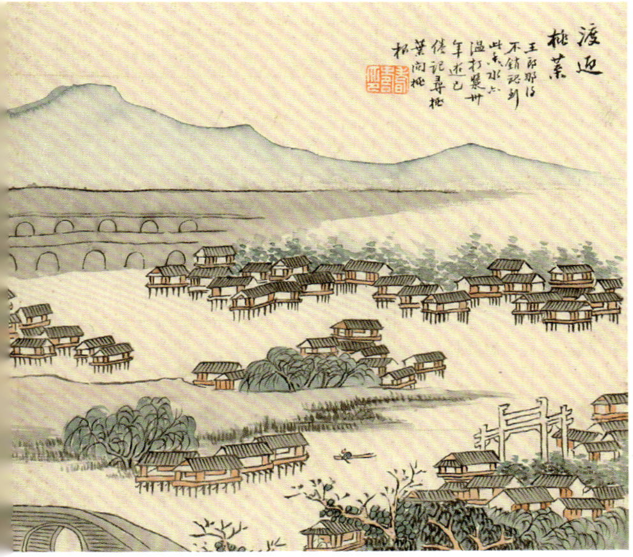

杏花村酒

燕磯曉望

幕府登高

清涼問佛

長橋

祖堂振錫

鳳臺步月

高臺雨花

牛首攢青

東山碁墅

鍾阜龍蟠

祈澤龍湫

秦淮鐙舫

報恩鐙輪

嘉善禪樓

獅子雄峯

随园

随园，位于今南京市北城清凉山东脉之小仓山，其前身为清康熙年间江宁织造隋赫德的隋园。乾隆十三年（1748 年）袁枚任江宁知县时购得此园，加以改建，易“隋”为“随”，取“随之时义大矣哉”之意，更名为“随园”。园之布局随形顺势，南北两山之间的低洼处，开拓为池，池上筑堤。北山集中园内主要建筑，南山仅有亭、阁两座。

27

袁起《载酒访随园图》卷（局部）

Carrying Wine to Visit Suiyuan Garden by Yuan Qi, Handscroll (Detail)

清（1644～1911 年）

南京市博物馆藏

袁起（生卒不详），号竹珪（一作畦），袁枚族孙，自幼承继家法，随父袁烺习画，尤擅山水小景。

该图再现了昔日随园内景致，园内亭轩阁廊，小桥流水，曲径通幽，林木丛郁，借景生境，别具妙意，画面小楷写出园内各处建筑名称，如小栖霞、需雅、悠然见南山、小仓山房、藤花廊、绿净轩等等。

『随其高，为置江楼；随其下，为置溪亭；随其夹涧，为之桥；随其湍流，为之舟；随其地之隆中而欹侧也，为缀峰岫；随其蓊郁而旷也，为设宧窔。或扶而起之，或挤而止之，皆随其丰杀繁瘠，就势取景，而莫之夭阏者，故仍名曰「随园」，同其音，易其义。』

——〔清〕袁枚《随园记》

2

北国天地 皇家气象

清代皇家园林继承延绵数千年的中国园林文化传统，叠山理水、筑景问名等技艺高度纯熟。皇家对江南园林全方位、多层次的写仿，促成南北造园艺术的大融合。京师、承德、蓟州等地营建三山五园、避暑山庄、静寄山庄，融南北造园艺术精华于一身，堪称中国园林史上的里程碑。

天阙重华

北京自辽金时起，历代帝王就在此营建都城、兴造园林。古都承西山、永定河伟岸之势，导流入城，东接运河，内城御苑，长河相通，名园相衔，其壮丽与包容，奠定了皇家园林聚合南北造园艺术精华的基调。北海、三山五园，传承悠久，规模庞大，集中国造园艺术之大成，是中国古典园林建筑的巅峰之作。

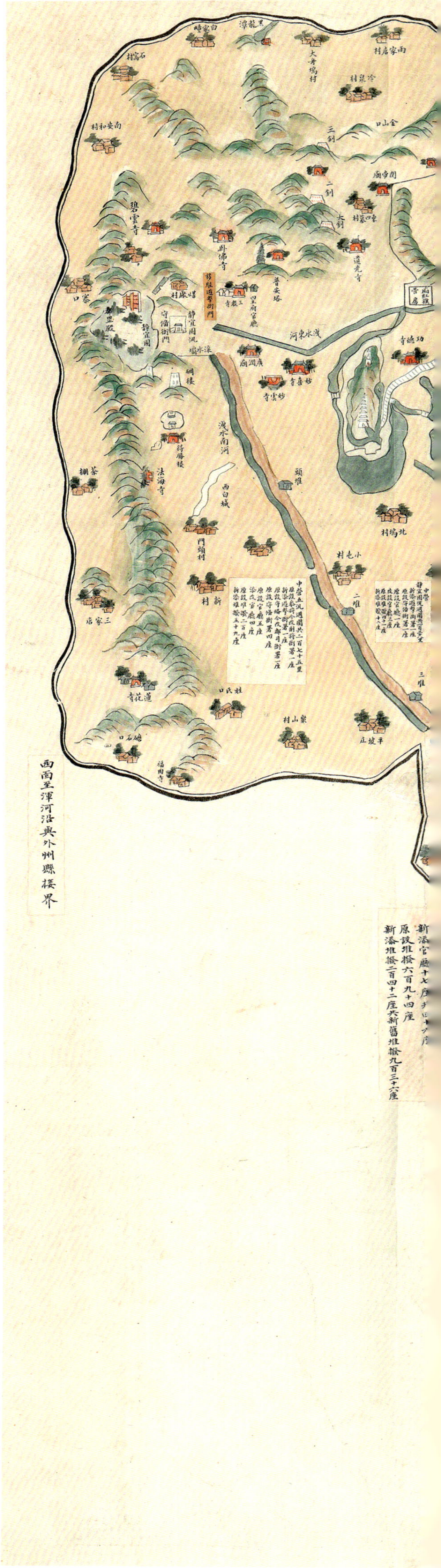

28

北京城营房守备、官厅方位图
Map of Garrison and Government Offices in Beijing
清（1644～1911年）
纸本 设色
纵137、横198厘米
首都博物馆藏

此图手绘清代北京城的营房守备、官厅方位与布局，并注明数量，范围东至东坝、南至黄村、西至浑河沿、北至清河。同时，图中还标绘出主要村落、庙宇、园林、河湖水系的方位。

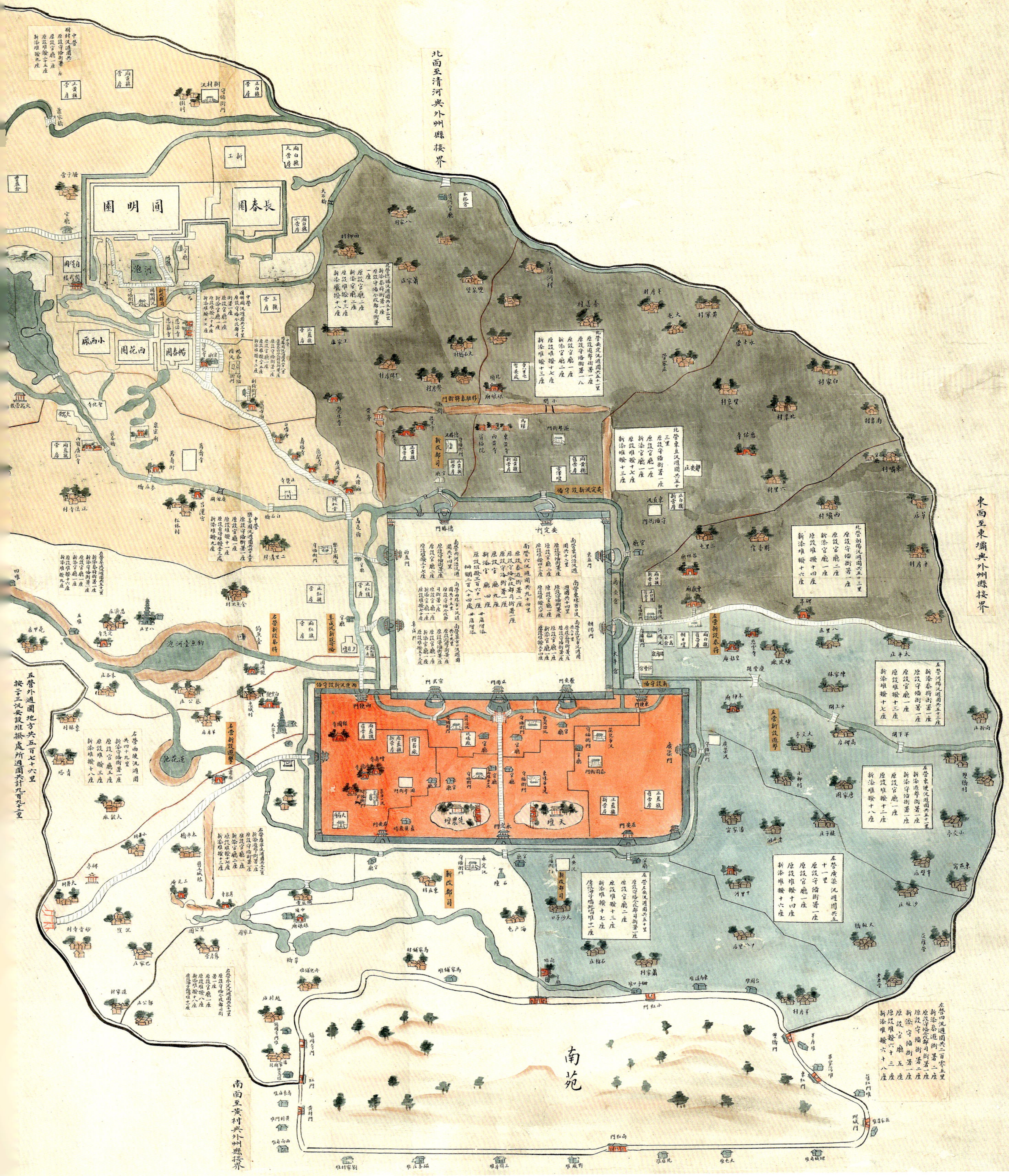
北面至清河與外州縣接界
圓明園
長春園
東面至東壩與外州縣接界
南苑
南面至黃村與外州縣接界

29

北海景观图

Scenes in Beihai Park

清（1644～1911年）

纸本 设色

纵 119.3、横 239 厘米

首都博物馆藏

此图自右至左，依次绘团城、琼华岛、永安寺、五龙亭、“极乐世界”大殿、金鳌玉蝀桥等环水布列的景观。取景点在金鳌玉蝀桥西南位置，构图使用了一定的透视技巧，将整个北海景观备于一纸。画中绘有两大两小游览者立于金鳌玉蝀桥上，莲池中有泛舟者一名，为作品增添生趣。

30

京郊西山名胜图

Scenes in Western Hills outside Beijing

清（1644～1911年）

纸本 设色

纵95、横176厘米

颐和园藏

此图为晚清时期绘制的一幅涵盖北京西山一带各处风景的地理全图。全图采用中国古代地图传统的形象绘制手法，线条清晰，设色淡雅。淡墨色勾勒，渲染主体建筑、山势，淡蓝色配波纹线条表示水域，淡绿色配点、线交错表示稻田，并用小字详细标注出各处地名、建筑名称等。图中绘有北京西郊各处皇家苑囿（香山静宜园、玉泉山静明园、万寿山颐和园、圆明园、八大处等）、寺庙、村庄以及各旗营房等，基本反映了清末民初北京西郊三山五园之现状，对研究这一时期北京西郊园林、水系、地理、建筑沿革等方面具有重要的参考价值。

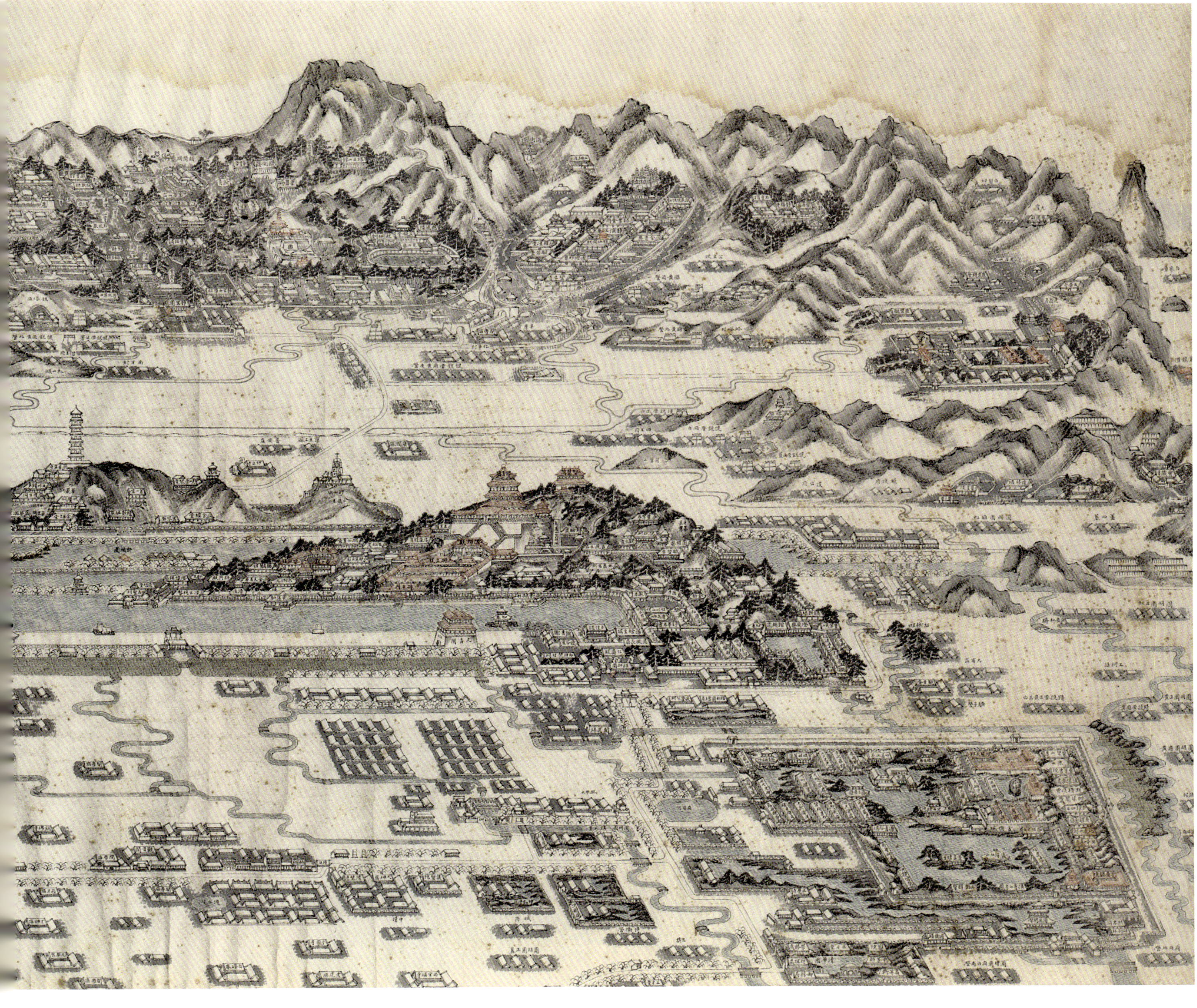

31

黄钺《春雨轩图》卷

Chunyu Pavilion by Huang Yue, Handscroll

清（1644～1911年）

绢本 设色

纵34、横60厘米

沈阳故宫博物院藏

黄钺（1750～1841年），字左田，号左君、井西居士。作为“姑孰画派”的继承者，山水画颇具萧云从遗风，又融元人笔墨特点，整体画风清新苍秀，其水墨山石与设色树木相得益彰，画面色彩淡雅，别有一番早春田野间朦胧之韵味。

画中绘初春时节，田野上柳枝抽出嫩芽，桃花盛开，灰瓦村舍、古塔宝刹，成片水田与桃红柳绿之景交相辉映，远处烟雾缭绕，群山隐秘其中若隐若现。春雨轩，位于圆明园四十景之一杏花春馆之中，乾隆二十年（1755年）添建，由于增建当年春雨充沛，遂得名，为乾隆观察天候、检验农事的场所。

卷首为黄钺题写的《御制春雨轩记》，落款为“臣黄钺敬书”，钤朱文方印“臣钺”“敬书”。画尾题“臣黄钺恭绘”，钤“臣”“黄钺”朱文方印。画首钤朱文腰圆印“嘉庆御览之宝”、朱文方印“宣统御览之宝”。

御製春雨軒記

軒在後湖西北隅乾隆年間所建也我
皇考以春雨顏楣重農省歲之
聖心貫六十年如一日也蓋京師地居上
游風日高燥難得而可貴者春雨也宿麥
初茁新麥既耕助以膏腴待其成熟必需
春雨也
皇考御極綏萬屢豐春雨之作見於
聖製集中者不可勝紀予小子受璽以來
二十五載矣每歲盼望春雨實切惶懼今
遇庚辰之紀適逢周甲之年感沐
上帝降康三冬普霑盈尺瑞雪元旦繼以
膏澤仲春上旬中旬時雨深透浹洽繁滋
誠未有之甘澤也國以民為本民以食為
天足食必待年豐年豐實資春雨何修得
此益勉敬誠虔願多方同沐春雨歲登大
有戶慶盈寧仰副
皇考題額之本念
垂澤後世之深衷而予欽承堂構之寸忱
隨時隨地曷敢少怠繫以銘曰百穀嘉生
始基春雨降自
上蒼敷於下土庶姓安和孔修六府寅荷
鴻施申錫多祜

臣黃鉞敬書

32

『御园图』墨

Inks with Scenes of Imperial Gardens

清（1644～1911年）

长31.3、宽24、高3.6厘米

天津博物馆藏

此套墨共计六十四件，内容选材于故宫、西苑和圆明园三园景色。每锭墨一面绘制景观，一面书写景致名称。一图一景，画面镌刻细腻典雅。

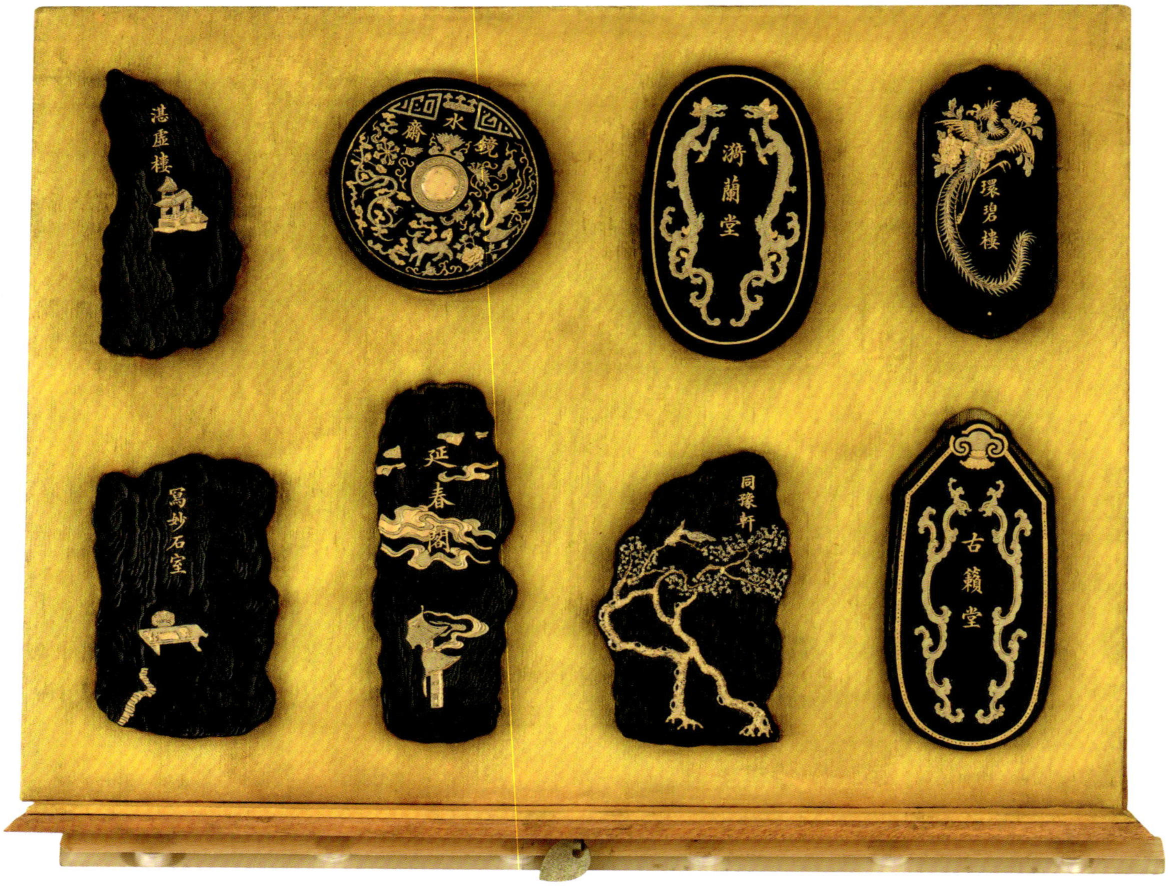

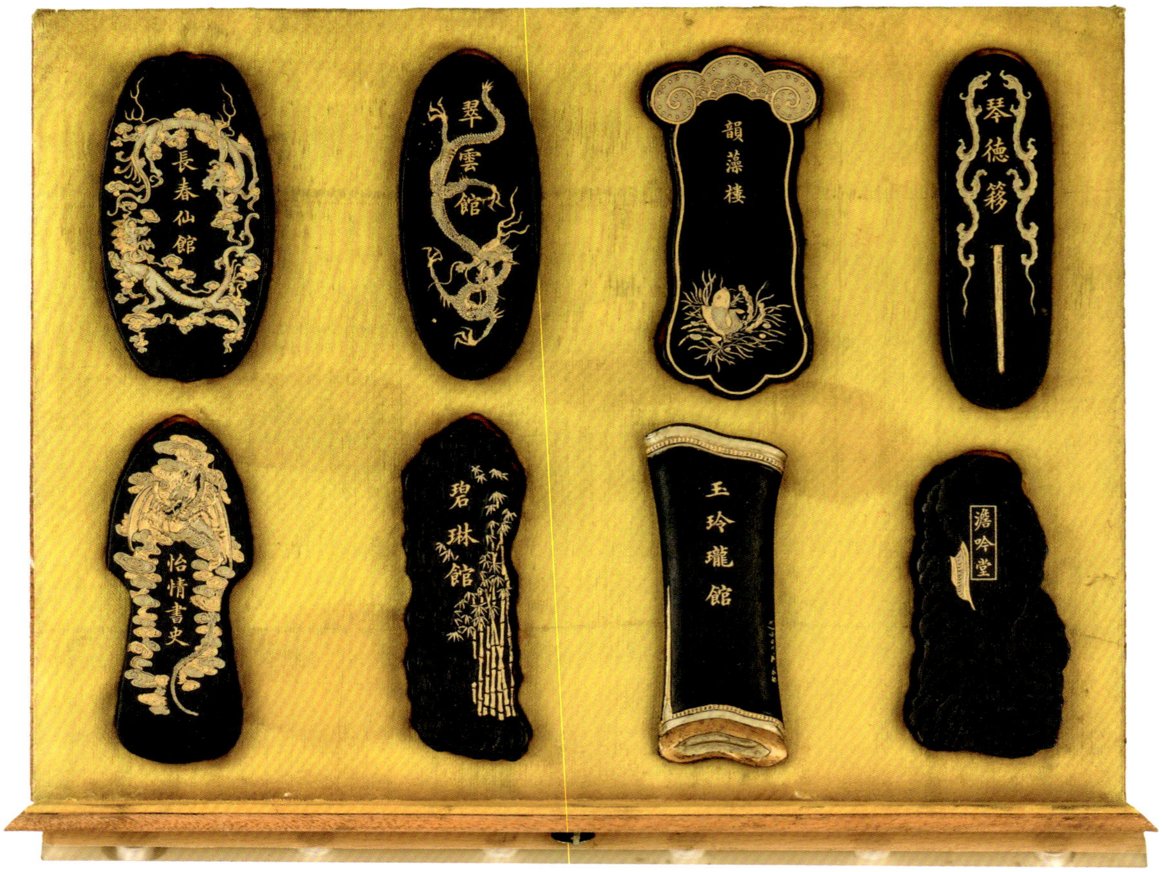

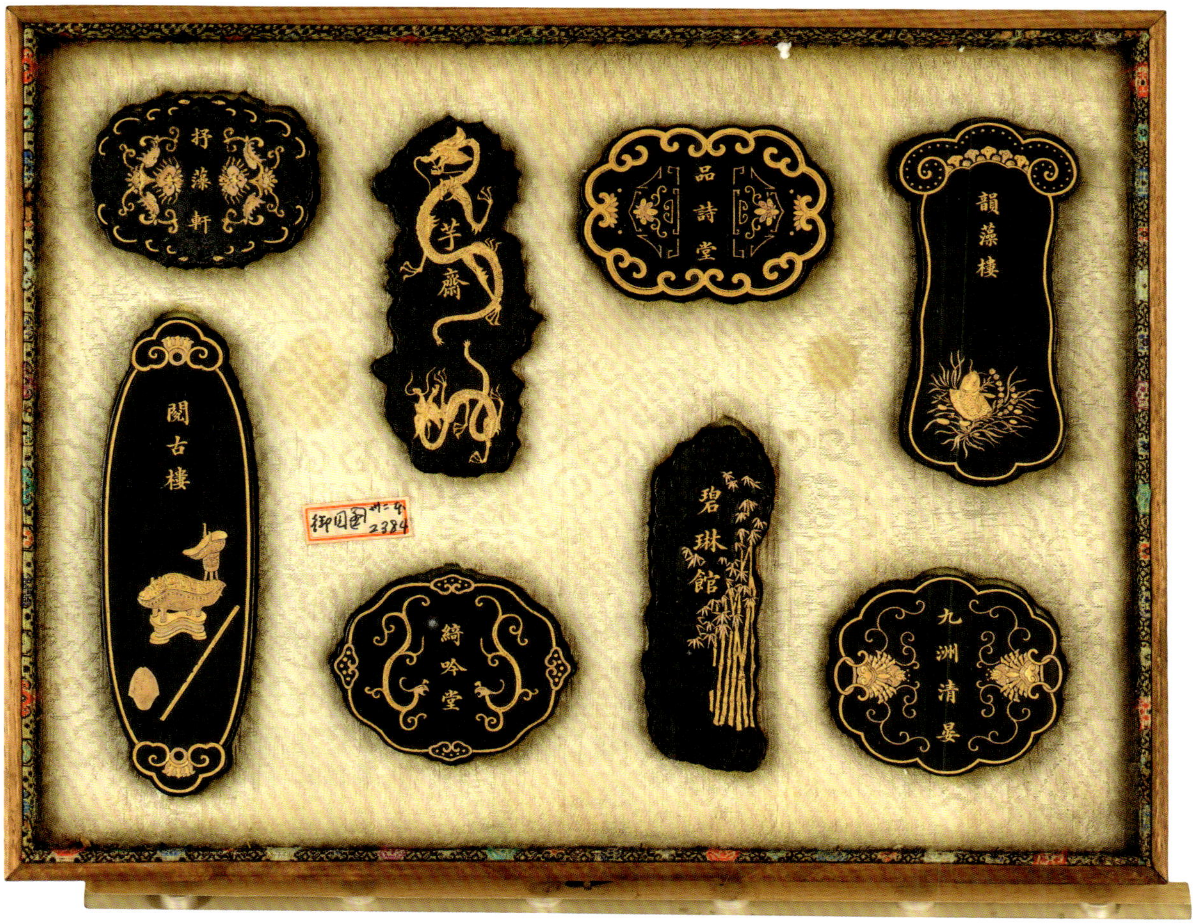
抒藻軒
芊齋
品詩堂
韻藻樓
閱古樓
碧琳館
綺吟堂
九洲清晏

豐澤園
委宛藏
清輝閣
漱芳齋
天祿琳琅
同豫軒
景芳書院

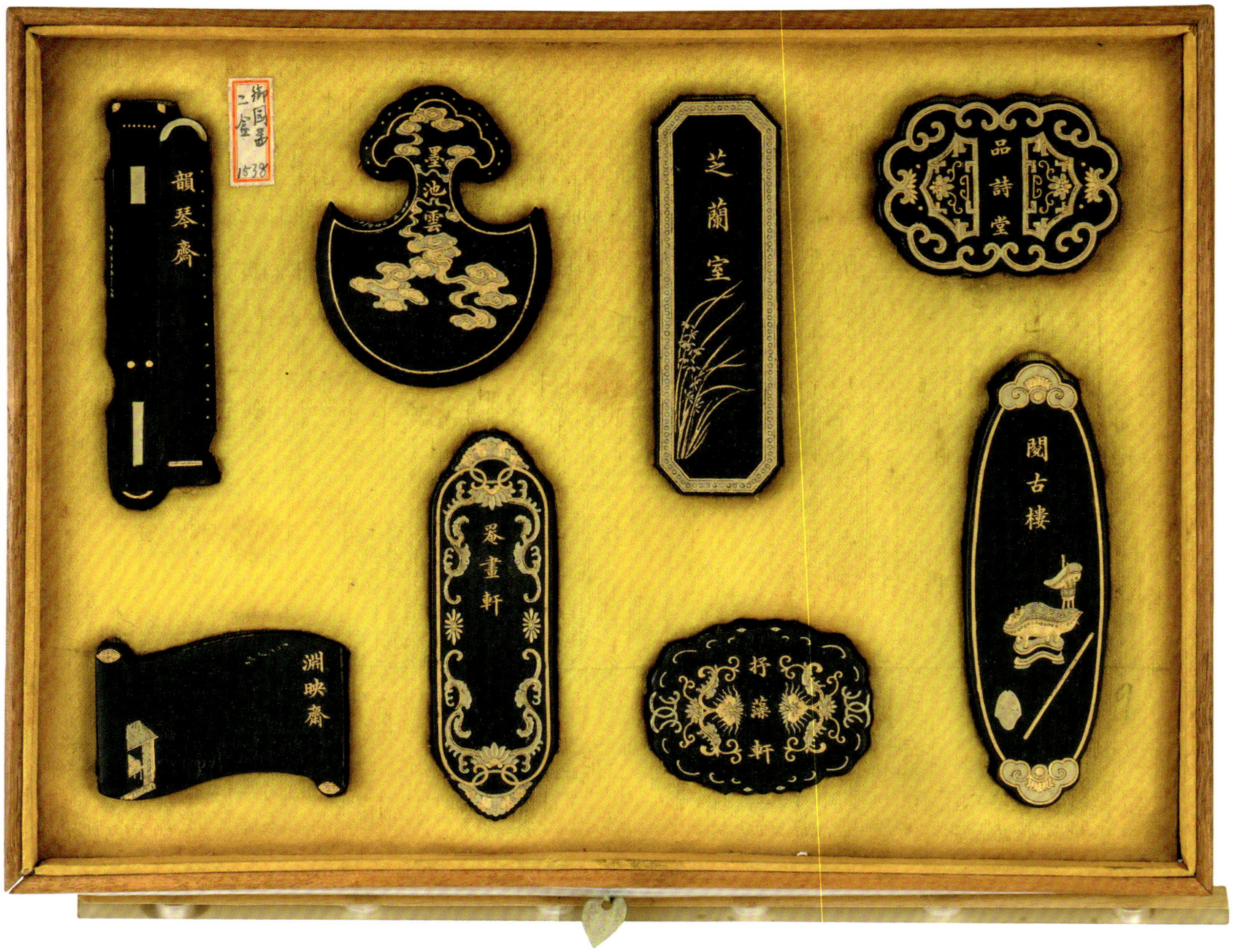

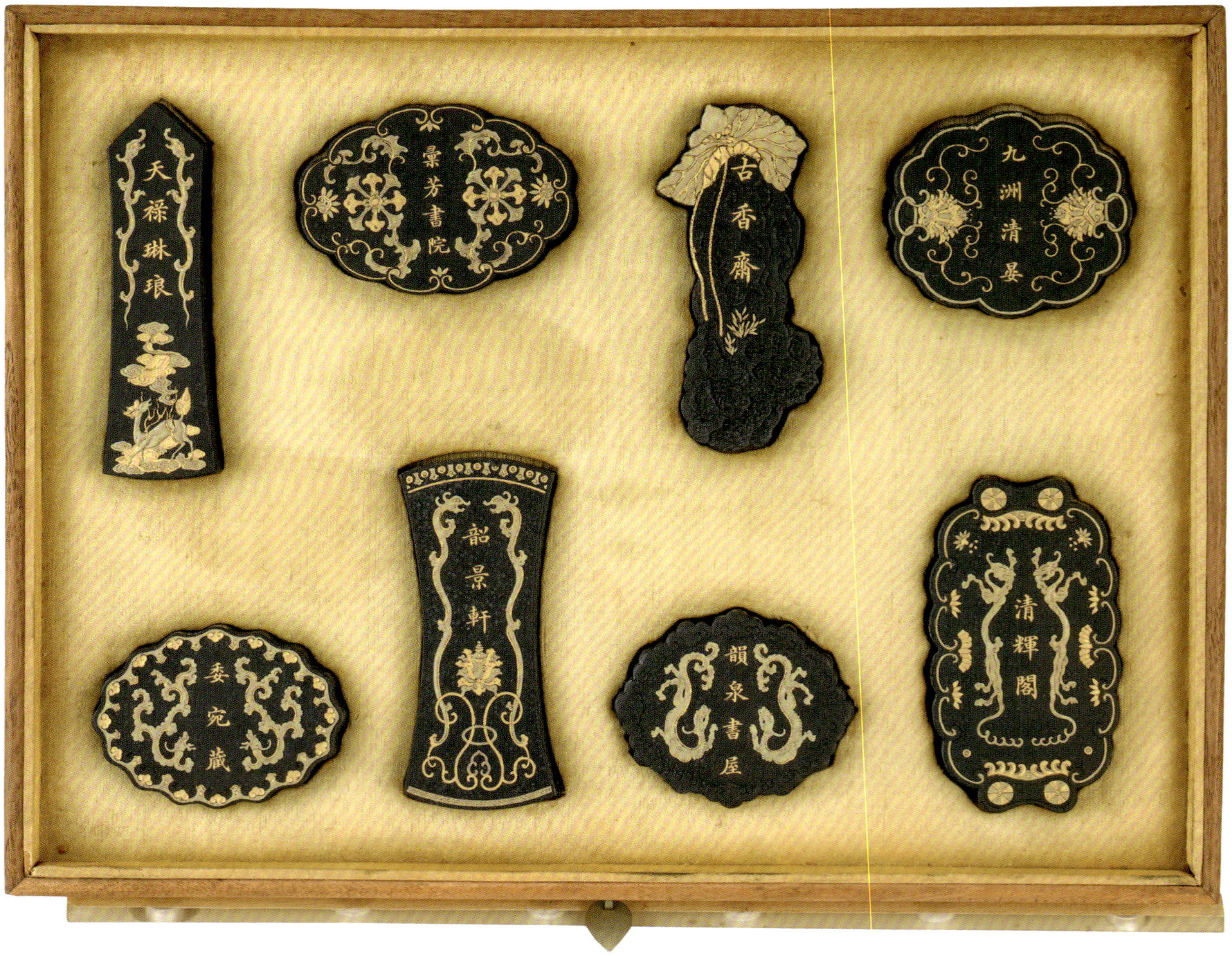

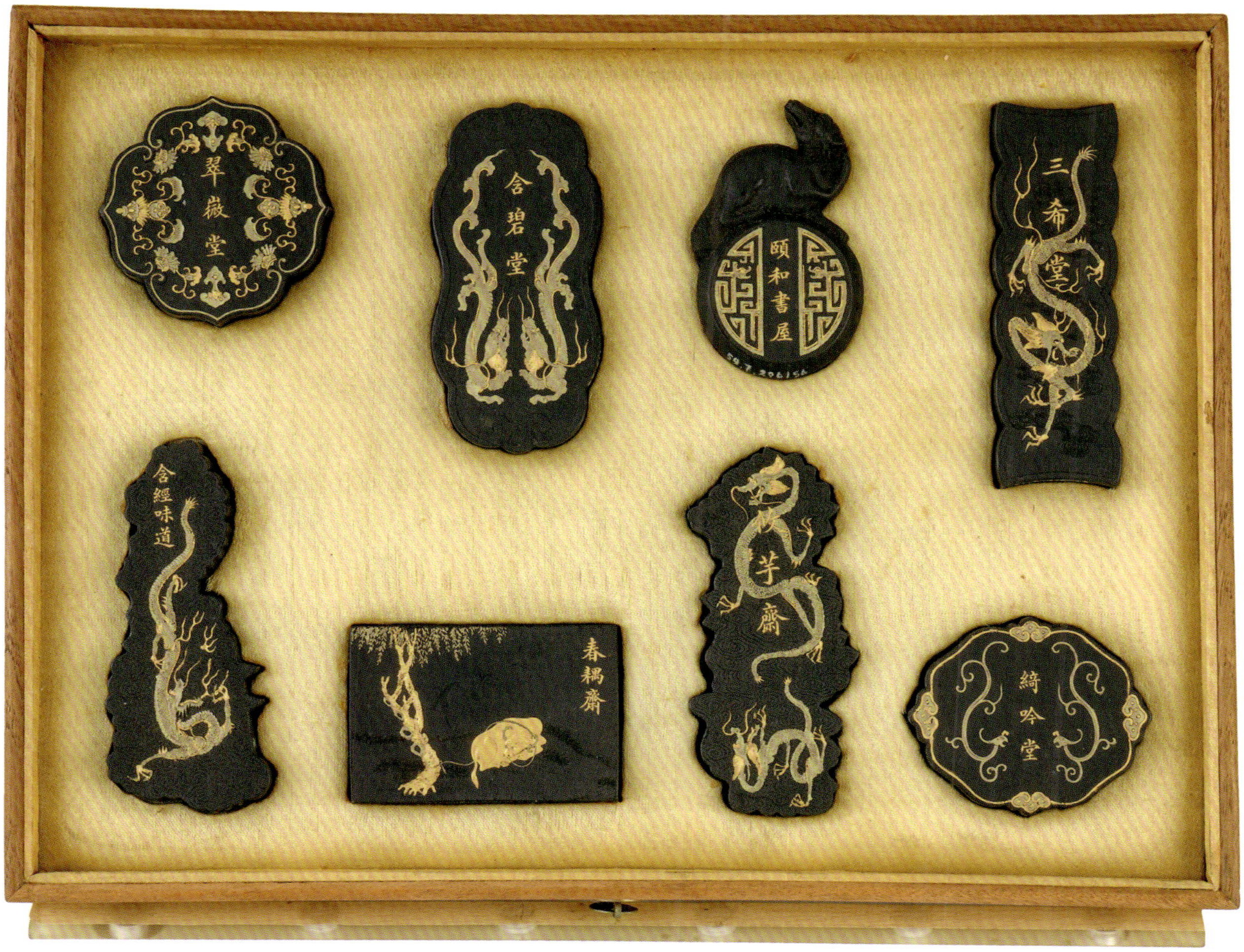
翠巖堂
含碧堂
頤和書屋
三希堂
含經味道
春耦齋
綺吟堂

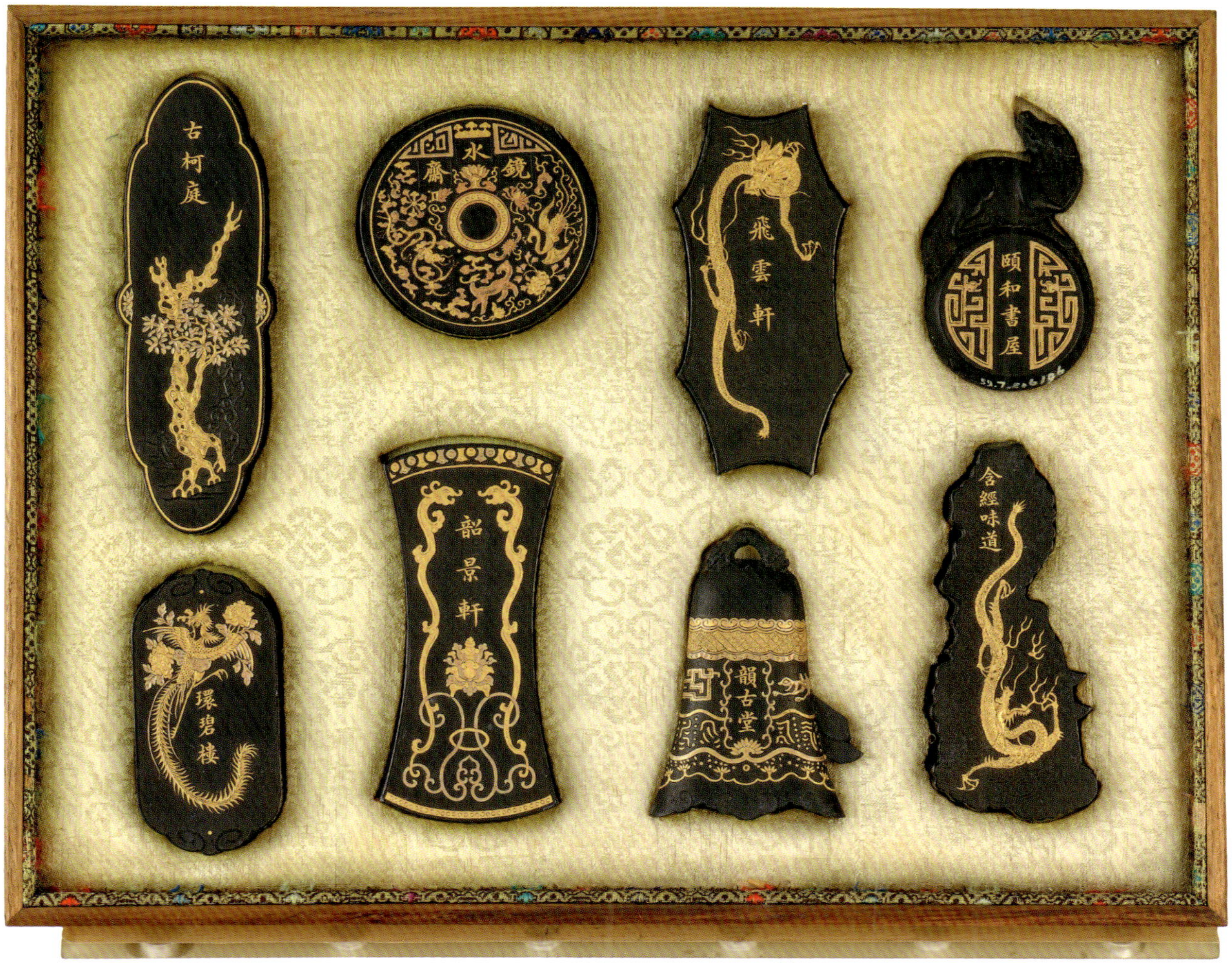
古柯庭
飛雲軒
頤和書屋
韶景軒
環碧樓
韻古堂
含經味道

塞上文津

承德地处内蒙古高原与华北平原的过渡带，气候凉爽宜人，物种资源丰富，亦可作为避暑豫游、行围狩猎之地。作为中原与北方游牧民族交界地带，地理位置十分重要。避暑山庄始建于康熙四十二年（1703 年），经康雍乾三朝修建，历时 89 年，于乾隆五十七年（1792 年）建成。清帝在此修筑皇家园林，便于巩固北部边防，处理边疆政务。

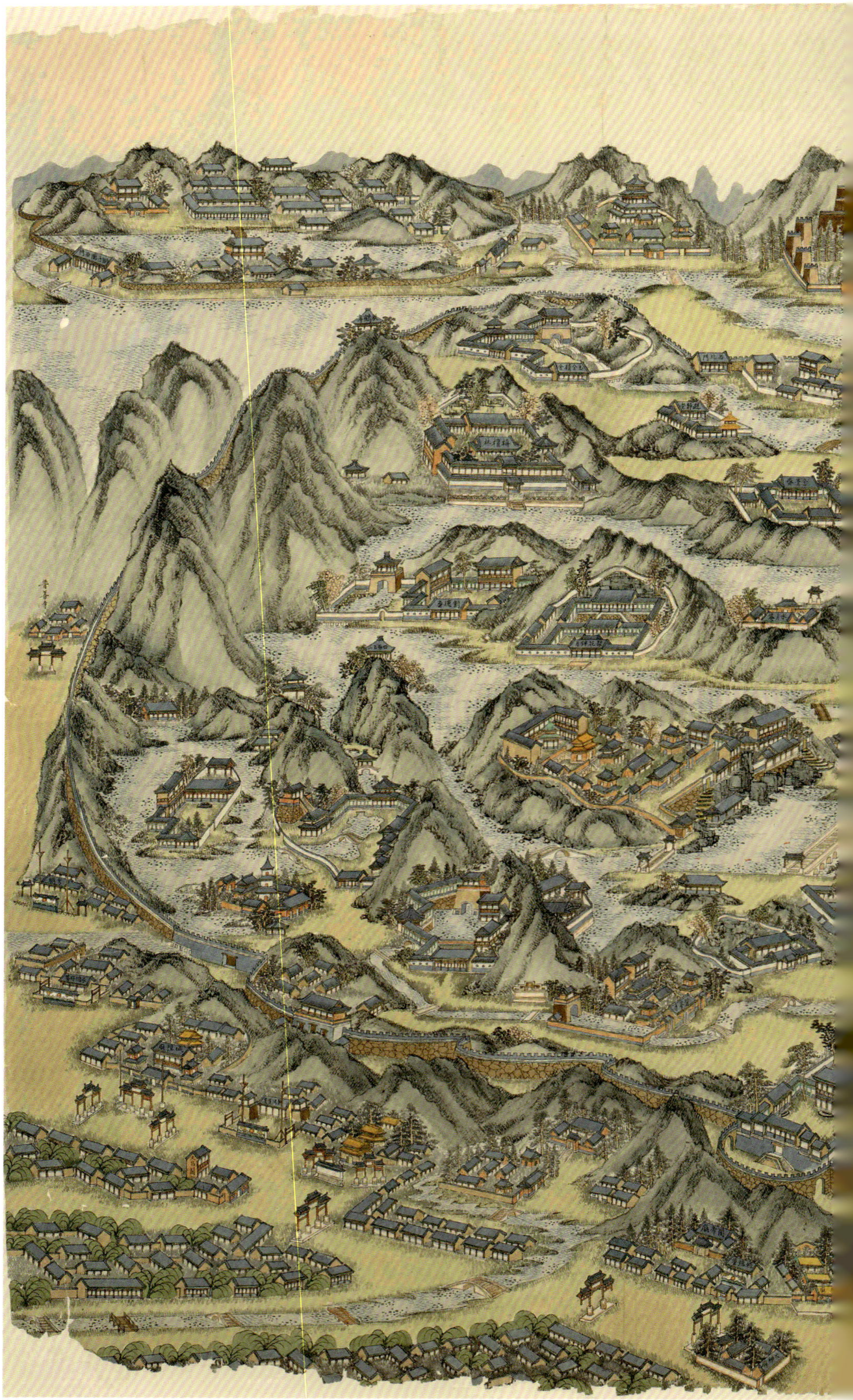

33

承德避暑山庄全图

Complete Map of Chengde Mountain Resort

清（1644～1911 年）

纸本 设色

纵 112.6、横 220 厘米

颐和园藏

此图为清代佚名绘制的一幅承德避暑山庄全景图。作者以俯瞰广角的构图方式详尽描绘了避暑山庄被群山环抱，山庄内各处景观星罗散布，亭台楼阁掩映在山水树木之间的壮丽景象。画面描绘精细，层次分明，位置准确，重要景观、建筑的屋顶上用墨笔书写名称。此图还描绘了避暑山庄周边各处庙宇、府署、考棚等，绘制翔实，是研究承德避暑山庄及其周边历史变迁的重要辅助资料。

水月庵
千尺雪

文津閣
玉琴軒
水流云在

34

碧玉雕交龙纽『避暑山庄』玺

Spinach-Green Jade Seal with Dragon-Shaped Knob and Imperial Poem of Chengde Mountain Resort

清（1644～1911年）

通高13、纽高4.7厘米

故宫博物院藏

碧玉交龙纽方形玺，汉文篆书。纽上二龙相交，脊背呈串珠状，方口露齿、卷须，头上两角均向后，两龙中间有孔，附黄色绶带。印身四周刻有《避暑山庄百韵诗》，落款为“乾隆丁卯仲秋月上澣御制”。《避暑山庄百韵诗》收录于《清朝文献通考》卷一百四十中，《钦定热河志》卷二十五中也有收录。此宝在《石渠宝笈》及内府收藏的书画中多有钤盖。

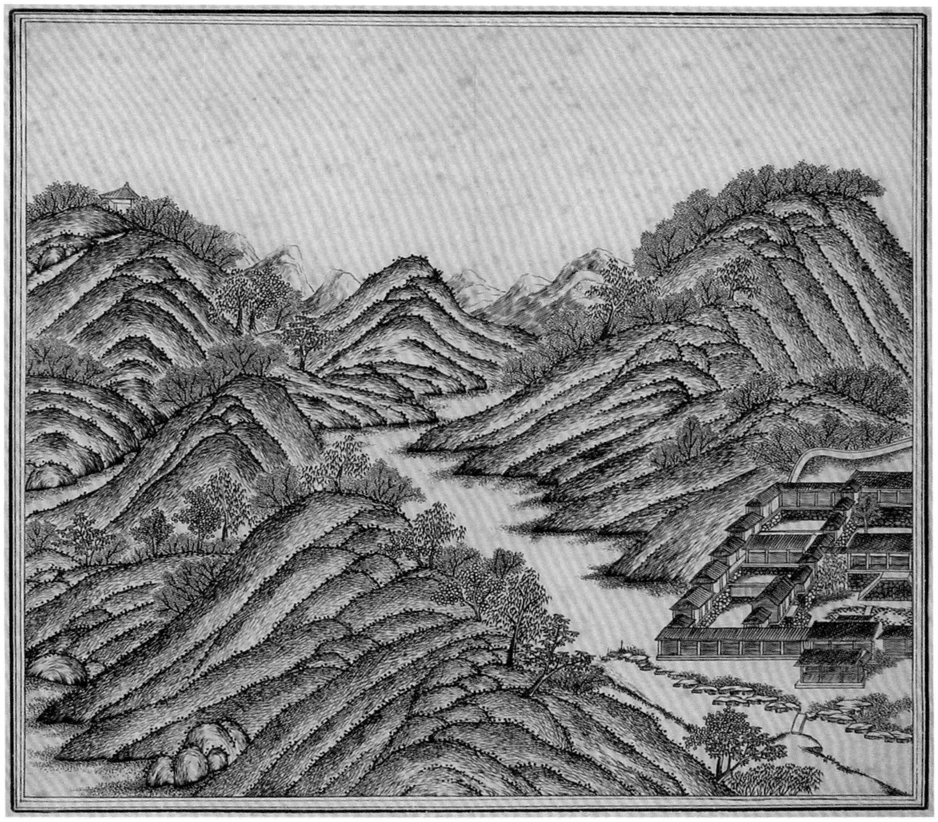

35

《避暑山庄三十六景册》

（四页）

Thirty-Six Scenes in Chengde Mountain Resort, Four Album Leaves

清（1644～1911年）

纸本 设色

纵27.4，横30厘米

辽宁省博物馆藏

铜版画，残存四页分别为“天宇咸畅”“澄泉绕石”“濠濮间想”“石矶观鱼”。

蓟州仙踪

蓟州地处燕山山脉中段南侧，左扼山海，右控居庸，背连古北。军事地位险要，素为京辅要镇，清代更有“畿东锁钥”之称。盘山峰衡秀异，水石清奇，自古即为历代帝王和文人墨客的竞游之地。静寄山庄，位于盘山南麓，始建于乾隆九年（1744 年），次年皇帝将盘山行宫命名为“静寄山庄”，乾隆十九年（1754 年）竣工。

36

董邦达《盘山十六景图》卷

Sixteen Scenes in Panshan Mountain by Dong Bangda, Handscroll

清（1644～1911年）

纸本 设色

纵41.6、横586.5厘米

辽宁省博物馆藏

董邦达（1699～1769年），字孚存，号东山，浙江富阳人，官至礼部尚书。参与编纂《石渠宝笈》等皇家书画著录。工山水，学董其昌，名重一时。善用枯笔，线条干毛而轻盈柔美，明快流畅，疏密得当，重视以烘染来加强干笔勾勒皴擦之韵味，使笔墨浑然一体。

此卷为董邦达创作的多幅有关盘山的画作中极其精彩的一卷。画面以横向布景的方式，展现了盘山的全貌及十六个景点于山中的位置。以界画的技巧分别描绘了千像寺、清虚玉宇等各景的独特风貌。作者以小楷书分别标明了各景的名称。此卷构图饱满，笔法繁密，山石树木皴擦勾勒精到，是董氏的精心之作。卷中有乾隆御题诗一段，拖尾处为清代大学士梁诗正楷书《御制盘山十六景诗》。

盘山是天津与北京之间的一座名山，位于蓟县城西。圆浑而怪秀的山石构成了盘山的一大特色，历代在此大兴土木，留下诸多古刹名寺，乾隆皇帝钟爱此地，曾32次驻跸盘山，感言“早知有盘山，何必下江南”，其吟咏盘山的诗多达1300余首。

所雲起樹中間泉分山四字蓊蔚鮮定容變幻
乃尔許俯仰接諸天時〻落花雨 右層巖飛翠
地切清虛妥玉真嵬峰孤迴若為隣行来禹步
何嘗慣却是遊仙天半人 右清虛玉宇
戶有白雲封庭餘古樹濃何須尒寶積藉以繢
山容瑞相標圓月禪心定毒龍拈提隨望是互
荅六時鐘 右鏡圓常照
伏流飛瀑渾無定此獨松間滙小池已覺地琹
清越矣更兼天籟拾終之忘機徐聽韻盈耳得
意閒憑緑映眉正是八音緐會處高山何必待
鍾期 右衆音松吹
芙蓉朶〻標銀漢恰似香爐日照明千古名山
以人重田盤直俗兩先生 右四面芙蓉
巨石當其垠若泉灑清泚遺蹟傳楷模在彼不
在此 右貞觀遺蹤
憶我初度遊上盤問津原自天成寺是時秋老
變山容霜楓古柏紛丹翠坐我江山一覽閣成
詩聊寄烟霞意雲罩萬松高絶處慮不勝寒叶
四六犢從茲結習鎮相縈頻年便道輒停蹕
攀躋涉歷既經慣幽者畢探遺者至得愈多愈
不忍置更廣奇走勞執事曰之卜築擇佳勝雕
斲不施敦簡易朝往暮睞樂無窮得臨安能忘
所自緊予惕若廟廊者豈宜耽適山林致田疇
大隱倘可抬勤政咨諏共圖治 右天成寺
蒼翠復清矖仙山別一區誰知圓覺佛也愛老
成儔以石為胎古因風泛穎纾此間来亦屢興
會幾番殊 右萬松寺
澗看玉室抽泉是霜鋒淬秋風驕猶鳴想見英
雄概 右舞劍臺
緣谷一盤一曲精舍三間五間翠雨飛時林靜白
雲閒處僧還蹔遊窕探月窟到此可破天慳珍
重韓愈李愿曾否煙磴躋攀 右盤谷寺
山雲罩寺〻生雲形色誰能典刹分恰似拈花
便微笑說無說處不聞〻 右雲罩寺
鼇柱千秋鎮太寧諸峰拱伏儼来庭疇人試
問應難測華蓋垣中第幾星 右紫蓋峰
何来龍象侶說法禮山神即景欣幽託隨緣悟
靜因門迎松落〻路轉石磷〻千相即非相誰
容辨假真 右千相寺
孤撐不繫幾千秋雲海波瀾任泊浮學士小哉
惟識畫將軍往者漫稱樓武陵舍處今溪口靈
鷲飛来古渡頭放眼縱看天以外覆杯何異芥
為舟 右浮石舫

臣梁詩正敬書

御製盤山十六景詩
秀木千章蔭疏峰四面羅經營成不日伴奐詠
卷阿藻繢無須亟林泉豈在多宵堂遵
祖儉是處潤較避暑山莊僅十之四而經制居十之三色養奉
慈和繞砌栽紅藥開畦灌玉禾萬緣睞靜寄隔
歲一相過右靜寄山莊
窓納田盤萬景全宜人暮靄復朝烟臨虛標秀
琴書潤曰迴為高坐卧便適可成圖添粉本偶
然得句勒崖巔批黃稍暇無餘事靜讀雝林玉
臣董邦達恭繪

盘山

〔清〕乾隆

盘山山色翠空蒙，我欲登游雾半封。

寄语山灵还订约，他时拟上最高峰。

『向于雍正年间奉命敬谒景陵，往来蓟野田盘，山色宜人，盖蓄于目，且沃于心矣。』

——〔清〕乾隆《盘山志·御制盘山志序》

题慎郡王田盘山色图十六帧 静寄山庄

〔清〕乾隆

别业构田盘，润挹千峰翠。

陵谷因天成，轩斋稍位置。

境惟幽绝尘，心以静堪寄。

披图似重历，悦此烟霞意。

『……田盘，自太行而来，塞垣依此以筑，故介在南北之间，兼收雄秀之粹，卓为造物奥区焉。』

——〔清〕乾隆《静寄山庄十六景记》

37

王宸《盘山记胜图》卷

Scenes in Panshan Mountain by Wang Chen, Handscroll

清（1644～1911年）

纸本 水墨

纵 23.8、横 102.7 厘米

常熟博物馆藏

王宸（1720～1797年），字子凝，号蓬心，江苏太仓人。王时敏六世孙，王原祁曾孙，山水承家学。与王玖、王愫、王昱合称“小四王”。

此图卷为王宸早期作品，作于乾隆八年（1743年），时年23岁。款题：“癸亥冬日，逸岩大兄过访，备称盘山胜状情田，出素折索画，余纵笔写之，不求似盘山也。次日，逸岩兄欲行，以此图未竟复留一日。画就，因以持赠。王宸。”钤印：起首章朱文“苍翠”，朱文名章两枚“宸”与“紫凝”。卷后有同乡沈起元题诗。由落款可知，作者本人未到过盘山，此图系应友人所请根据其述而绘，故所绘盘山之景“不求似盘山也”。

盘山是燕蓟名山，自汉唐以来，众多帝王将相、文人墨客竞游于此。此图以平远法构图，画面近景置于中间，山体渐向左上延伸，直至画外，使人感到山脉连绵，广袤深远。画左下有大片留白，作山边之湖，湖水平若明镜，开阔渺远。

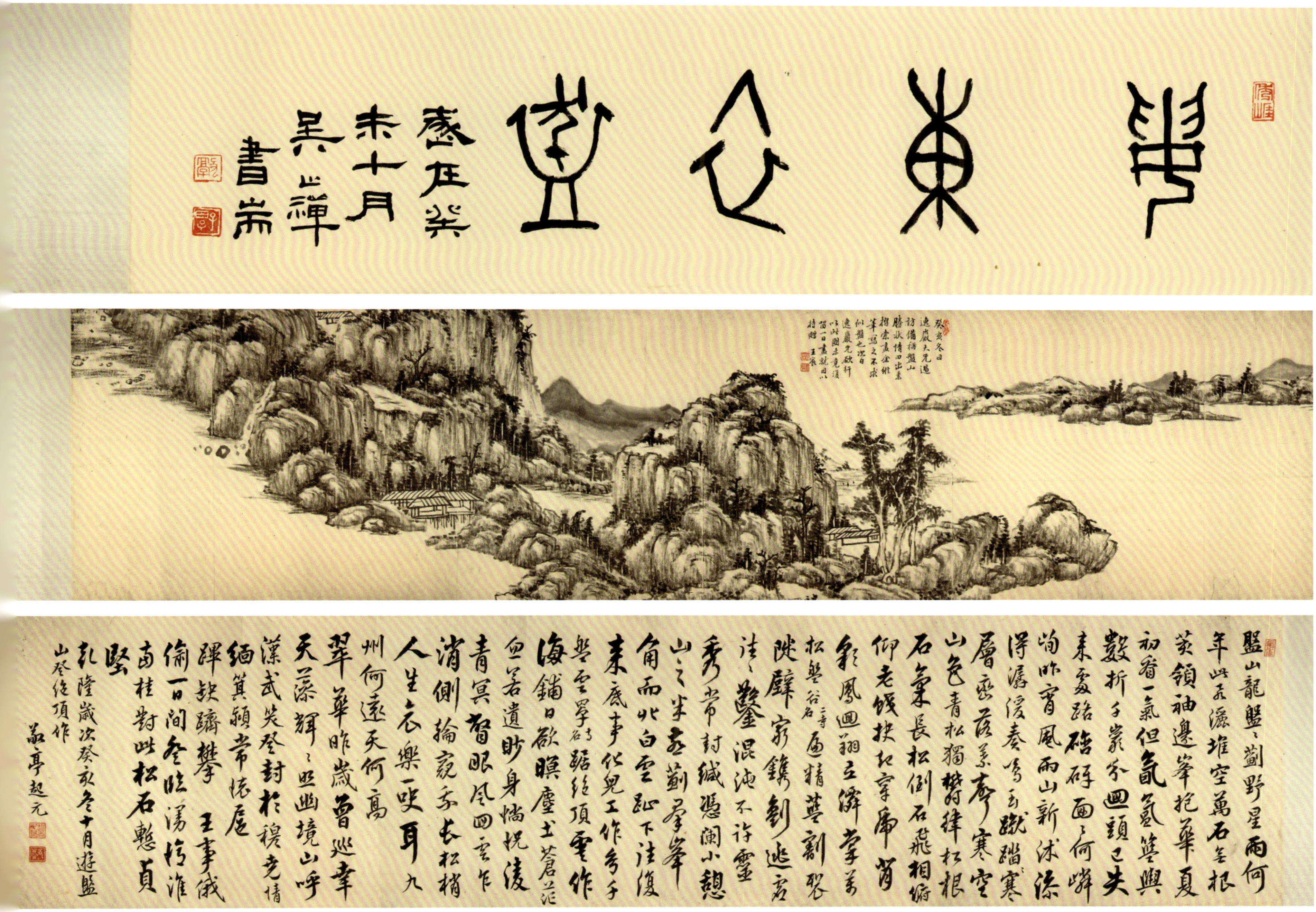

来庞事化兒工作兮予
聲雲翠名兮鐈絕頂雲作
海鋪日歇眺塵土蒼茫泥
血岩遺眇身幬悅淩
青冥瞎眼風四雲乍
消側掄寇長松梢
人生衣樂一咬耳 九
州何遠天何高
翠華昨歲曾巡幸
天漾暉幽境山呼
漢武笑登封於穆克情
緬箕潁帝悅庶
躃缺躋攀 王事俄
偷百間奎眧湯烔淮
南桂對此松石懋貞
堅
乾隆歲次癸永冬十月遊監
山登絕頂作
蕉亭趙元

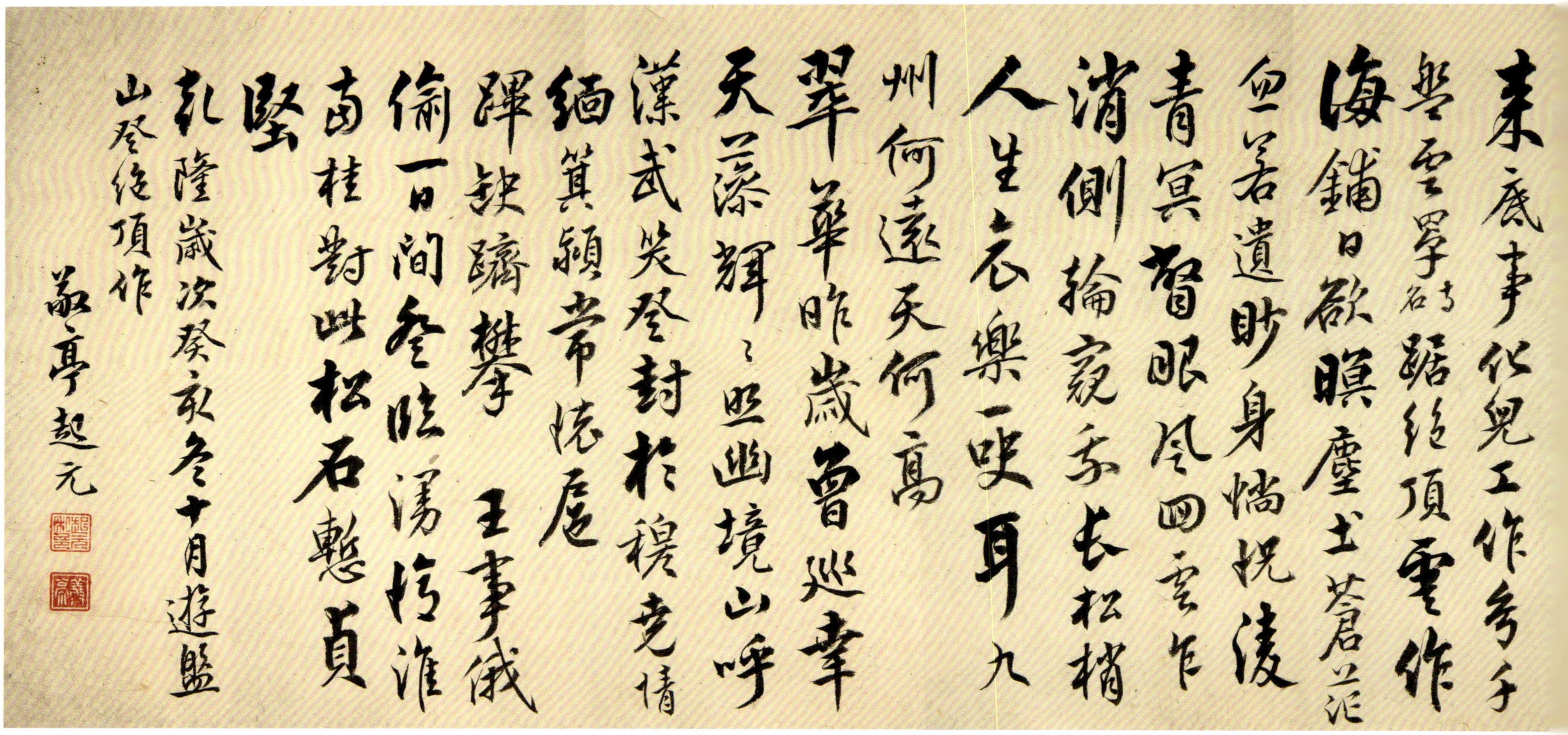

癸亥冬日
逸巖大兄過
訪備稱盤山
勝狀情田出素
楮索畫余維
筆寫之不求
似盤也次日
逸巖兄欲行
以此圖未竟復
留一日畫就因以
持贈 王宸

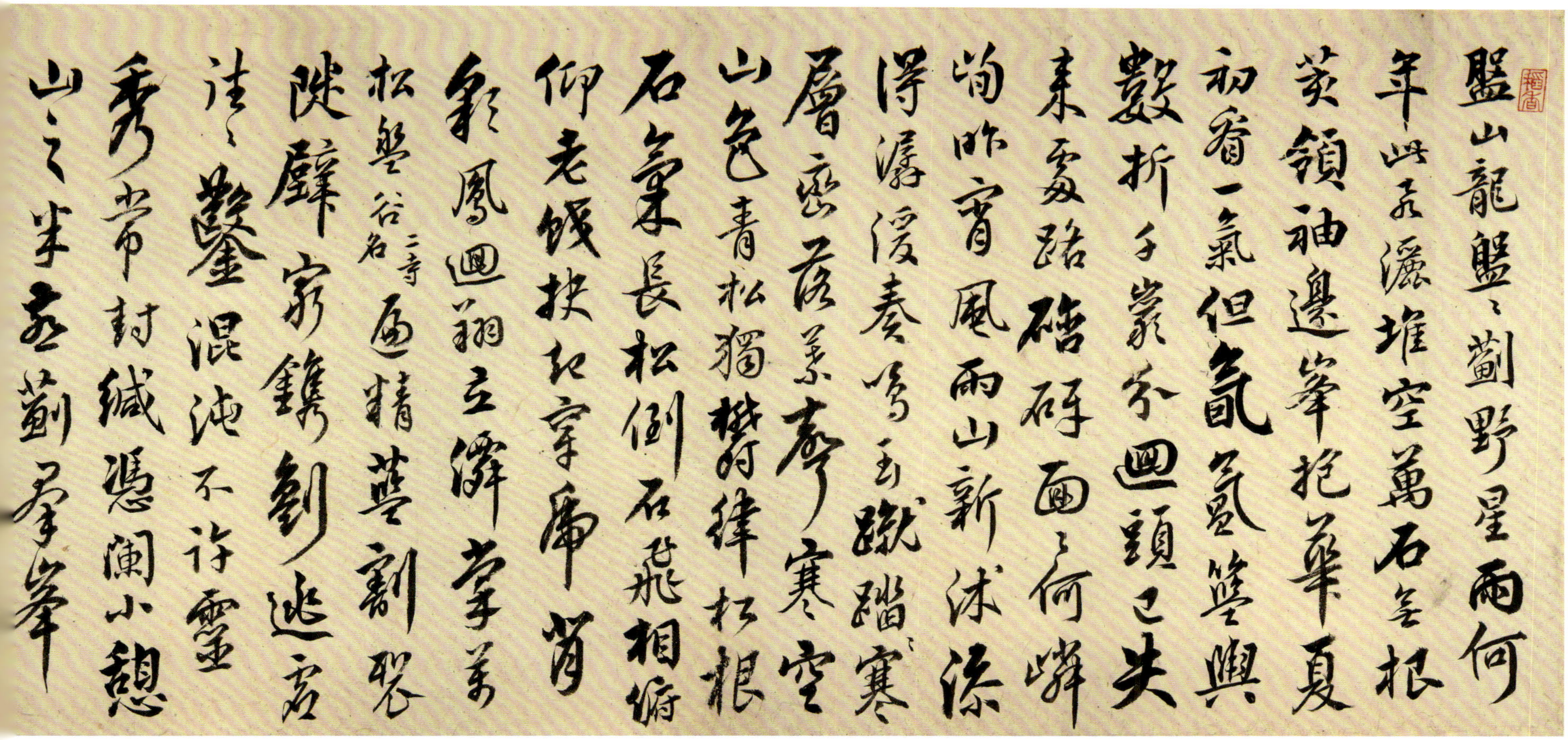
盤山龍盤〻蓟野星雨何
年此來瀛堆空萬石無根
英領袖邊峯抱華夏
初看一氣但氤氳篁興
數折千巖分回頭已失
來處路硌砑面〻何嶙
峋昨宵風雨山新沐添
得瀑泉奏鳴玉蹤蹈〻寒
層巒疊嶂〻寒空
山色青松獨樹律松根
石氣長松倒石飛相俯
仰老蛟扶紀穿崖背
飛鳳迴翔立澣掌萬
松壑谷名 二寺 盡精藍劃翠
陡壁窮鐫劃逃玄
法〻鑒混沌不許靈
秀常封緘憑闌小憩
山之半表蓟羣峯

第二单元 SECTION TWO

山水共融 INTEGRATION OF MOUNTAINS AND RIVERS

“醉翁之意不在酒，在乎山水之间也。”身处山水之间，可见天地广大，见人生无穷。明清时期，帝王和文人将这份山水情怀寄托于园林之中，在一石一水间寻得内心的安宁。涉园狮子林、寒山千尺雪，以其巧夺天工的技法和奥妙悠然的意境备受帝王青睐，被写仿于北方皇家园林之中，再现自然朴质、诗情画意的江南园林意象。

“He delights less in drinking than in the hills and streams.” Being close to mountains and rivers, one can see that heaven and earth are vast and life is endless. During the Ming and Qing Dynasties, emperors and literati pinned this landscape feeling on gardens, and found inner peace out of stones and streams. The Lion Forest in *She* Garden and the Thousand Feet of Snow in Hanshan Mountain are favored by emperors for their wonderful techniques and mysterious and leisurely artistic conception. They are written imitatively in the northern royal gardens, reappearing the natural, simple and poetic garden images of the South of Yangtze River.

1

狮林奇石 真趣为师

《狮子林图》描绘了清新恬淡而又颇具禅意的山水意境，是古典山水绘画与园林艺术结合的佳作。“图上狮林”返璞归真之意趣，得清代帝王青睐，并在现实世界不断追寻和塑造与之相通的“园中狮林”。江南涉园的意境体察及北方皇家园林的两次意境再现，充分体现了南北造园真趣为师、画意入园的审美追求。

涉园狮子林

涉园狮子林位于苏州城东北隅，始建于元至正二年（1342年）。元代为天如禅师所居的佛寺园林。清康熙年间，寺、园分离，康熙帝南巡至狮子林，题赐“狮林寺”额；乾隆年间，休宁人黄兴仁购得此园，更名为“涉园”。乾隆帝南巡，六次亲临此地，敕名“画禅寺”，并命画师描摹狮子林景象带回京城，于圆明园和避暑山庄分别进行仿建。狮子林以湖石假山众多著称，以洞壑盘旋出入奇巧取胜，全园五分之一的面积为假山，素有“假山王国”之誉。

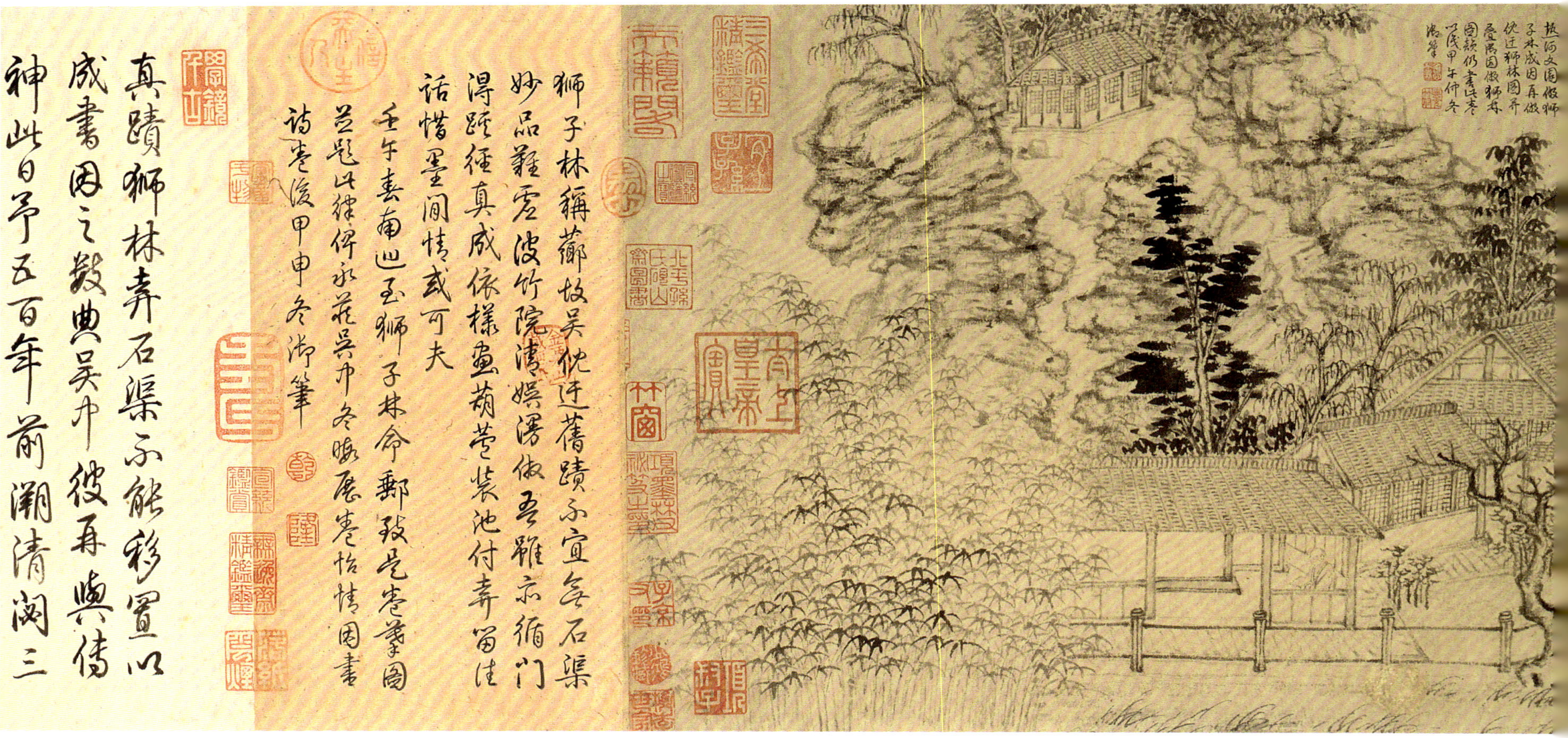

倪瓒狮子林图

〔清〕乾隆

借问狮子林，应在无何有。

西天与震旦，不异反复手。

倪子具善根，宿习摩竭受。

苍苍图树石，了了离尘垢。

声彻大千界，如是狮子吼。

38

倪瓒《狮子林图》卷

Lion Forest Garden by Ni Zan, Handscroll

元（1271～1368年）

纵29、横666厘米

故宫博物院藏

倪瓒（1301～1374年），初名倪珽，字泰宇，别字元镇，江苏无锡人，元末明初画家、诗人。擅画山水和墨竹，师法董源，受赵孟頫影响。早年画风清润，晚年变法，平淡天真。以侧锋干笔作皴，名为“折带皴”。墨竹偃仰有姿，寥寥数笔，逸气横生。

此图为倪瓒应狮子林住持如海之邀所作，以墨笔描绘了狮子林景色。画中假山堆叠、树木掩映，几处厅堂建筑错落排列，图中竹、石、树木，笔法皆是倪瓒笔墨风格，幽秀旷逸，笔简意远。

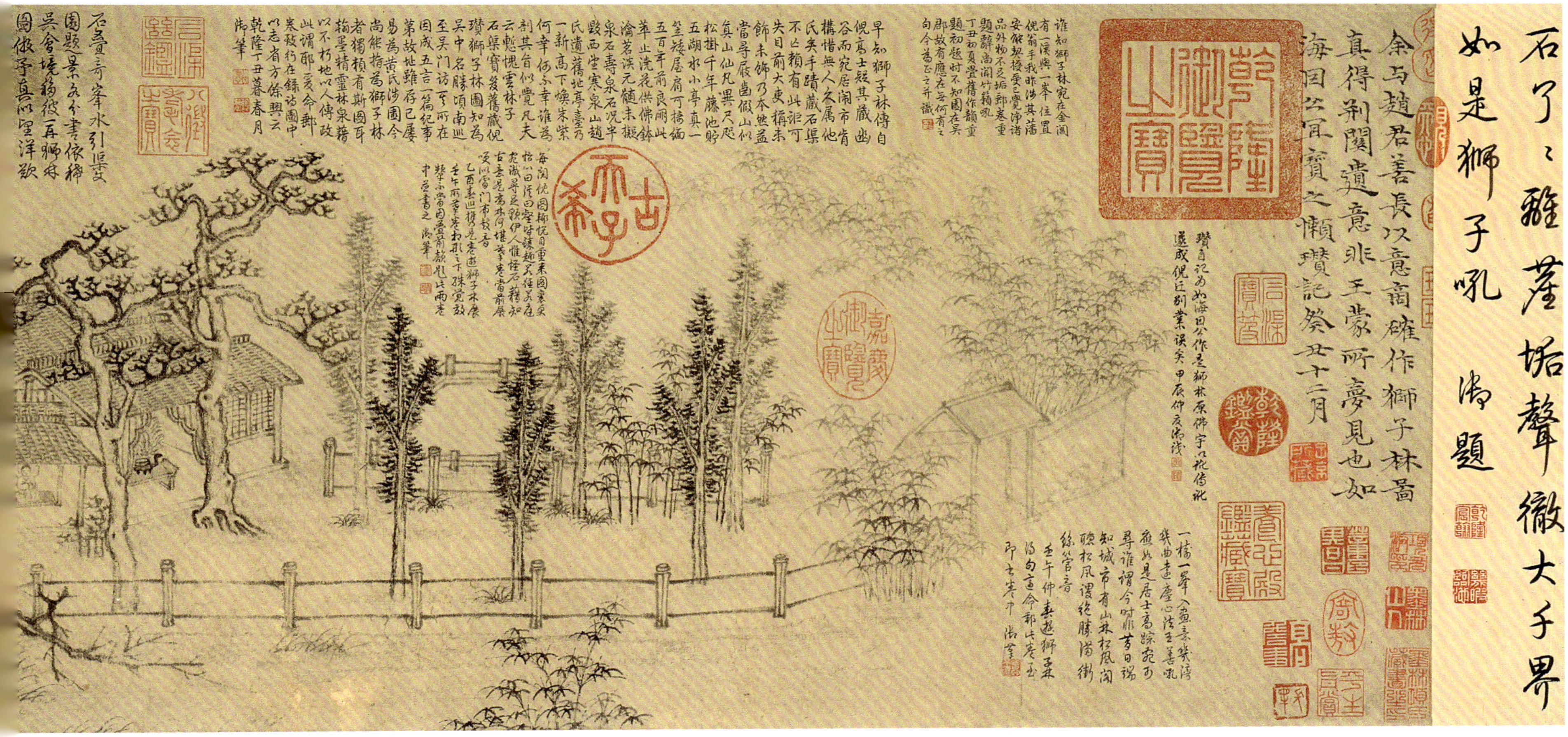

题钱维城狮子林图

〔清〕乾隆

一角狮林壁未完，补成全景运毫端。
为泉为石分明忆，若竹若松高下攒。
倪氏岂知黄氏占，今图又作古图看。
笑予几度亦吟仿，何似金刚四句观。

39

钱维城《狮子林图》卷（复制件）

Lion Forest Garden by Qian Weicheng, Handscroll (Replica)

清（1644～1911年）

纵38.1、横187.3厘米

狮子林管理处藏

钱维城是清乾隆时期的内廷画家，奉谕旨绘狮子林全景，右以水胜，左以树石胜，图中古松参天，怪石嶙峋，或仰或俯，如入羊肠，九曲婉转。作者擅长缜密的用笔和青绿、赭石相间的设色，显现出清初“四王”的流派风格。

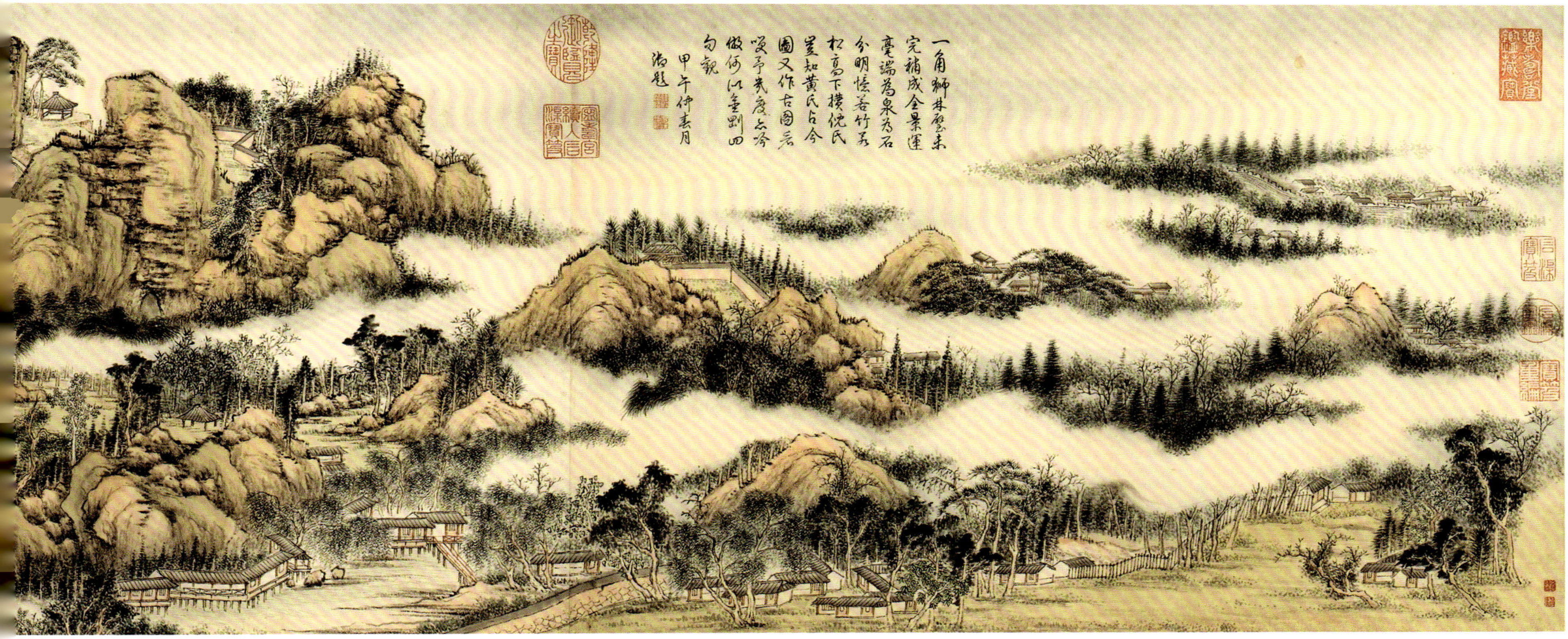

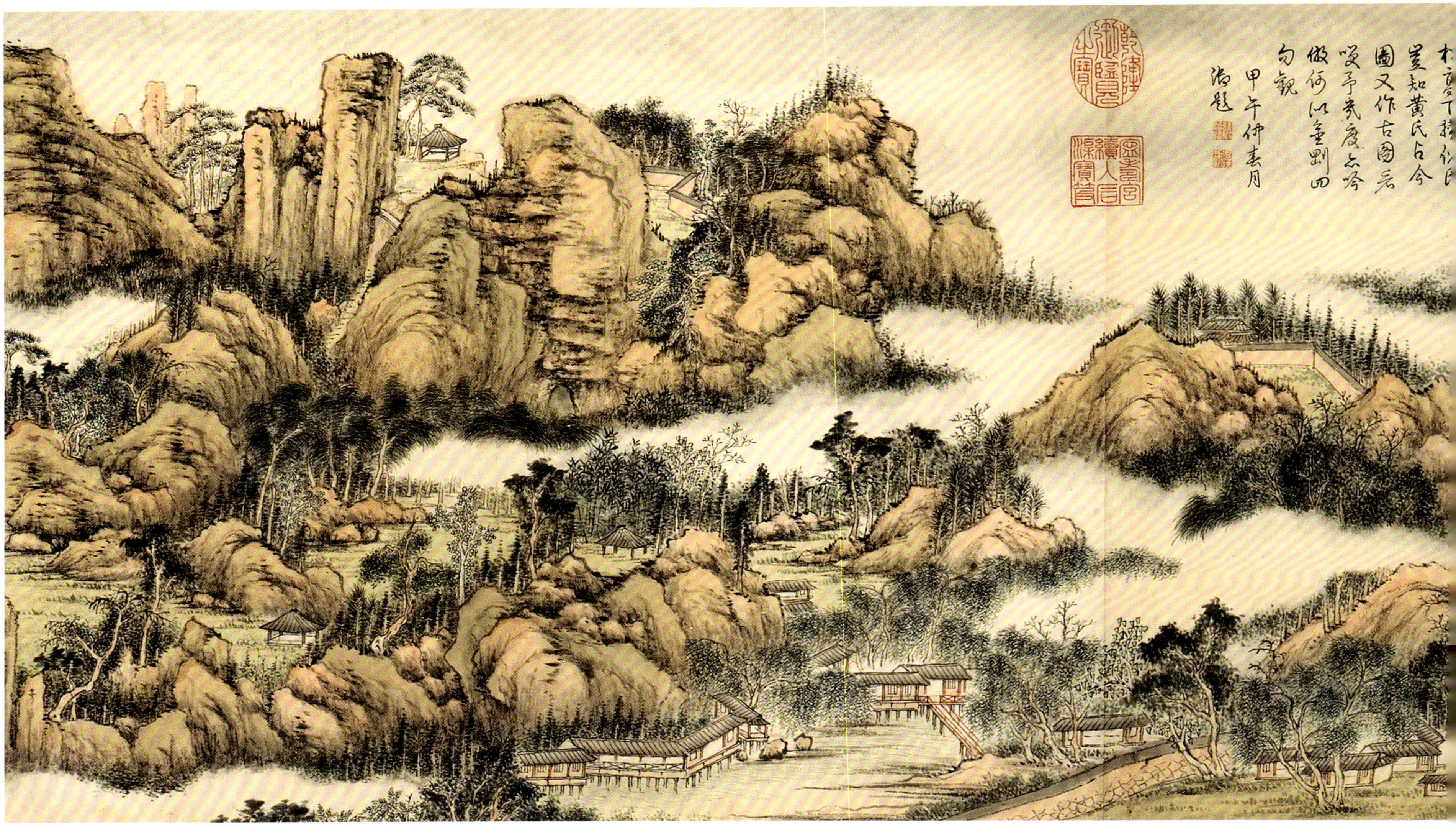

雲林畫獅子林圖自詡非王蒙輩所能夢見此卷現
貯
天府臣於編纂之下曾得敬觀簡古秀逸迥脫凡蹊洵高
士一生得意筆也丁丑春扈從
南巡駐蹕吳下奉
命遊獅林寺林石依然相傳為雲林結構其園右以水勝左以樹
石勝水園之洞凡九沿池屋曲疊疊如貫珠循石橋以東
為岸園古松參天石勢磊砢為洞亦九或懸橋而通或拾
磴而上或仰而探或俯而入如羊腸九曲宛轉層折仍歸
一途以第一洞左右為出入分徑入左者出右入右者出左實
窔天成數畝有千里之勢雲林所繪特其一角所謂以不
似為似者也臣不揣拙劣輙規橅全勢繪為此圖非敢學
步倪迂聊以存廬山真面目耳

臣錢維城恭畫并敬識

一角獅林意未
完補成全景運
毫端為泉為石
樂壽堂鑑藏寶

嘉慶御覽之寶

40

董其昌《狮子林图》轴

Lion Forest Garden by Dong Qichang, Hanging Scroll

明（1368～1644年）

纸本 水墨

纵217、横56.5厘米

故宫博物院藏

董其昌（1555～1636年），字思白，号玄宰，又号香光居士，华亭（今上海松江）人，善画山水，为“华亭派”首领。

狮子林位于苏州城东北部，始建于元至正二年（1342年），由天如禅师惟则的弟子为其所造。元末明初画家倪瓒曾以五代画家荆浩、关仝风格绘《狮子林图》卷，后世多仿效而绘，该轴即为其一。该轴为晚明画家董其昌仿绘，远山起伏，状似狮子，画面气象苍古，雄奇浑厚。作者款署：云林狮子林图为得荆关遗意，此仿之。玄宰。

长春园狮子林

长春园狮子林位于圆明园内，始建于乾隆三十六年（1771年）。园内假山崎岖，以叠石著称，建筑精巧玲珑，具有小中见大的意蕴。长春园狮子林与乾隆年间重修的涉园狮子林布局相似，均是东山西池，池中都筑有半岛，且厅堂轩榭也可一一对应，堪称御园中最为严格的写仿之作。

41

『狮子林』拓片

Rubbing of Inscripion "Lion Forest Garden"

清（1644～1911年）

横123、宽63厘米

圆明园管理处藏

42

弘历仿倪瓒《狮子林图》卷

Lion Forest Garden by the Qianlong Emperor in the Style of Ni Zan, Handscroll

清（1644～1911年）

纵28、横423厘米

故宫博物院藏

清乾隆帝钟爱狮子林及内府所藏倪瓒《狮子林图》，曾数次游历并仿绘《狮子林图》，此为其中一幅仿画。乾隆的仿画是以倪瓒《狮子林图》为底本，不加改动的照临，不仅在构图布景方面十分近似，而且在画法上有意摹仿倪瓒笔意，多用枯笔干墨加以皴擦，追求萧淡清疏之气。

假山

〔清〕乾隆

吴下假山曰倪砌，此间真石仿倪堆。

假真真假诚何定，炙毂笑他难辩哉。

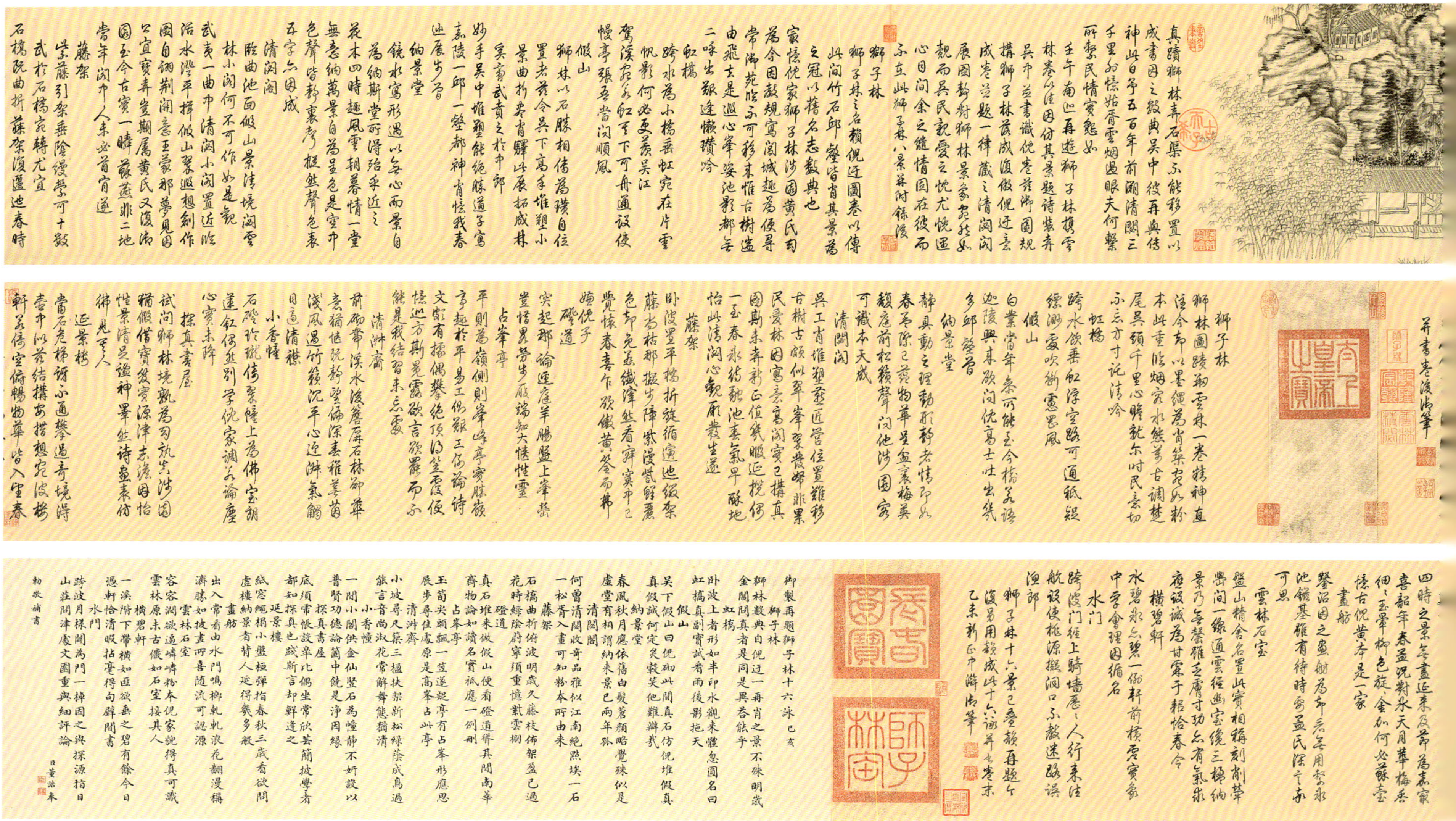

假山

〔清〕乾隆

燕石几曾让湖石，垒成岩壁亦孱颜。

迂翁应是契真者，何事居然叠假山。

狮子林

〔清〕乾隆

狮子林今凡有三，此中塞北彼江南。

分明前后悟文喜，那更重询弥勒龛。

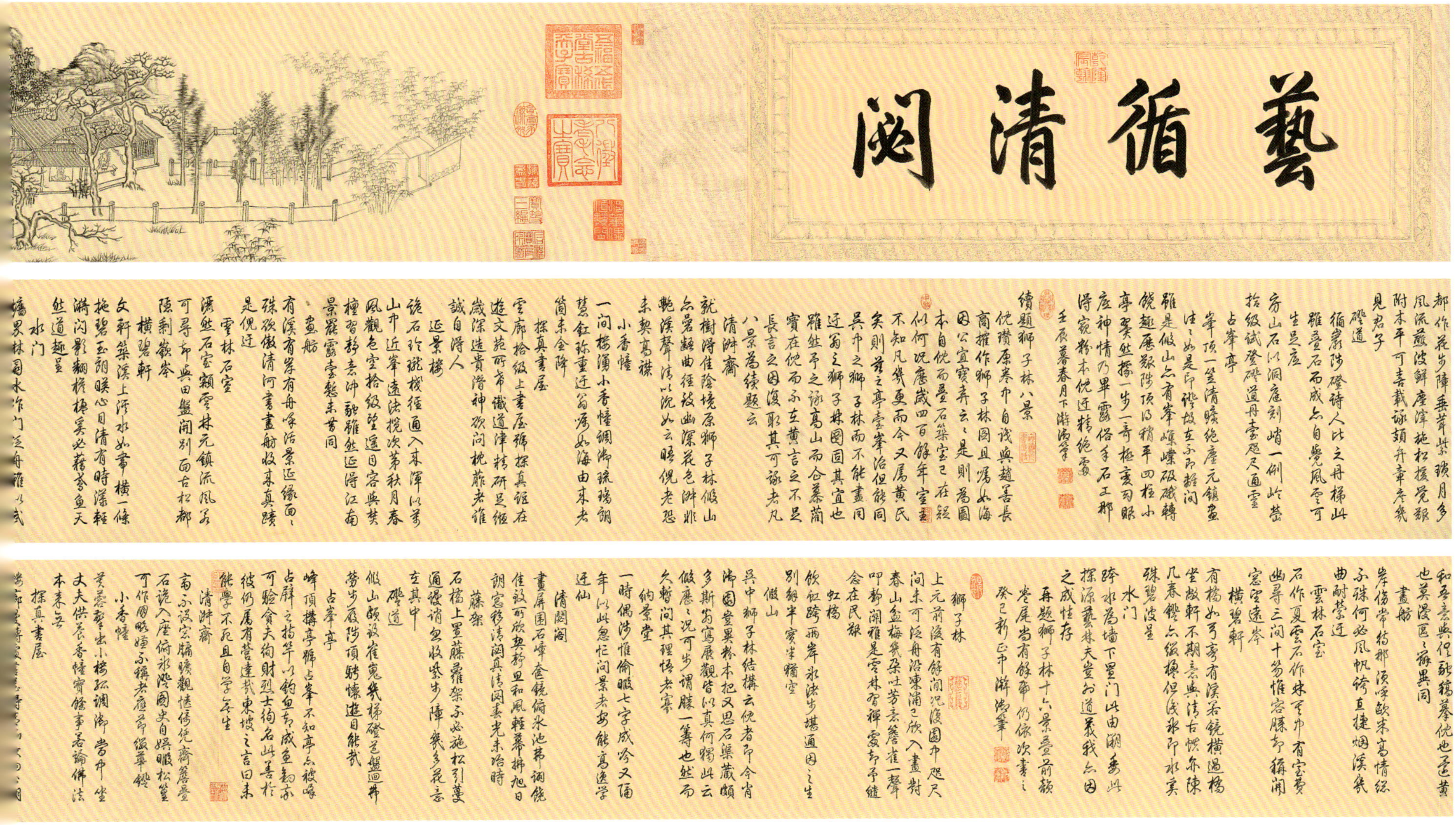

文园狮子林

文园狮子林位于避暑山庄东南隅，始建于乾隆三十九年（1774 年）。文园狮子林基本沿袭长春园狮子林的平面布局，设有相同十六景，但在意境上更突显倪瓒《狮子林图》中所追求的山林野趣，达到仿中有创、仿创相宜的写仿效果。

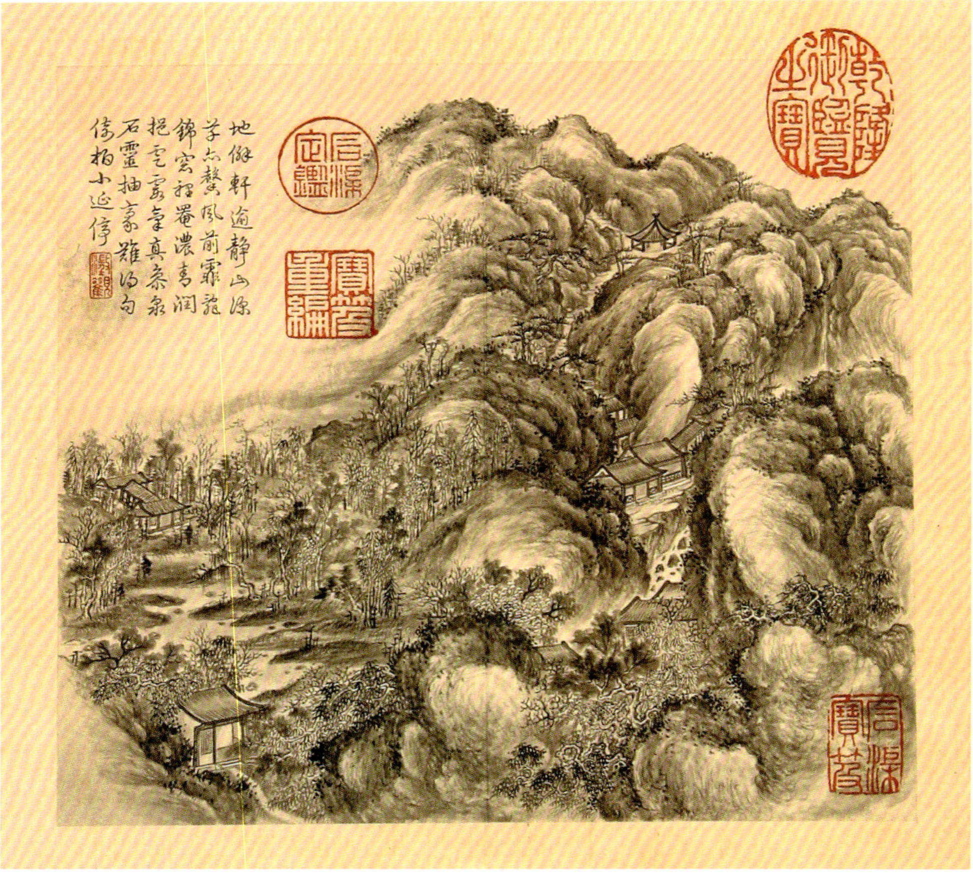

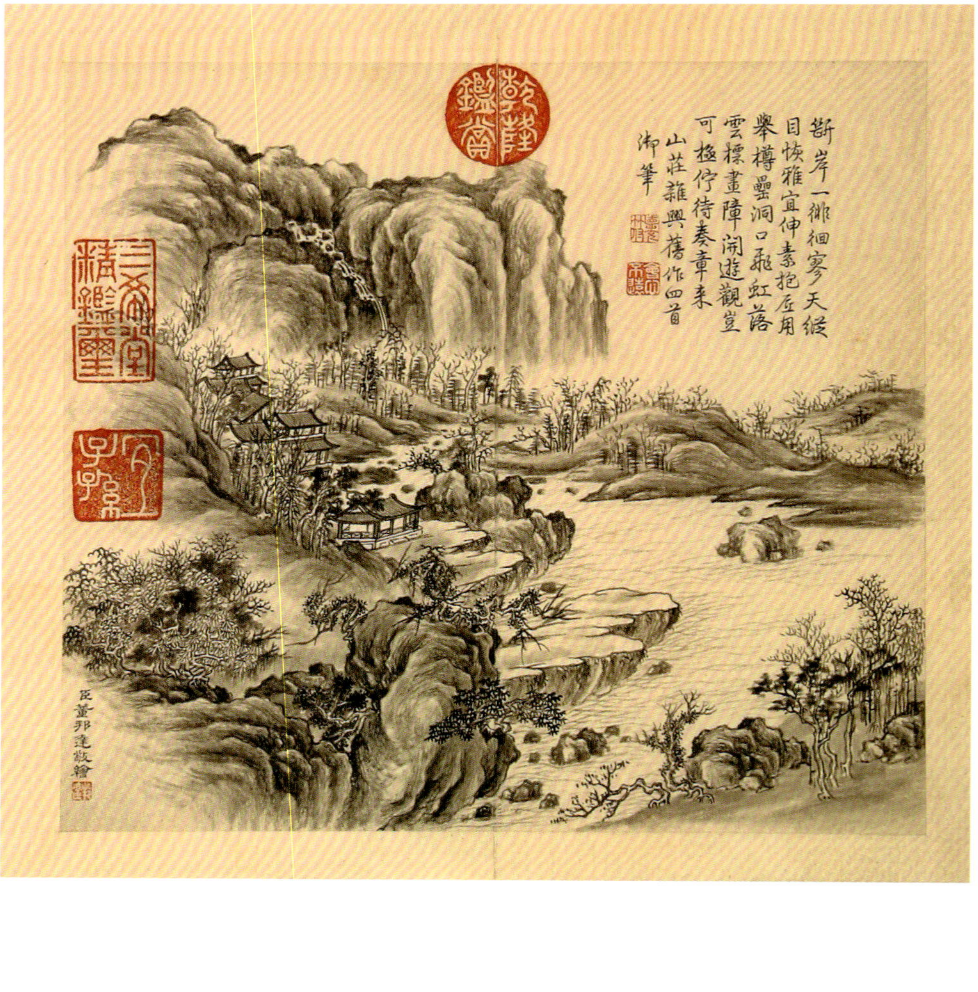

43

董邦达《墨笔山庄杂兴图》册

Imperial Poems by the Qianlong Emperor and Landscape Paintings by Dong Bangda, Album

清（1644～1911 年）

纸本 设色

纵 24、横 26 厘米

沈阳故宫博物院藏

董邦达（1699～1769 年），字孚存，一字非闻，号东山，浙江富阳人。

清雍正十一年（1733 年）进士，乾隆二年（1737 年）授编修，官终礼部尚书。善书画，其作被《石渠宝笈》收录 200 余件，乾隆对其作品十分认可和欣赏。其画深得董源、“四王”之法，善用枯笔勾勒，淡墨晕染，笔法轻柔，皴法松秀，整体画风气韵苍茫又不失清俊舒朗，宫廷画风又极富文人画意趣。

图册共六开，为董邦达依乾隆《山庄杂兴旧作四首》所绘，第一开、第二开为清高宗弘历御笔行书，第三开至第六开以墨笔精绘皇家御苑的美景，远山烟雾缭绕，树木茂盛，水草丰美，几座宫苑楼阁依山势而建，与自然景观浑然一体。画面构图精巧，笔法细腻，细笔皴擦的山石与工笔楼阁的结合让整个画面层次感丰富。

爲工

會意

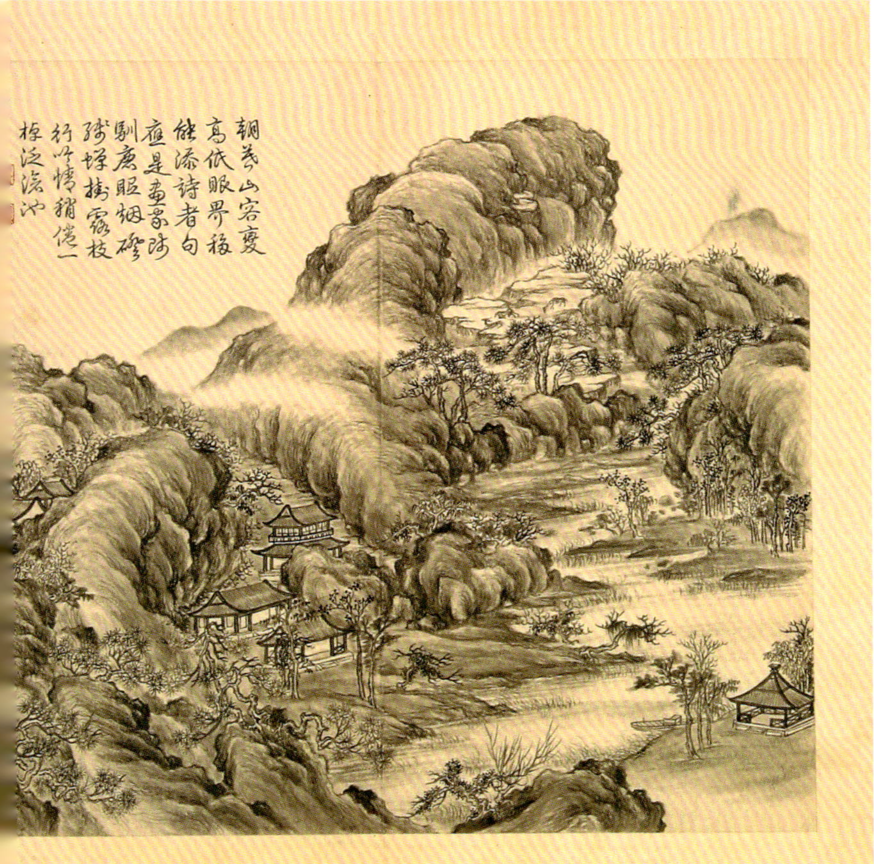

44

董诰《文园狮子林图》卷

Wenyuan Garden Lion Forest by Dong Gao, Handscroll

清（1644～1911年）

纵24、横184厘米

故宫博物院藏

董诰（1740～1818年），字雅伦，号蔗林，浙江富阳人，生于顺天府（今北京市），清代大臣、书画家，工部尚书董邦达长子，与其父有“大、小董”之称。

该作是董诰在乾隆帝的授意下，根据热河文园狮子林的景象而绘制。此画采用设色的方式绘成，画面中表现的景观也与倪瓒（款）《狮子林图》不同，但此画的整体构图，以及供奉佛像的一开间小香幢局部，无不透露出倪瓒画作因素。

山

〔清〕乾隆

四面真山中假山，颇因诘曲露孱颜。

暇余偶向其间步，真假何须辨等闲。

2

寒山佳泉 临雪传神

“千尺雪”景观凿石为涧，饮泉为池，以喷涌磅礴的瀑布水景而得名，是中国传统园林理水艺术的体现。清代帝王出于对“千尺雪”神韵的深刻理解，在不同立地条件的园林中对这一母题进行写仿，通过不同形态的水流，配以山景、水声、雪色、梅香等造景要素，营造出高洁深远的文化意境，体现出南北园林共有的“因山就势”“随曲合方”的园林写意的特征。

45

沈映辉

《南山寿相图》册

Longevity Scenes in Southern Mountains by Shen Yinghui, Album

清（1644～1911年）

纸本 设色

纵20、横32厘米

沈阳故宫博物院藏

寒山千尺雪

寒山千尺雪位于苏州城外寒山岭，是明万历年间名士赵宧光所建寒山别墅中的一景。赵宧光依山形水势“凿壁引泉”，形成飞瀑如下、色如千尺雪的壮观景象。乾隆帝首次南巡时，曾两度游览此景，直抒“独爱吴之千尺雪”的情愫，并以此为蓝本，先后在西苑、避暑山庄和静寄山庄内仿建三处同名景观，创建了中国古典园林中跨越空间的园林艺术。

沈映辉（1717 ～ 1793 年），字朗乾，号庚斋、雅堂，枫泾镇人。清乾隆年间廪贡生，著名画家。沈映辉好诗文，善画山水，其画清矫拔俗，得宋、元大家之风度。

图册共十二开，分绘平山堂、江口三山、惠泉山、灵岩山、光福山、千尺雪、上方山、摄山、燕子矶、钟山、石城、九峰三柳十二景。所绘景物无论是远山平湖，还是青松古刹，色彩秀润淡雅，笔墨画风上追元人意韵，下承袭王原祁、王翚风格。“九峰三柳”页右下钤“宝蕴楼藏”朱文方印，左下自题：臣沈映辉恭绘，下钤“臣”“辉”朱文联方印。

乾隆三十年（1765 年），乾隆第四次南巡时，沈映辉进献画册，并被乾隆帝选中入宫供职，开启宫廷画师生涯。乾隆帝六次南巡，对江南风景名胜流连忘返，此画所绘“千尺雪”为苏州名仕赵宧光居所寒山别墅内一景，乾隆帝南巡时多次莅临此处观景，尤为喜爱。沈映辉作为宫廷画师，多次绘制此景，进献给乾隆帝，深得皇帝荣宠。

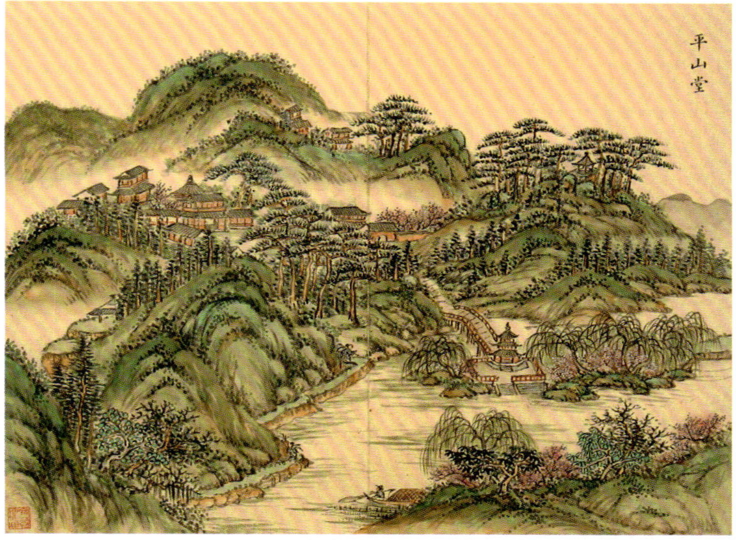

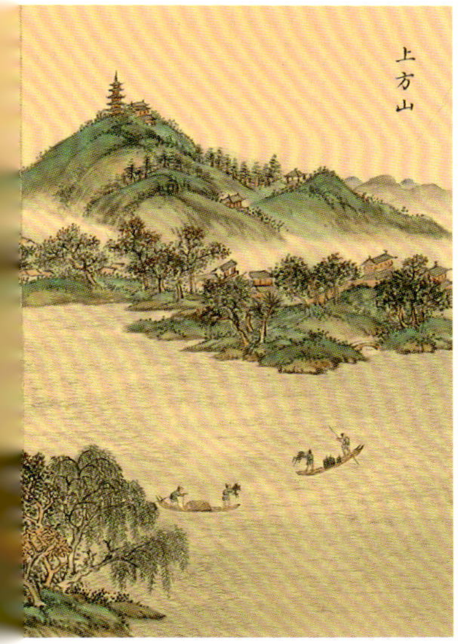

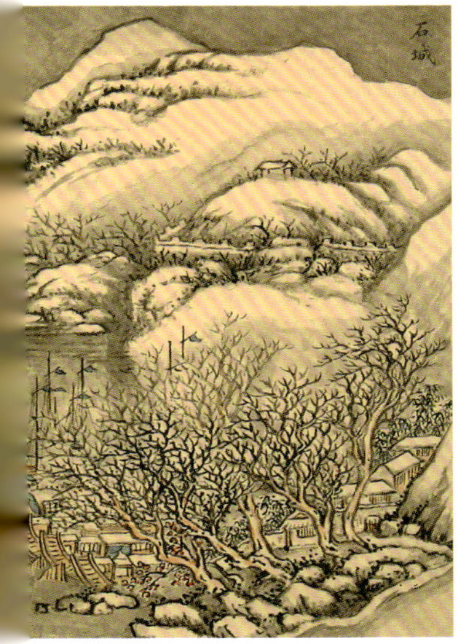

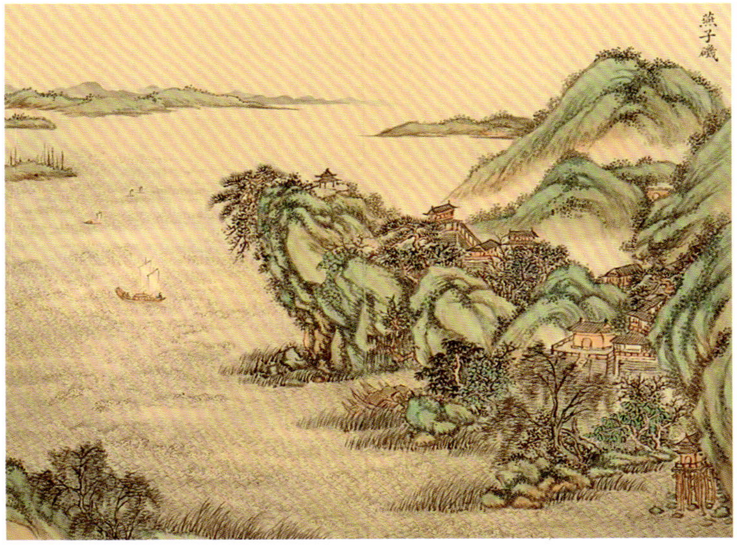

46

张宗苍

《寒山千尺雪图》卷

Thousand Feet of Snow on Cold Mountain by Zhang Zongcang, Handscroll

清（1644～1911年）

纵 28.1、横 142.7 厘米

故宫博物院藏

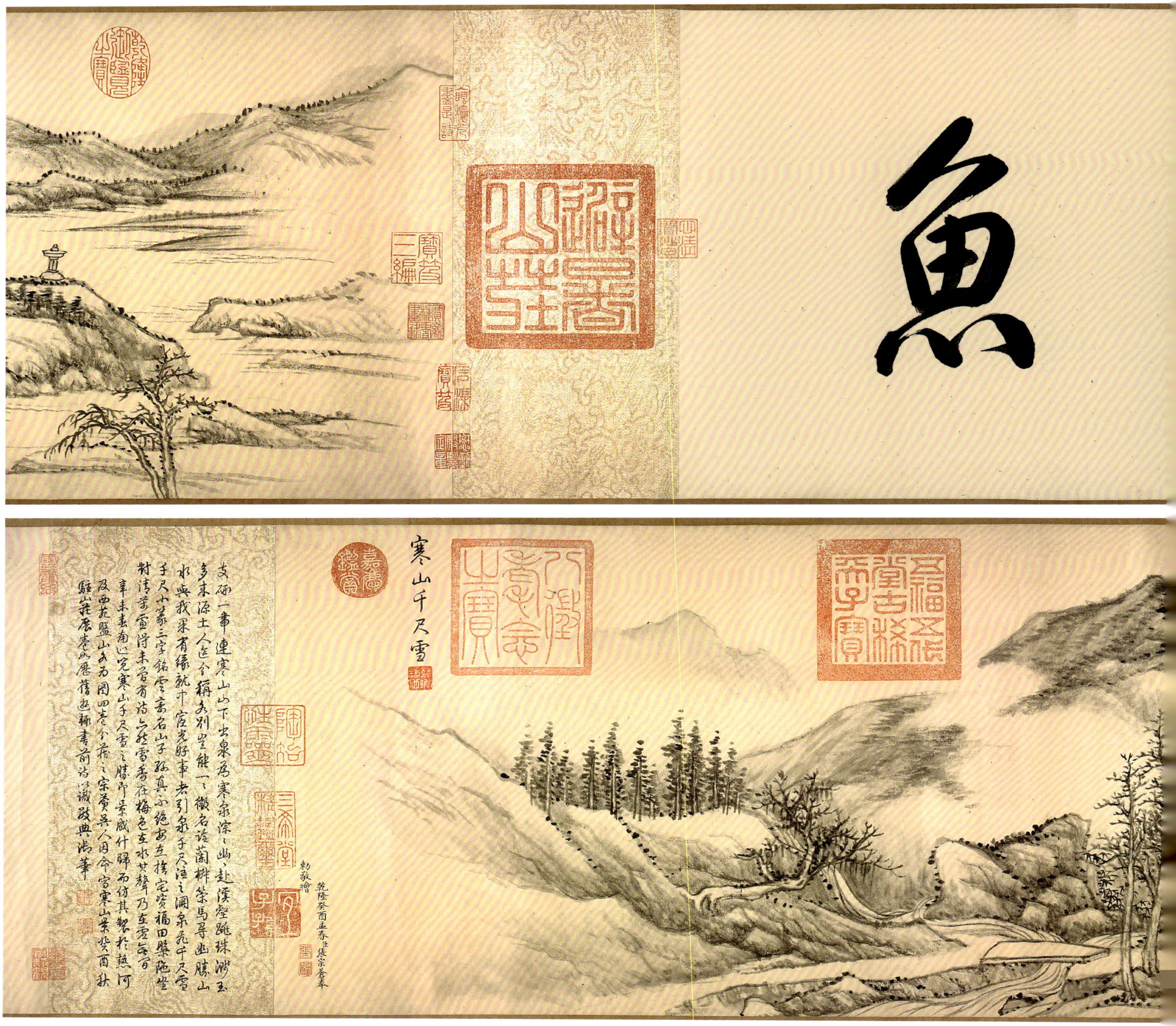

《千尺雪图》分别是董邦达、钱维城、张宗苍绘的西苑、热河、寒山千尺雪和乾隆皇帝亲绘的盘山千尺雪。每人均绘四卷，分为四套，每处千尺雪各存一套，以便乾隆皇帝无论驻跸何处，均可展卷欣赏其余三处之景。

张宗苍（1686～1756年），字默存，一字墨岑，号篁村，吴县（今江苏苏州）人，善画，用笔沉着，干擦结合，神气颇觉葱蔚可观。该图卷以水墨笔法画寒山千尺雪，前引首御题行书“源溯飞鱼”四字，左上角有御题行书“寒山千尺雪”诗文，款署：乾隆癸酉孟春，臣张宗苍奉敕敬绘；钤“张”“宗苍”两枚朱文印。

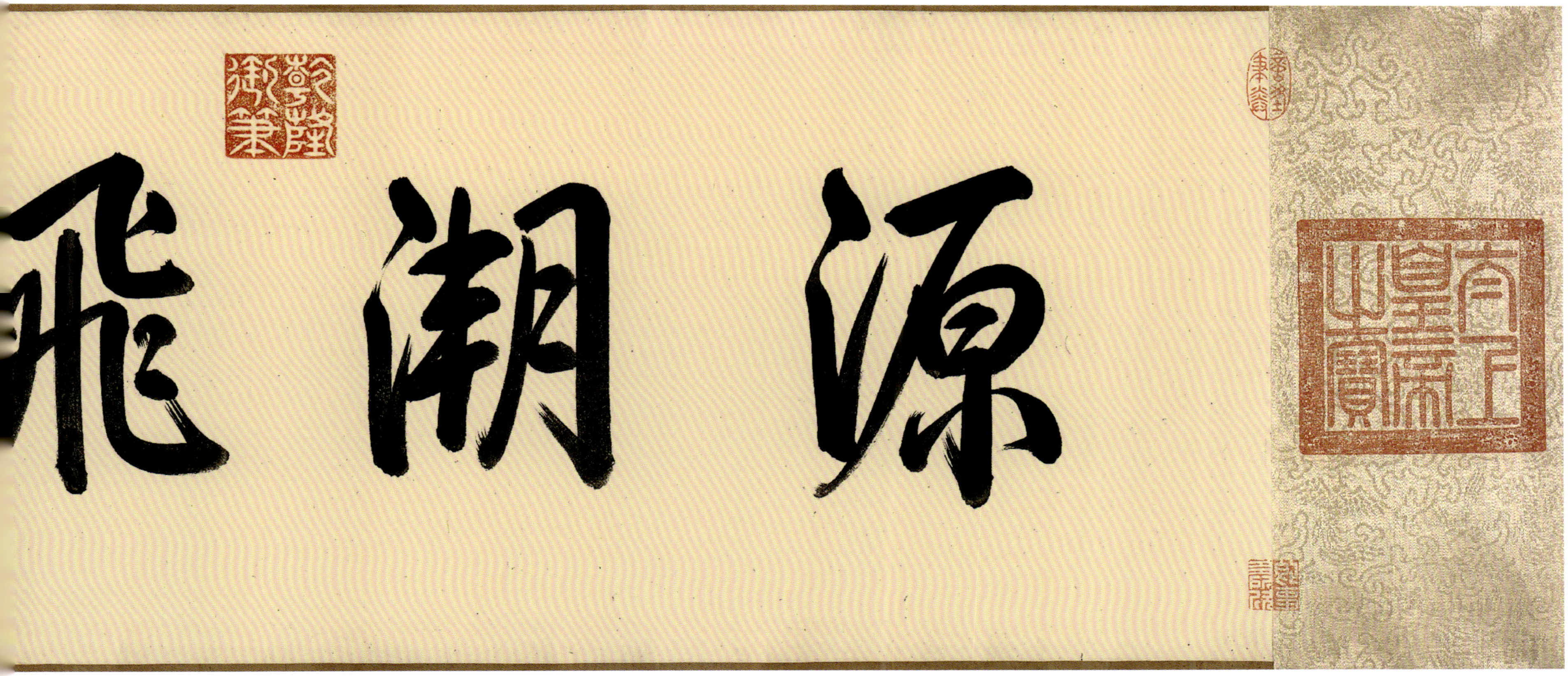

寒山千尺雪

〔清〕乾隆

支硎一带连寒山，山下出泉为寒泉。
淙淙幽幽赴溪壑，跳珠溅玉多来源。
土人区分称各别，岂能一一征名诠。
兰椒策马寻幽胜，山水与我果有缘。
就中宧光好事者，引泉千尺注之渊。
泉飞千尺雪千尺，小篆三字铭云峦。
名山子孙真不绝，安在舍宅资福田。
盘陀坐对清万虑，得未曾有诗亦然。
雪香在梅色在水，其声乃在虚无间。

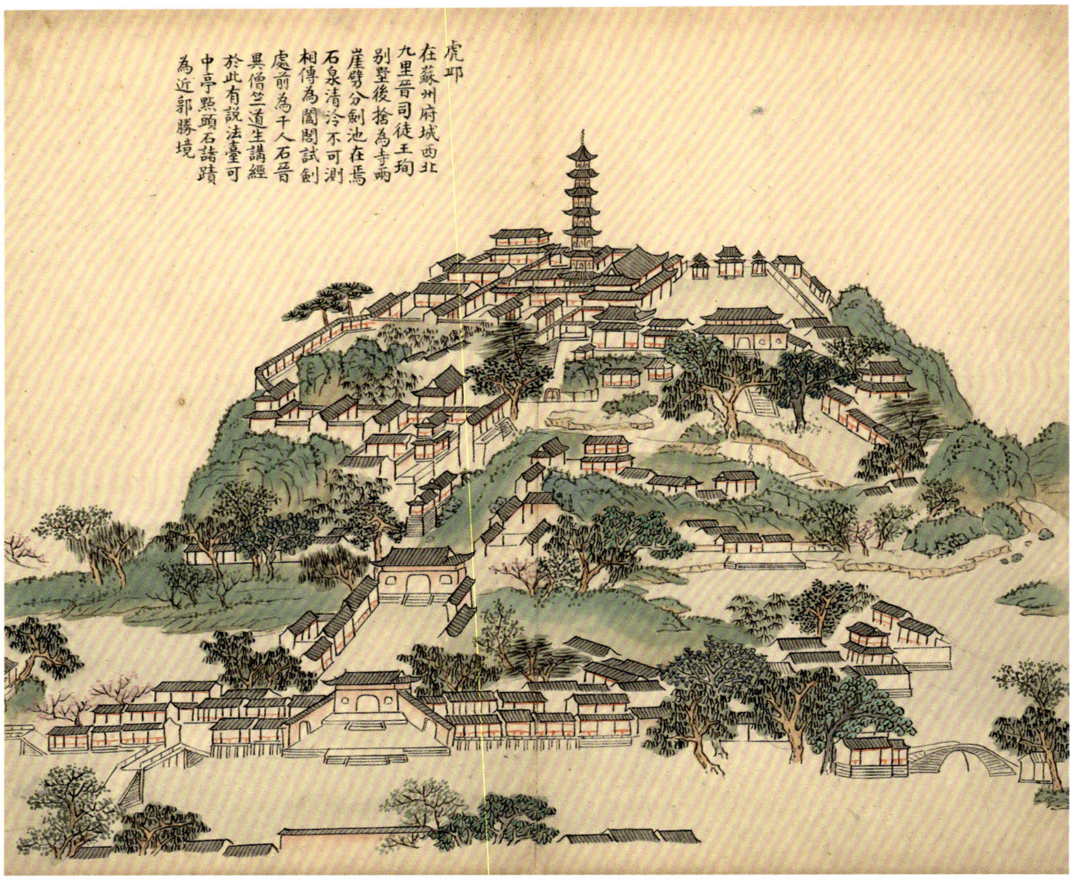

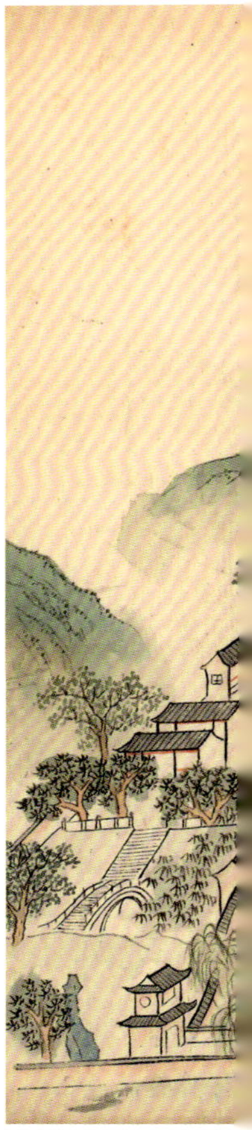

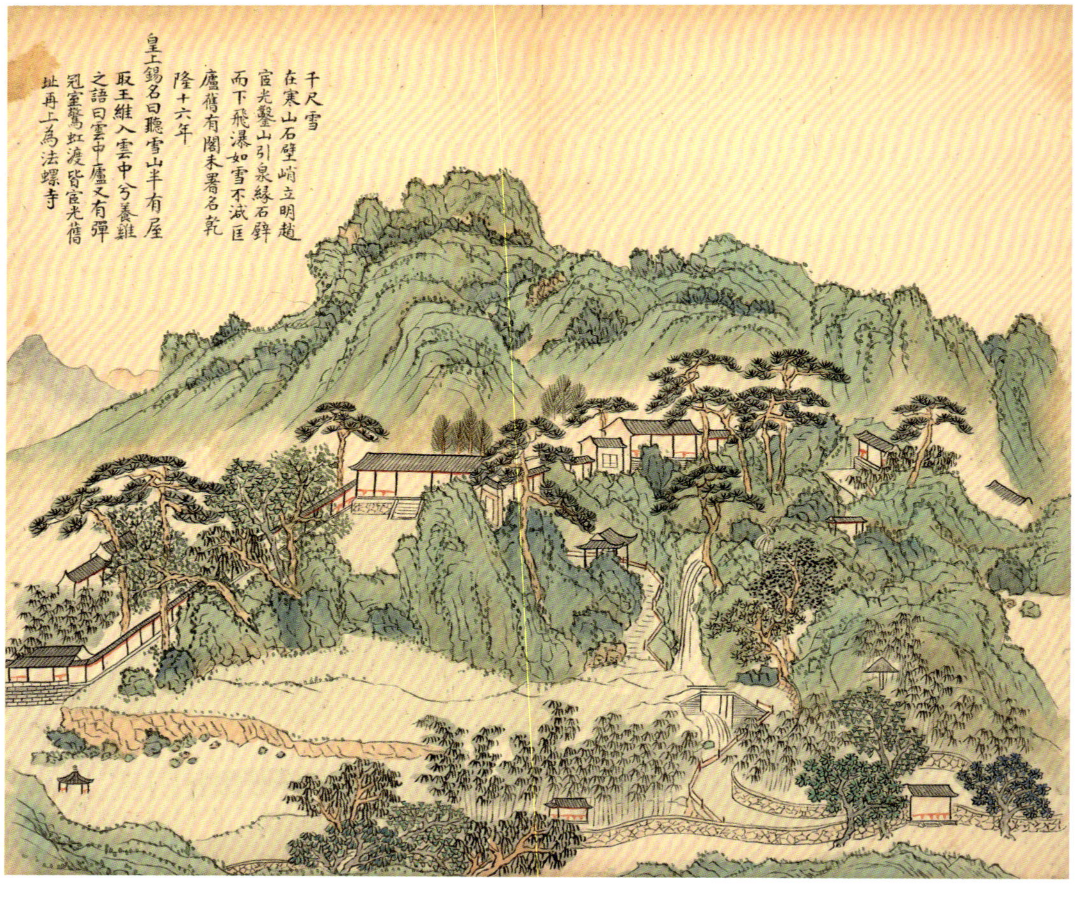

47

《江南省行宫座落并各名胜图》册（六开）

Jiangnan Temporary Imperial Residences and Famous Sites on Qianlong Emperors' Southern Inspection Tour, Album

清（1644～1911年）

纸本 设色

纵15.5、横26厘米

中国国家图书馆藏

此图册全五册，是清乾隆时期《南巡盛典》彩绘本，展现了乾隆南巡在江南省的行宫和名胜胜景，涉及徐州、淮安、扬州、南京、镇江、丹阳、常州、无锡、苏州等地。展览展出为其中第四册，一图一词，共计二十四张图，描绘了金山、焦山、甘露寺、三义阁、舣舟亭、惠山、寄畅园、虎丘、沧浪亭、狮子林、支硎山、寒山别墅、千尺雪、法螺寺、云岩山、高义园、华山、穹窿（隆）山、邓尉山、香雪海、石湖、治平寺、上方山等二十四处胜景风光。

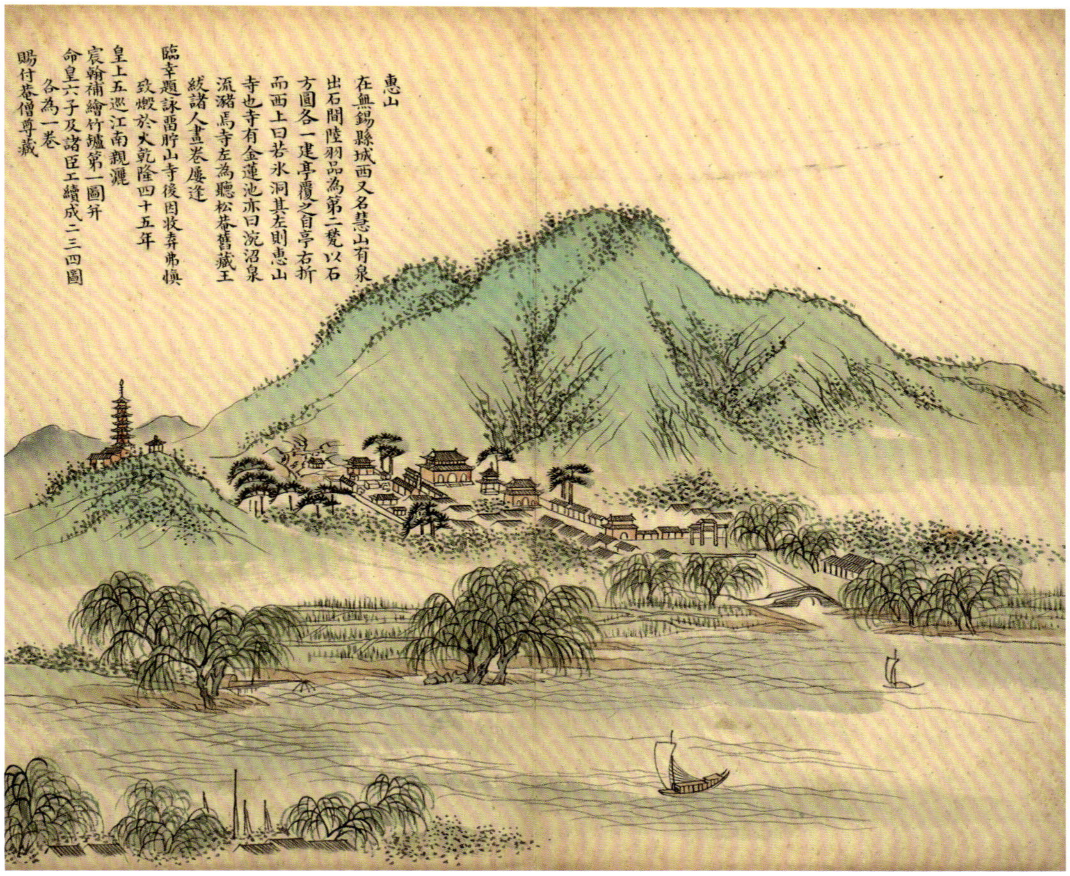
惠山
在無錫縣城西又名慧山有泉
出石間陸羽品為第二甃以石
方圓各一建亭覆之自亭右折
而西上曰若氷洞其左則惠山
寺也寺有金蓮池亦曰浣沼泉
流潴焉寺左為聽松菴舊藏王
紱諸人畫卷屢逢
臨幸題詠留貯山寺後因收弆弗慎
致燬於火乾隆四十五年
皇上五巡江南親灑
宸翰補繪竹罏第一圖并
命皇六子及諸臣工續成二三四圖
各為一卷
賜付菴僧尊藏

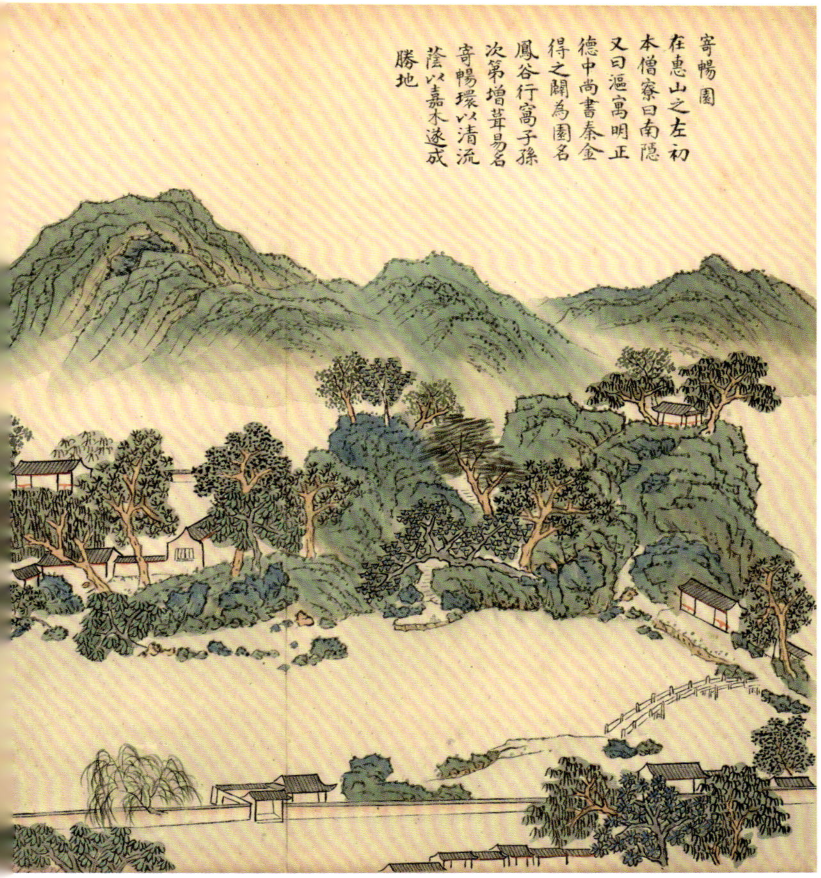
寄暢園
在惠山之左初
本僧寮曰南隱
又曰漚寓明正
德中尚書秦金
得之闢為園名
鳳谷行窩子孫
次第增葺易名
寄暢環以清流
蔭以嘉木遂成
勝地

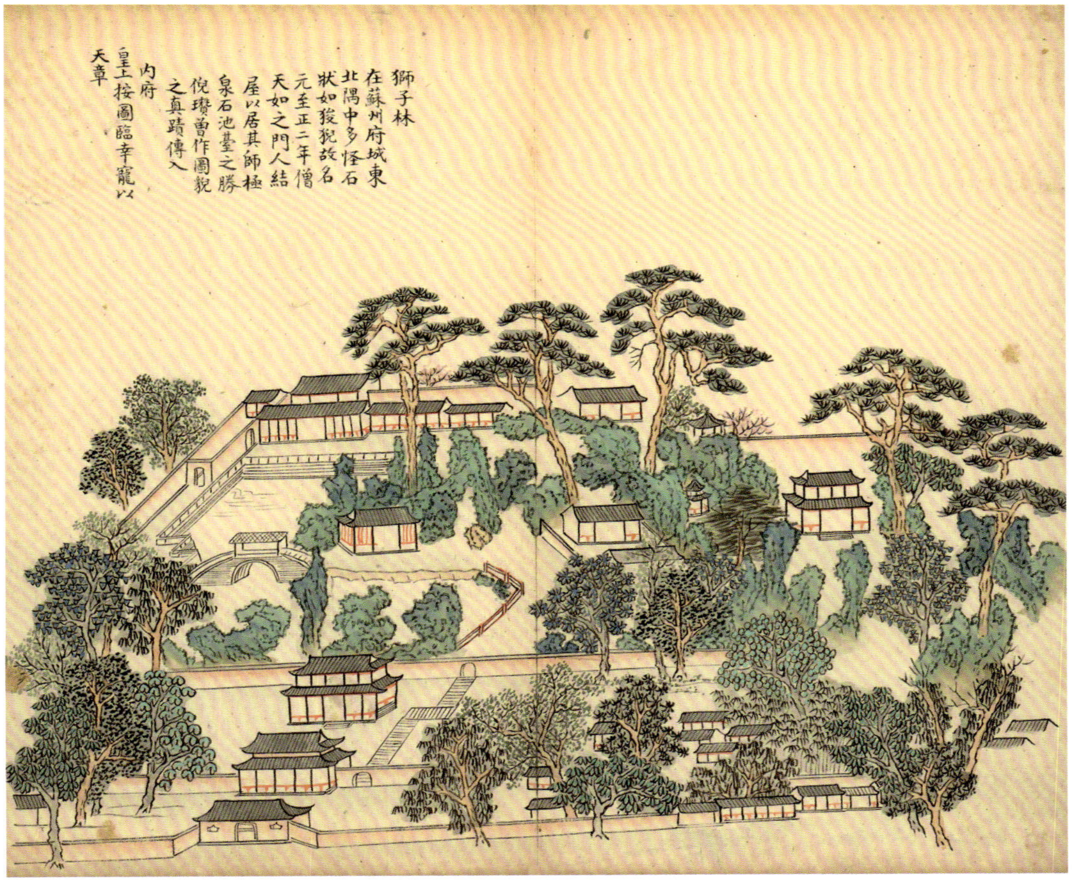
獅子林
在蘇州府城東
北隅中多怪石
狀如狻猊故名
元至正二年僧
天如之門人結
屋以居其師極
泉石池臺之勝
倪瓚曾作圖貌
之真蹟傳入
內府
皇上按圖臨幸寵以
天章

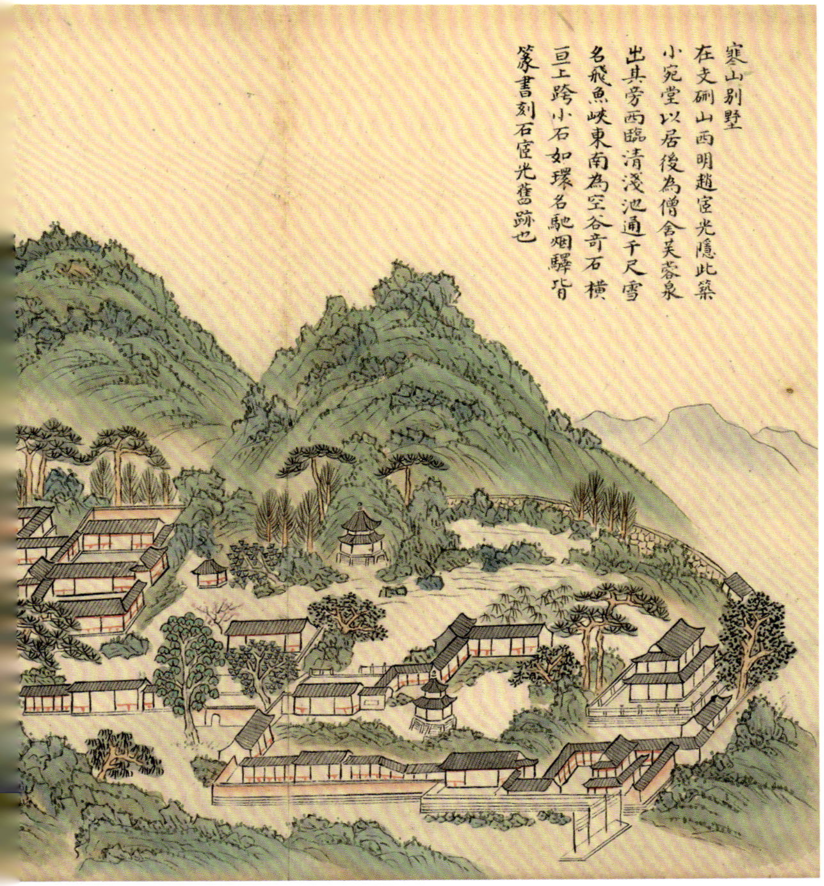
寒山別墅
在支硎山西明趙宧光隱此築
小宛堂以居後為僧舍芙蓉泉
出其旁西臨清淺池通千尺雪
名飛魚峽東南為空谷奇石横
亘上跨小石如環名馳烟驛皆
篆書刻石宧光舊跡也

千尺雪

在寒山石壁峭立明趙宧光鑿山引泉緣石壁而下飛瀑如雪不減匡廬舊有閣未署名乾隆十六年

皇上錫名曰聽雪山半有屋取王維入雲中兮養雞之語曰雲中廬又有彈冠室驚虹渡皆宧光舊址再上為法螺寺

寒山別墅

在支硎山西明趙宧光隱此築小宛堂以居後為僧舍芙蓉泉出其旁西臨清淺池通千尺雪名飛魚峽東南為空谷奇石橫亘上跨小石如環名馳烟驛背篆書刻石宧光舊跡也

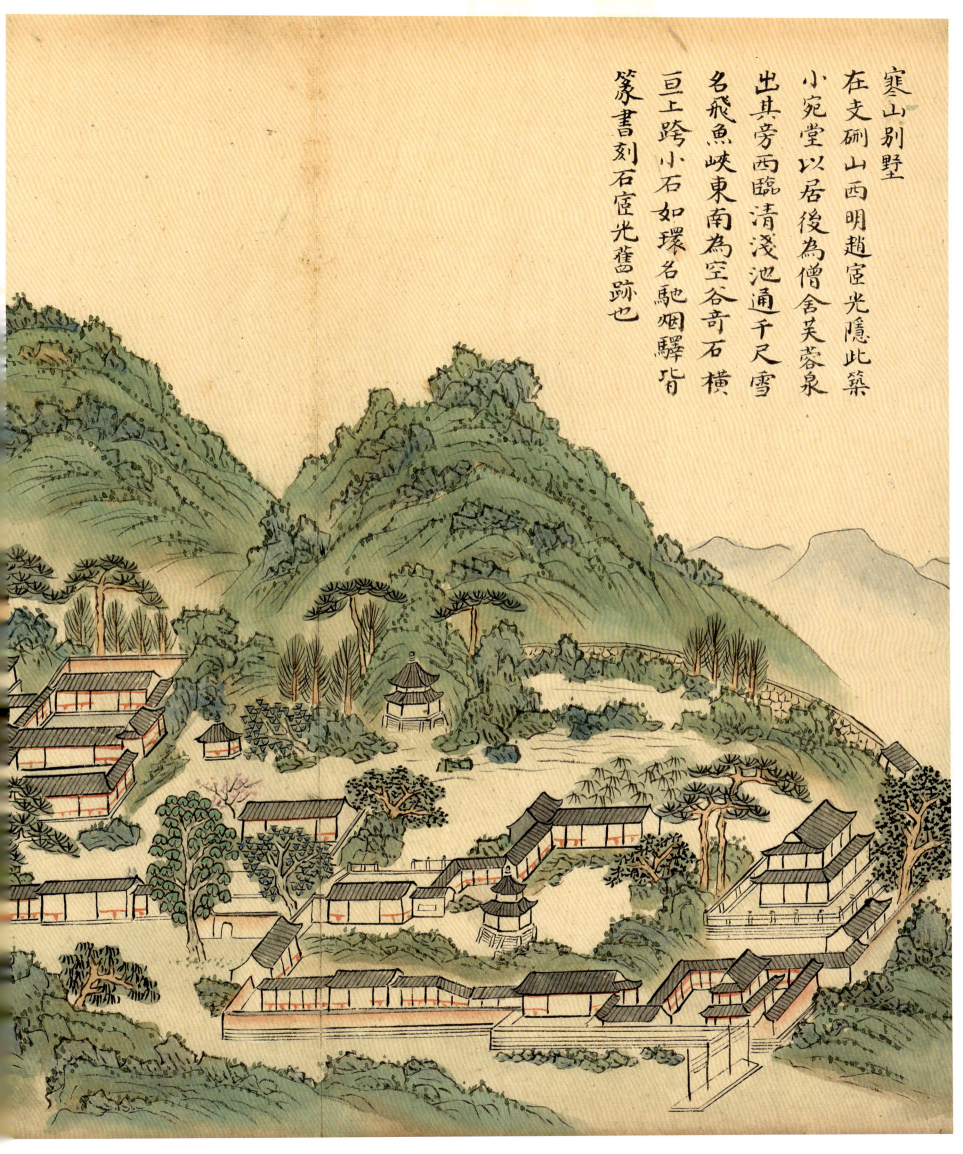

西苑千尺雪

西苑千尺雪位于西苑瀛台内、淑清院响雪廊东南室。此处千尺雪采用“微缩”的手法，借明代假山、瀑布与古木构景，亭榭与假山相依咬合，瀑布飞流落涧涯，通过景物间的关系来写仿意境，其尺度之小堪称“朝中山林”。

题瀛台千尺雪

〔清〕乾隆

雨后瀑声鼓舞石，春深波影涌沉花。

竹垆茗椀浑堪试，内苑吴山本一家。

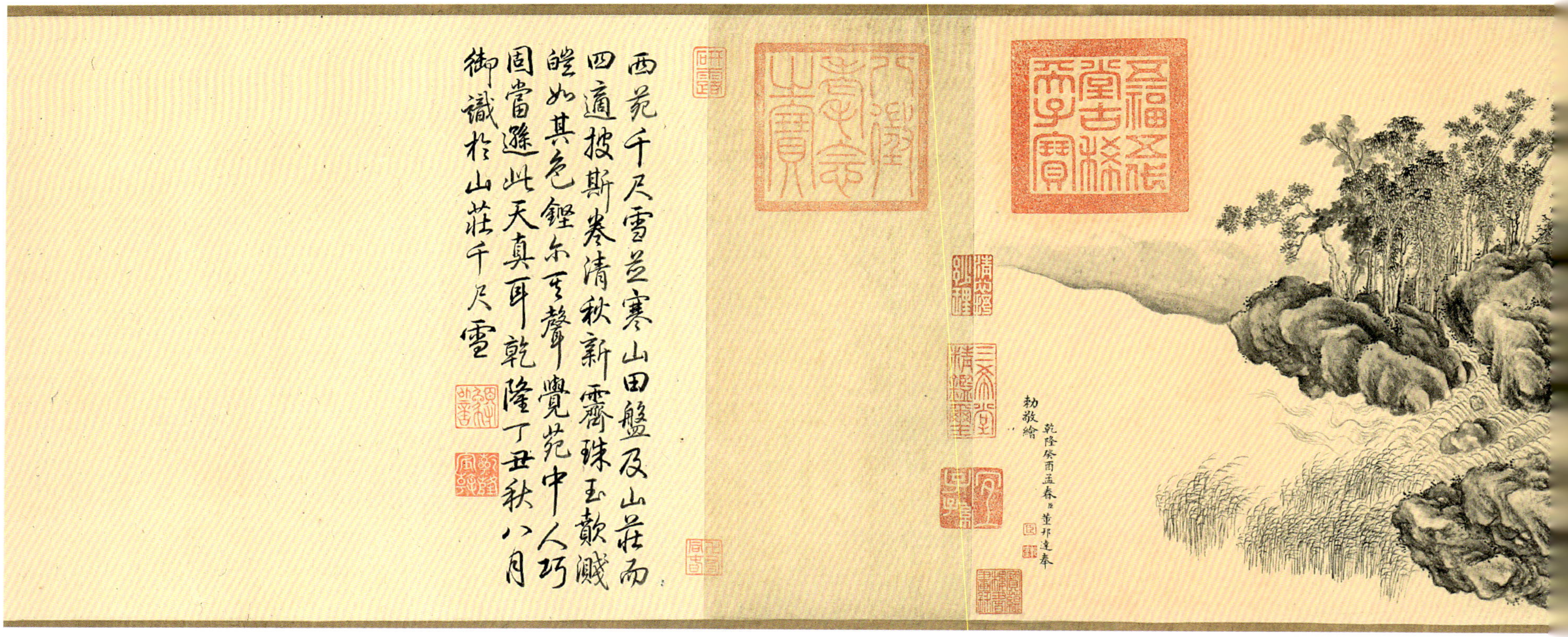

48

董邦达

《西苑千尺雪图》卷

Thousand Feet of Snow in Xiyuan Imperial Park by Dong Bangda, Handscroll

清乾隆十八年（1753年）

纸本 设色

纵28、横142.5厘米

故宫博物院藏

本幅作品是董邦达奉乾隆皇帝敕命恭绘西苑千尺雪图，卷上有多处御题，引首处御题行书“液池清派”，右上角御题行书“西苑千尺雪”，图中绘有面阔三间、临水而建的歇山顶建筑即为西苑千尺雪茶舍，是乾隆皇帝闲暇时品茗之地。

热河千尺雪

热河千尺雪位于避暑山庄文津阁南，在北方三处千尺雪中成景最早。主景为文津阁东南向溪流跌落的瀑布及临水的两组简单院落。此处千尺雪以水为胜，兼有池水、瀑布、溪流、九曲流觞，溪水自高倾流而下，形、色与声俱美。另有松木郁郁，麋鹿为友，极富野趣与生机，乾隆帝赞其为“神仙境”，常于此处听雨观瀑、清赏字画，乐享文人雅趣。

49

钱维城《御制弘历避暑山庄后三十六景诗意》册（二开）

Qianlong Emperor Named Thirty-Six Scenes in Chengde Mountain Resort by Qian Weicheng, Album

清（1644～1911年）

纸本 设色

纵28.5，横31.4厘米

故宫博物院藏

钱维城（1720～1772年），字宗磐，一字幼安，号纫庵，江苏武进人。清乾隆十年（1745年）状元，官至刑部侍郎，为乾隆朝著名词臣画家。

避暑山庄是我国现存最大的古代皇家园林之一。始建于清康熙四十二年（1703年），至乾隆五十七年（1792年）建成。康熙帝以四字为名题写前三十六景，乾隆帝则以三字为名题写后三十六景，合称“避暑山庄七十二景”。该册为钱维城根据乾隆帝御制避暑山庄诗意所绘其中之十八景：苹香泮、凌太虚、千尺雪、宁静斋、玉琴轩、临芳墅、知鱼矶、涌翠岩、素尚斋、乐成阁、宿云檐、澄观斋、翠云岩、罨画窗、嘉树轩、试马埭、万树园、永恬居。各开笔墨苍润细密，具有文人趣味，画上有钱维城书相应景点的御制诗文，诗画相得益彰。

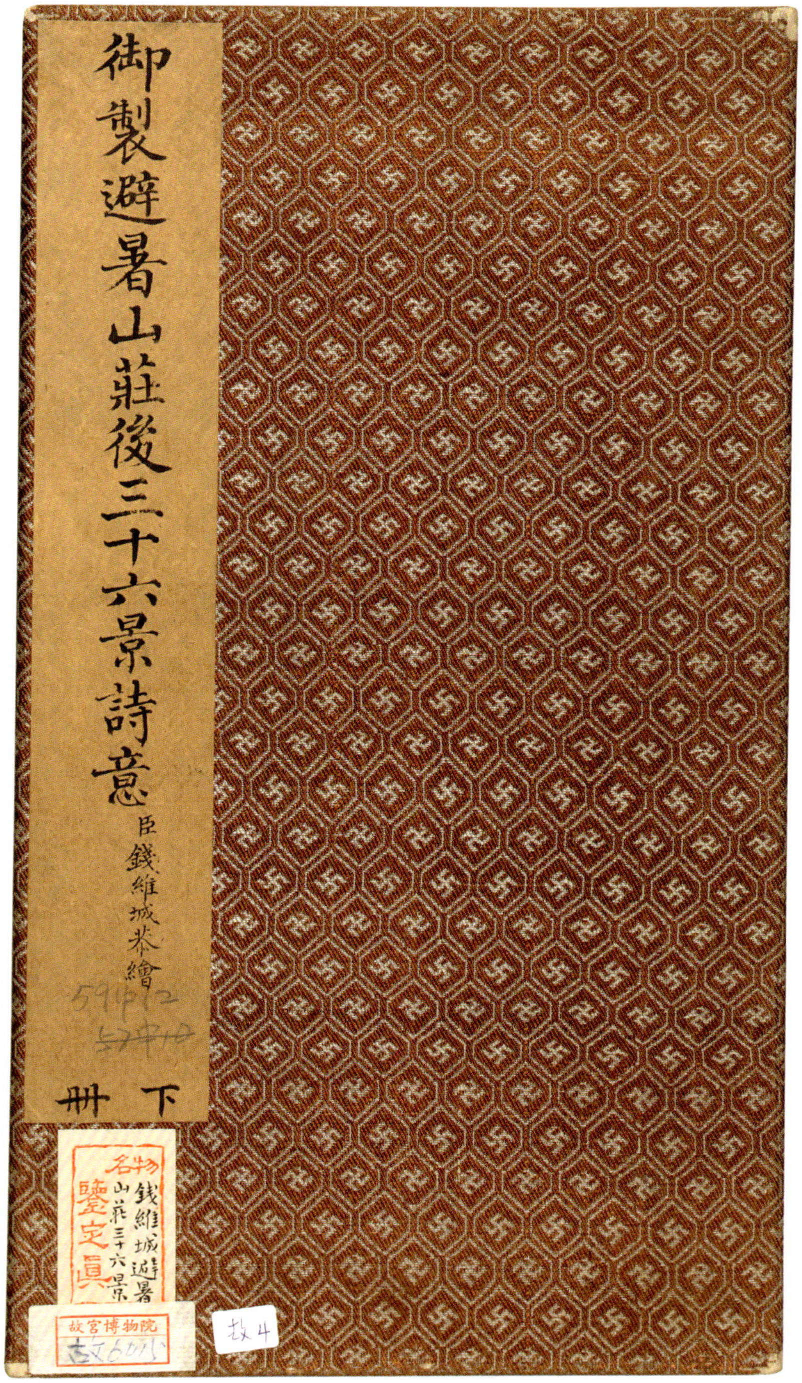

千尺雪
吴中寒山千尺雪
明處士趙宧光所
標目也南巡過之
愛其清絶回於近
地有泉有石若西
苑盤山及此並仿
其意而命以斯名
且為四圖合貯其
地詳具圖卷中
為愛寒山瀑布
泉引流疊石儗
神傳楞嚴舊地
臨溪寫雖即憑泰
屬偶然

50

董邦达、汪由敦
《千尺雪诗画成扇》

Poem and Painting of Thousand Feet of Snow by Dong Bangda and Wang Youdun, Folding Fan

清（1644～1911年）

墨纸 泥金

纵16.4、横51厘米

故宫博物院藏

董邦达（1699～1769年），字孚存，号东山，浙江富阳人，工画山水，官至礼部尚书。

汪由敦（1692～1758年），字师苕，一作师茗，号谨堂，一号松泉，浙江钱塘人。善书法，以馆阁体著称于时，金川、准噶尔两役廷谕皆出其手。兼工篆、隶。

乾隆帝首次南巡（1751年）见此“千尺雪”并作诗称“独爱吴之千尺雪”，后于京城西苑、热河避暑山庄、盘山静寂山庄仿建此景。除仿建外，乾隆帝还多次命词臣画家依照诗意创作千尺雪图等。该扇所绘即为其一，画中水榭、石桥依水而建，林木葱郁，叠石起伏，水波荡漾。款署：臣董邦达恭画。扇背面有汪由敦书乾隆帝所作千尺雪诗，款署：臣汪由敦敬书。

千尺雪

〔清〕乾隆

飞泉落万山，巨石当其垠。
汇池可半亩，风过生涟沦。
白屋架池上，视听皆绝尘。
名之千尺雪，遐心企隐人。
分卷复合藏，在一三来宾。
境佳泉必佳，竹垆亦可陈。
俯清酌甘洌，忘味乃契神。
披图谓彼三，天一何疏亲。

盘山千尺雪

盘山千尺雪位于盘山静寄山庄，是其八景贞观遗踪内的一组景观。乾隆十八年（1753 年）春，乾隆帝游至盘山晾甲石处，见这里与寒山地貌相似，山中泉水交汇，奔流直下，激起白浪如雪瀑，声如洪钟，山涧古松与泉石相答，意境天成。乾隆御笔题书“千尺雪”刻于崖壁，感叹“寒山千尺雪固在是间！”

千尺雪

〔清〕乾隆

石墙门设盘之阿，乱溪汇流桥下过。

游回入门有精舍，观澜憩此供清哦。

飞泉落涧雪其色，脱兔莫御难为波。

比拟寒山号千尺，无须缩地真同科。

因思名象总假藉，泉乎雪乎曾知么。

苟以太古计长短，万倍千尺过犹多。

51

弘历《盘山千尺雪图》卷

Thousand Feet of Snow in Panshan Mountain by the Qianlong Emperor, Handscroll

清（1644～1911年）

纸本 墨笔

纵28、横105厘米

故宫博物院藏

盘山千尺雪乃乾隆帝命仿苏州寒山千尺雪而建，位于静寄山庄（今天津蓟县盘山南麓）。此卷为乾隆帝写盘山千尺雪景，引首自题“对此清泠”，本幅御笔“热河千尺雪歌”和“盘山千尺雪图”两段，并于图中记复命董邦达、钱维城、张宗苍分绘西苑、热河、寒山千尺雪。尾纸有乾隆帝晚年题咏避暑山庄千尺雪诗十首，足见对“千尺雪”的喜爱。

此盤山千尺
雪景也後
命詞臣董邦
達錢維城分
寫西苑熱河千
尺雪景而吳之
寒山則屬之張宗蒼
合裝爲卷各置其地
是卷因藏之熱河故以舊

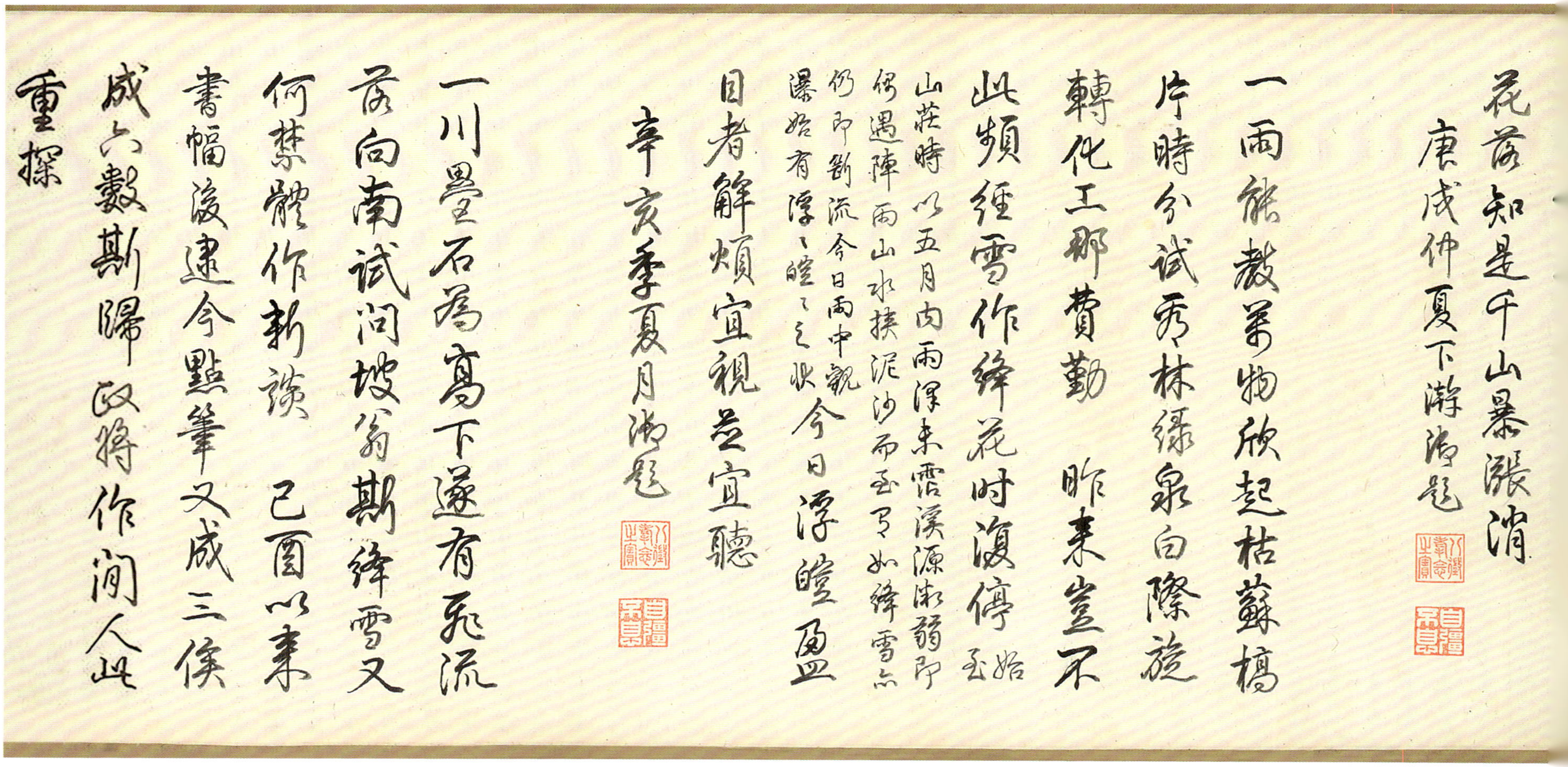
花落知是千山暴漲消
庚戌仲夏下澣御題
一雨能教萬物欣起枯蘇槁
片時分試秀林綠泉白際旋
轉化工那費勤　昨來豈不
此頻經雪作絳花時復停　丞始
山莊時以五月內雨浮來雲溪源淋弱印
何遇陣雨山水挾泥沙而至可如絳雪点
仍印新流今日雨中觀
瀑始有浮々瞪々之狀　今日浮瞪盈
目者解煩宜視差宜聽
辛亥季夏月御題
一川疊石爲高下遂有飛流
落向南試問坡翁斯絳雪又
何禁體作新談　已酉以來
書幅後逮今點筆又成三候
成六數斯歸　改將作澗人此
重探

盤山千尺雪

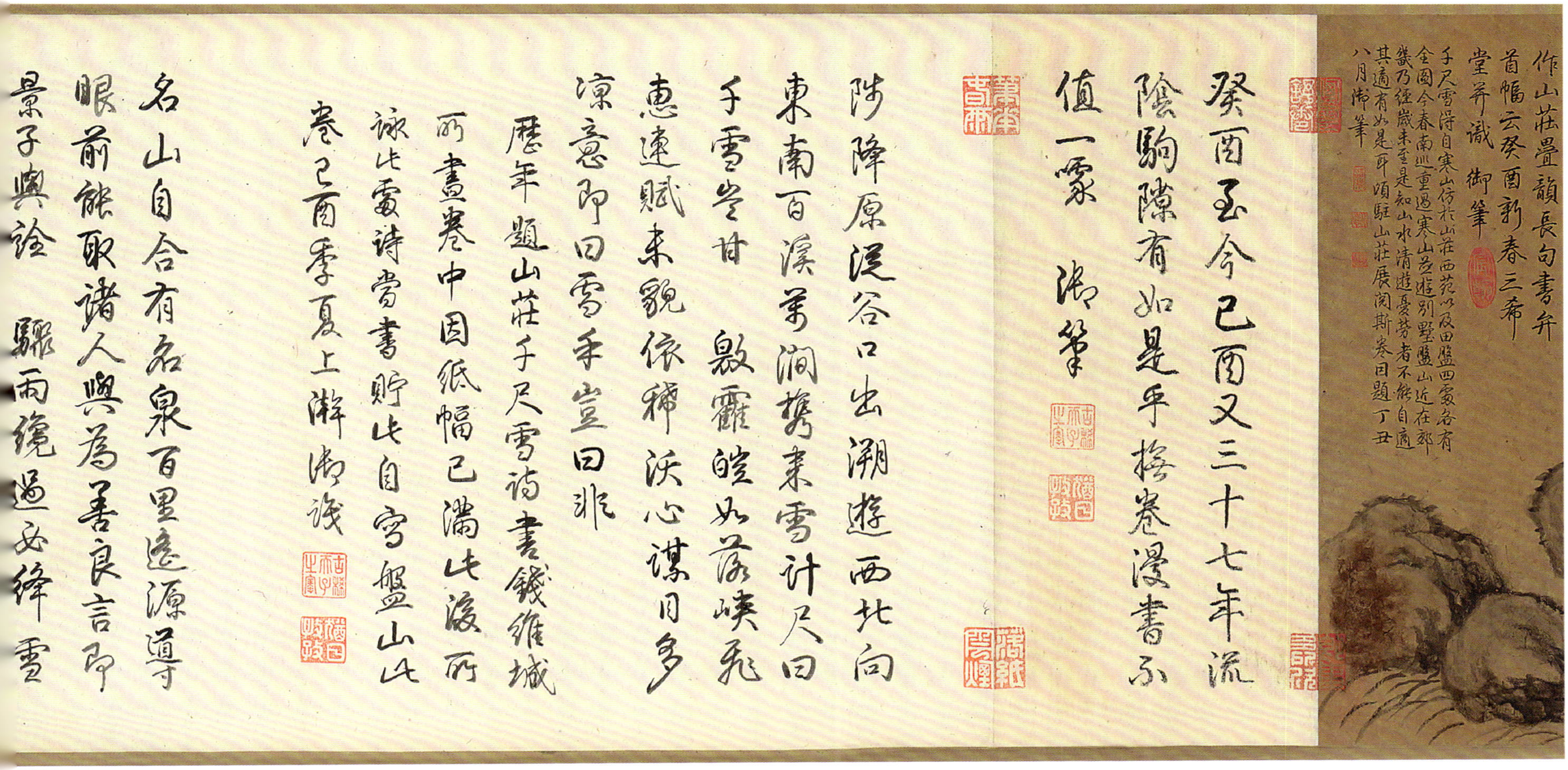
作山莊疊韻長句書弁
首幅云癸酉新春三希
堂并識 御筆
千尺雪得自寒山仿於山莊西苑以及田盤西園各有
全圖今春南巡重過寒山並遊別墅盤山近在郊
畿乃經歲未至是知山水清遊憂勞者不能自適
其適有如是耶頃駐山莊展閱斯卷因題丁丑
八月御筆
癸酉至今己酉又三十七年流
陰駒隙有如是乎捻卷漫書不
值一笑 御筆
陟降原隰谷口出潮遊西北向
東南百溪第澗赴來雪計尺曰
千雪豈甘 敷霏皚如落峽飛
惠遠賦未窺依稀沃心謀日多
涼意即回雪手豈回非
歷年題山莊千尺雪詩書錢維城
所畫卷中因紙幅已滿此後所
詠此處詩嘗書貯此自寫盤山此
卷己酉季夏上澣御識
名山自合有名泉百里遙源導
眼前能取諸人與為善良言即
景子輿詮 驟雨纔過劣緯雪

第三单元

SECTION THREE

南北合鸣

HARMONY OF NORTH AND SOUTH

中国古典园林是中国传统文化的重要组成部分和载体，与古典哲学、美学、文学、绘画、建筑、园艺等有着密不可分的关系。明清南北园林在功能上承续中国古典园林可赏、可游、可居的共性，寄寓着“主人无俗态，筑圃见文心”的生活品位和人格追求，见证着南北园林在审美、情感、价值观上的共识与融合发展，是中国人几千年来钟情自然、热爱生活、崇尚文化的表达和传承。

Chinese classical gardens are an important part and carrier of Chinese traditional culture, which are closely related to classical philosophy, aesthetics, literature, painting, architecture and gardening. In Ming and Qing Dynasties, the gardens in the North and South inherited the commonness of Chinese classical gardens that can be appreciated, visited and livable on the function, and embodied the taste of life and personality pursuit of “the owner has no vulgarity, and the garden is built to see his literary taste”. They witnessed the consensus and integrated development of the gardens in aesthetics, emotion and values, and were the expression and inheritance of Chinese people who loved nature, life and culture for thousands of years.

1

汇览典籍
博古集珍

诗文兴情以造园，园成则必有书斋、吟馆。于园林中辟一处属于文人自己的天地，或藏书研读，求学问道；或博古赏珍，追慕古人。园林清幽超脱的自然环境和书斋隐逸雅致的布局陈设，以及与之相应的文事活动，是中国哲学智慧和审美思想在文人生活中的独特呈现。

52

《植物名实图考》

Illustrated Catalogue of Plants

清光绪（1875～1908年）

长31.8、宽22.8厘米

颐和园藏

山西浚文书局本，三十八卷。

清代吴其濬撰，植物学著作，分谷、蔬、山草、毒草、果、木等12类。一物一图，图文对照。该书考订植物名实，介绍其文献出处、产地、形态、颜色或用途等，在中国植物学史上有重要的历史地位。

植物名實圖攷
山西濬文書局藏板

植物名實圖考

植物名實圖考

植物名實圖考
16

53

《太平寰宇记》

Universal Geography of the Taiping Era

清光绪八年（1882年）

长26、宽15厘米

颐和园藏

金陵书局刊本，二百卷。

北宋乐史撰，是北宋初期一部著名的地理总志。记录了宋太宗时的山川地理人文、宋朝的疆域版图等，极具史料价值。

54

《西清古鉴》

Illustrated Catalogue of Bronzes in the Imperial Collection

清乾隆（1736～1795年）

长41.8、宽27.8厘米

颐和园藏

武英殿刻本，四十卷。

此书是著录清代宫廷所藏青铜器的大型谱录，收录商至唐代各类铜器1529件。每卷先列器目，按器绘图，并有文字拓本或摹本以及器物尺寸、重量和简略考证说明。书中所录部分铜器，现收藏于颐和园。

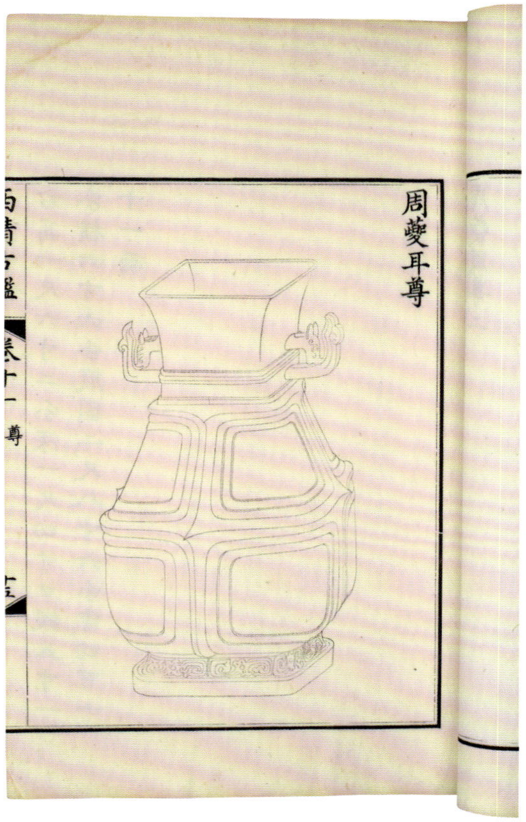

55

方格纹兽耳壶

Jar with Checkered Pattern and Animal-Shaped Handles

西周（前1046～前771年）

长35、宽27、高51厘米

颐和园藏

青铜质地。口扁方、圆角，颈两侧饰兽耳，双耳直立，双牙弯曲，口鼻处上卷。腹部下垂微鼓，纹饰呈十字，十字正中有尖角，向外突出，以带纹划分出四个方格区域。底部圈足，饰窃曲纹。此件著录于《西清古鉴》。

56

粣方鼎

Square *Ding* Cauldron with Inscription

西周（前 1046～前 771 年）

长 18、宽 12、高 19 厘米

颐和园藏

青铜质地。方口折沿，沿上浅腹方体鸟足式，两方耳直立微外撇，浅腹下敛，圜底，腹部外壁饰两两对称的弯角鸟纹，鸟纹被扉棱相隔；腹内有“粣作宝尊彝”五字铭文；四足扁平，为长尾鸟形，头朝上，尾在下，尾部外撇并向上卷起。

57

雷纹豆

Dou Stem Bowl with Square Spirals

战国（前475～前221年）

长23、高26.5厘米

颐和园藏

青铜质地。圆体，有盖。器盖纹饰相同，均饰蟠虺纹、三角云纹、雷纹，盖倒扣亦为一盘。器身呈圆盘状，圆腹圜底，两侧铸环形双耳，高柄，圈足外撇。

58

羊形器

Vessel in the Shape of a Ram

汉（前 202～220 年）

长 40、宽 14、高 30.5 厘米

颐和园藏

青铜质地。整体呈立姿，形态丰满，神态平和。双目圆睁，平视前方，前鼻略突，嘴分两瓣，双耳竖起，羊角卷曲作螺旋状贴于后颅。短颈大腹，四肢粗壮，后铸垂尾。此件器物为酒器，后背上设有活动纽盖，嘴部有孔洞，方便酒水流出。

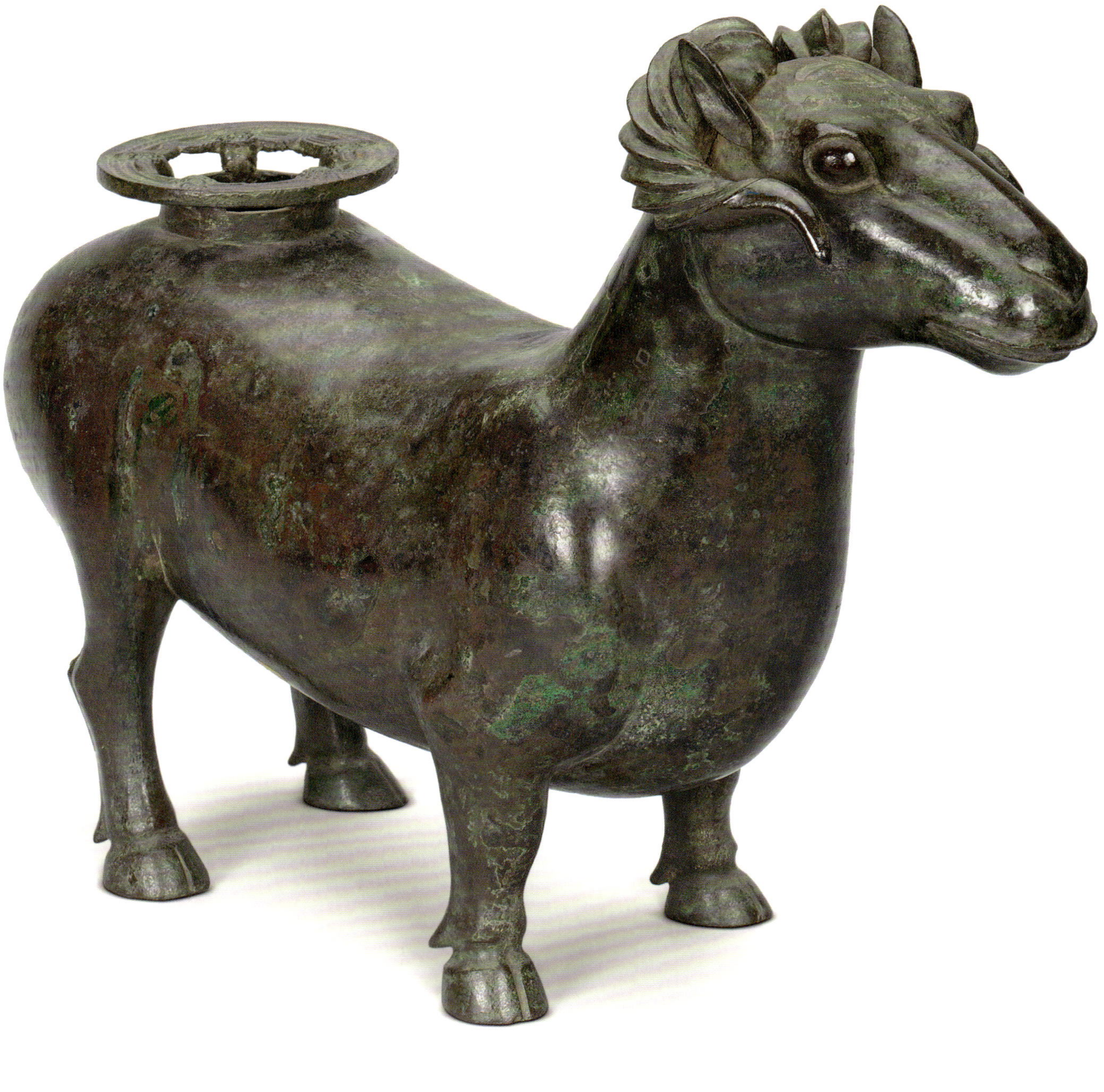

59

《御制全韵诗》

Imperial Complete Rhymed Poems

乾隆四十四年（1779年）

长20、宽17.2厘米

颐和园藏

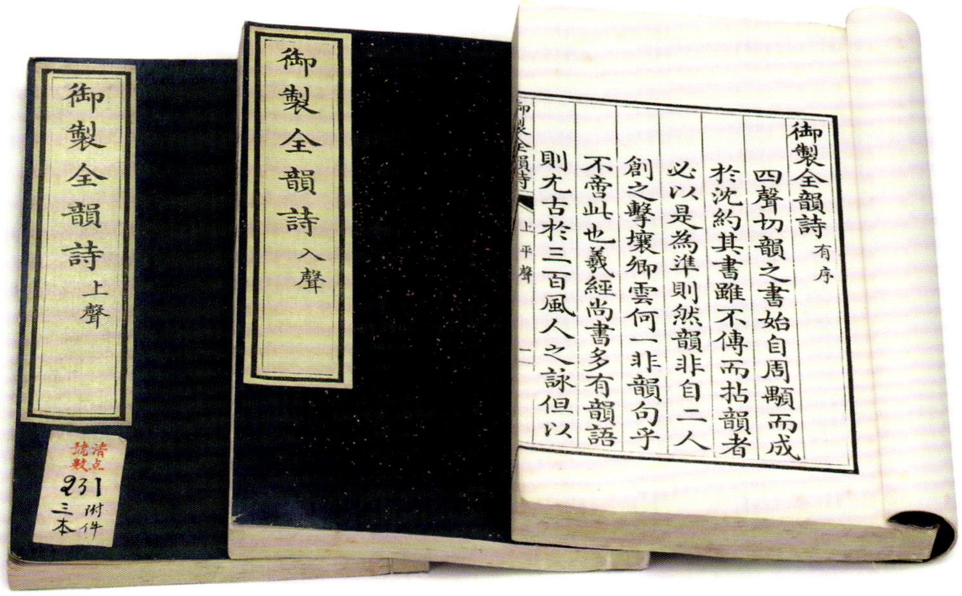

乾隆四十四年（1779年）于敏中写刻进呈本。

此书是清高宗弘历撰写的一部咏史诗集。分为上平声、下平声、上声、去声、入声五部分，按照四声切韵每调各作一卷，通用一百零六韵依次排韵，一韵一诗，计写诗106篇。清高宗在《序》中详述成书过程与内容，其中“上、下平声书我朝发祥东土及列圣创业垂统、继志述事之宏规，上、去、入三声则举唐虞以迄胜朝历代帝王之得失炯鉴”。此版为于敏中手书上版，印刷精美，字体舒展，便于赏玩。

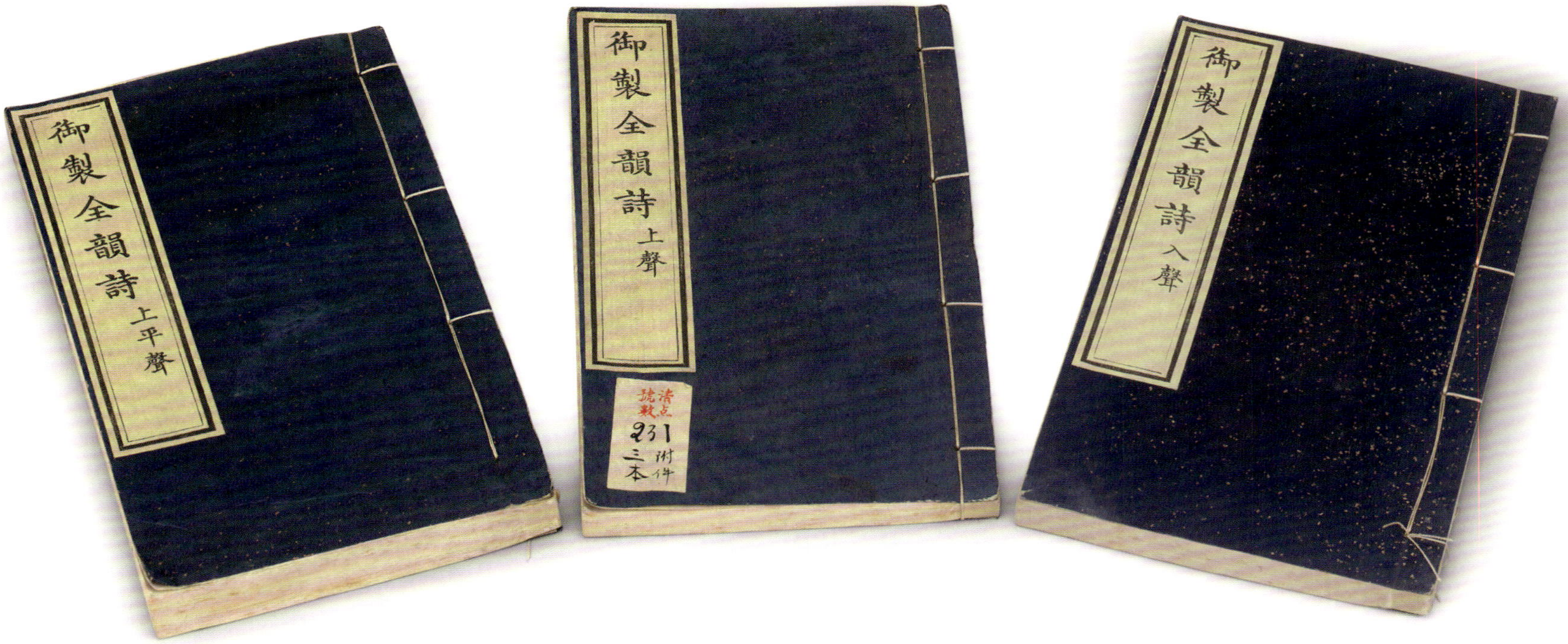

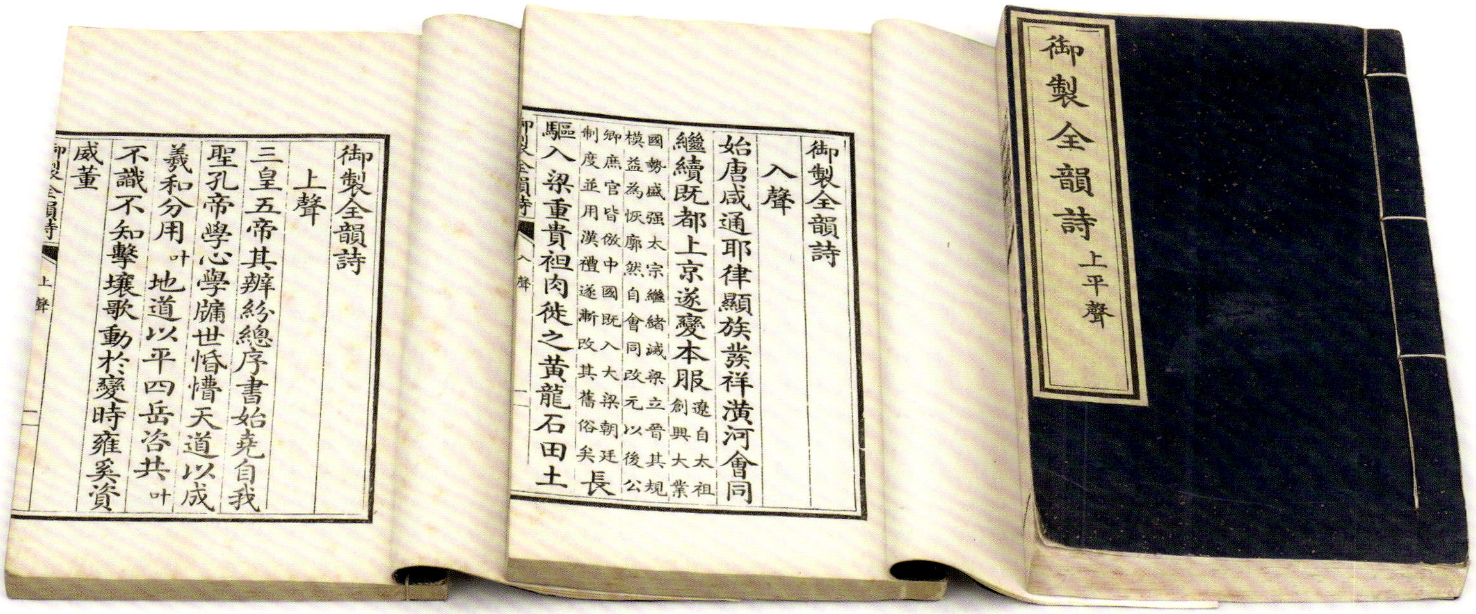
御製全韻詩
上平聲

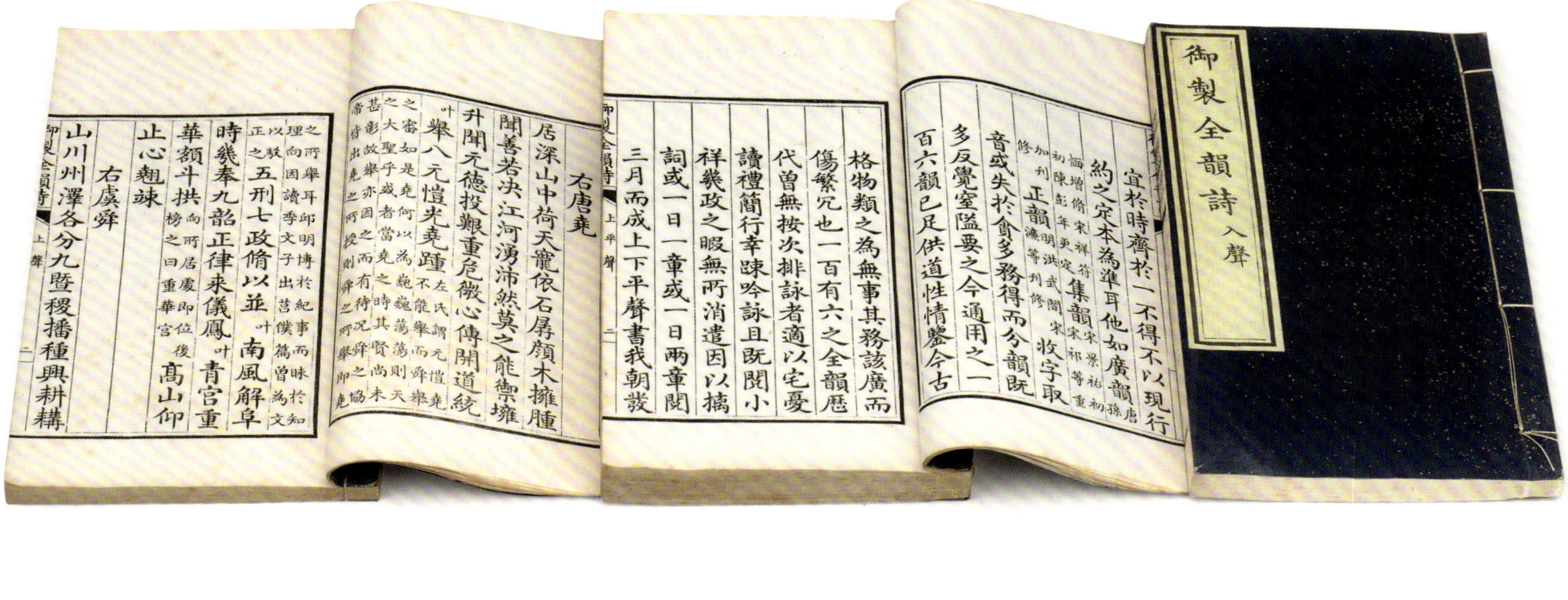
御製全韻詩
入聲

60

白玉雕螭纹觚

White Jade Gu-Shaped Vase with Hornless Dragon

清乾隆（1736 ~ 1795 年）

长 14、宽 9.9、高 23.2 厘米

颐和园藏

白玉质，局部有沁。器身呈海棠形，分为上、中、下三部分。上部为敞口，口沿外阴刻回纹，肩部浅浮雕变形如意云纹。中部微微外凸，四面高浮雕螭龙纹。下部与上部对称但略短细，浅浮雕变形蕉叶纹和如意云纹，近足处阴刻回纹。此器造型秀美挺拔，纹饰精细工整。明清时期觚多作为室内陈设，觚内或插花枝，或插如意及博古挂件。

61

红珊瑚珐琅盆景

Miniature Landscape with Red Coral and Enameled Pot

清光绪（1875～1908年）

长32.5、宽22、高41厘米

颐和园藏

红珊瑚质。红珊瑚枝枝蔓蔓向四面八方伸展，呈现珊瑚原本形态，珐琅盆配缠枝番莲纹，清新淡雅，极具观赏价值。珊瑚又名长寿虫，寓意长寿，颐和园藏珐琅珊瑚盆景多为王公大臣进献给慈禧的寿辰贺礼。

62

白釉回纹筒炉

White-Glazed Incense Burner with Squared Spirals

清（1644～1911年）

口径10.7、底径10.7、高8.6厘米

颐和园藏

筒形，斜直壁，下腹微收，三段式圈足，造型古拙简朴。胎质洁白、坚细，釉质莹润，呈鸭蛋青色。器身光素，仅外壁上段装饰暗刻回纹一周，纹样规整，刻划细腻；内壁施釉不到底，釉层较薄，内底稍显粗糙。底足满釉，无款。可作案头香炉使用。

63

竹刻『东山报捷图』笔筒

Bamboo Brush Pot with the Scene of News of Victory at Dongshan Mountain

清（1644～1911年）

直径12.1，高14.6厘米

无锡博物院藏

笔筒为典型嘉定派竹雕，大刀深刻，近乎圆雕，这种竹刻手法流行于晚明到清初，以后逐渐流行浅浮雕和阴刻。此笔筒取材历史故事，构图丰满，布局得体，通过对曲径幽林、安然对弈等情景的生动刻画，人物形象呼之欲出。

64

象牙杆毛笔

Brush with Ivory Handle

清（1644～1911年）

长22.8、直径1厘米

颐和园藏

象牙制，通体修长，素雅，笔头为狼毫，尾部刻有“宝翰宣纶”四字。“宝翰”意为御用毛笔或御笔所写，“宣纶”意为宣布旨意。

65

『乐寿堂珍藏』墨

Ink Stick Inscribed with "Collection of Leshou Hall"

清（1644～1911年）

长9.2、宽2.4、高1.2厘米

天津博物馆藏

墨面刻兽面及谷纹，背部中上方钤“天府永宝”金印，下方描金书“大清乾隆年制，乐寿堂珍藏”。

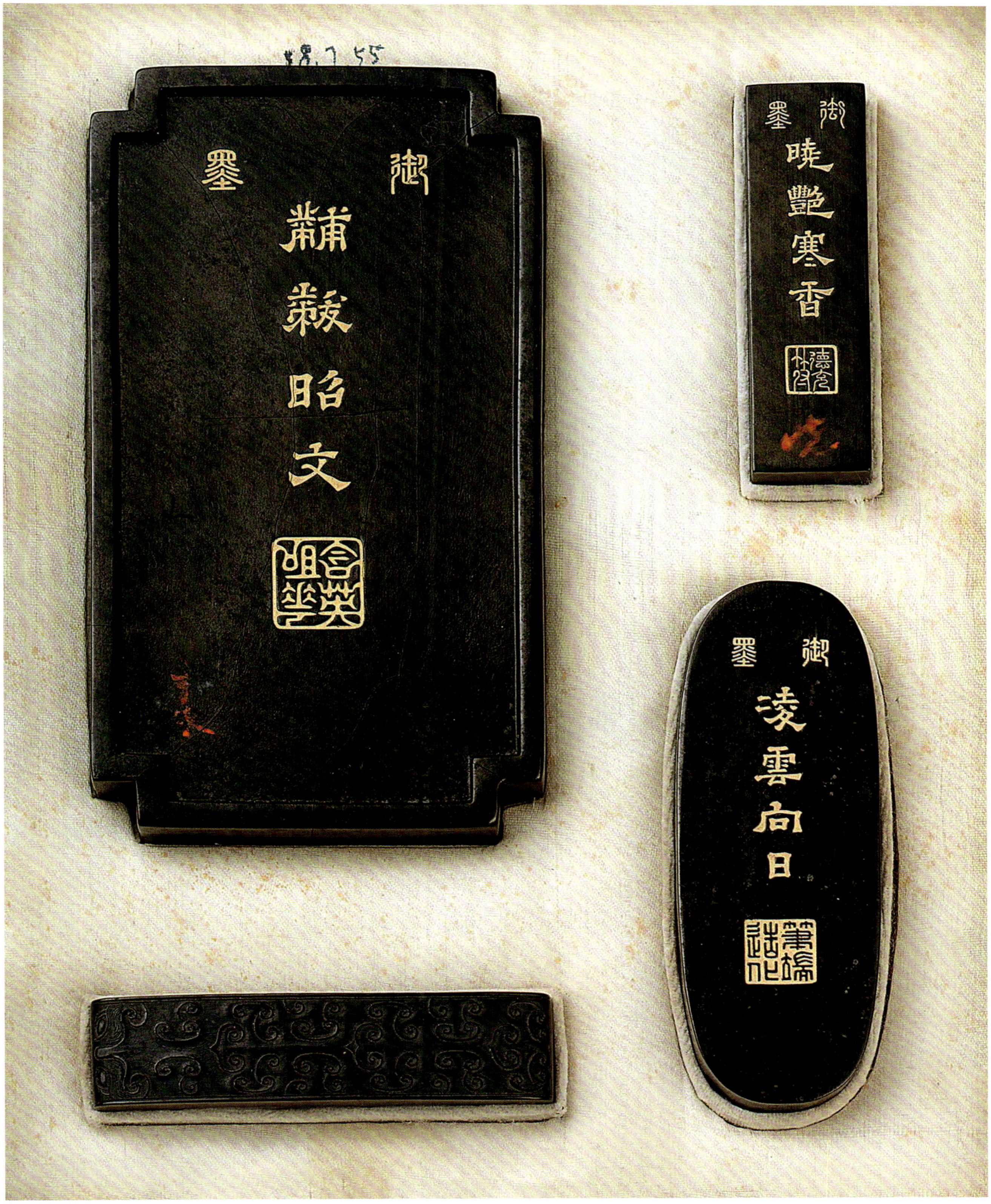

66

『大雅斋』款四美砚

Four Inkstones Inscribed with "The Studio of Utmost Grace"

清（1644～1911年）

尺寸不一

天津博物馆藏

此四件礼品砚，两方为石质，两方为料器，形态各不相同，质奇而工巧，每方均有“大雅斋”款识。“大雅斋”是慈禧太后在圆明园“天地一家春”建筑内的一处斋名，依据款识推测应是大雅斋流落民间的文房用具。

67

孔雀石摆件

Malachite Boulder

清（1644～1911年）

长10.7、宽3、高5.5厘米

无锡博物院藏

此摆件称为小型山子，是古代文人书斋用物，多取灵璧、英石，此件以孔雀石再配以红木架座，较为少见，有自然天成之美。

68

山形石笔架

Mountain-Shaped Stone Brush Rest

元（1271～1368年）

长21、厚3.6、高8厘米

无锡博物院藏

笔架是古代文人书桌常备之物，造型多取山石或动物形状，质地有铜、玉、石、木等种类。该笔架通体素黑，为楚石质地，看似朴拙，却不失自然巧妙。整体为远山造型，群山中间高两边渐低，高低错落，不下数十座山头。从正面看，在层峦叠嶂的远山中，古寺深藏。笔架的背面纹饰与正面相互呼应，亭台栏杆的纹饰和树木的纹理都清晰可见。

69

竹刻山水人物纹香筒

Bamboo Incense Container with Landscape and Figures

清（1644～1911年）

直径4.5、高18.3厘米

无锡博物院藏

细瘦圆筒形，上下镶木盖和木底。外壁大刀深刻，刻画一幅文人侍女冶游图，在苍劲的松树下，一文士与一仕女一俯一仰，松树下一角案几上摆放爵、瓶香、瓜果等。雕刻气势与细致兼具，器表油润光泽，更能显示出画面的立体效果。

70

紫檀夔龙纹铜包角有束腰炕几

Zitan Kang Arm Rest with *Kui* Dragons

清（1644～1911年）

长102.5、宽41.5、高41.3厘米

颐和园藏

此炕几为束腰马蹄腿样式，桌面装攒框装芯板下承穿带，腿足和牙板边缘起阳线。束腰和牙板铲地浮雕拐子纹和夔龙纹，婉转流畅，工艺精湛。此炕几在面板、束腰、腿足的四边安装铸铜鎏金蝠磬纹包角，既起到加固作用，又增加了色彩的冷暖对比，令整件家具更显富丽堂皇。

71

黄漆面嵌玉博古插屏（一对）

Pair of Table Screens with Jade Inlaid Antiquities

清（1644～1911年）

长93、宽35.5、高100厘米

颐和园藏

此插屏屏芯各式陈设摆件由玉石、牙骨、木材组成。这种采用瓶、鼎、盆景、文房用品等各式图案组成的纹样称为博古纹，是我国传统纹饰之一，有博古通今的含义。屏芯边框一圈阴刻回纹，外框四角及上下中部雕缠枝花卉纹；背面为红漆底，描金勾勒缠枝牡丹纹及凤凰，有富贵吉祥之意。屏座为花梨木制，两侧立柱站牙为透雕花卉纹、龙纹。绦环板及披水牙子处雕花卉纹及蝠纹。

72

紫檀雕龙带花篮书卷宝匣（一对）

Pair of *Zitan* Boxes with Dragon, Flower Basket, and Book Scrolls

清（1644～1911年）

长39.5、宽19.5、高48厘米

颐和园藏

匣主体为紫檀制，由几部分组合而成，可以拆分。上部仿古籍画卷摆件实际为各式匣盒，上下双侧为抽屉可以拉开。花篮由各式玉石通过金属丝线组合而成，可以整体取下。匣式主体双门对开，浮雕海水龙纹，龙头相向，下方仿书籍部分为抽屉，左右装饰牡丹、梅花、兰花、蜀葵、菊花等各种花卉。此件宝匣制作巧妙，颇有意趣。

73

白玉雕双凤六环壶

White Jade Pot with Six Ring Handles and Two Phoenixes

清（1644～1911年）

长20、宽10、高19厘米

颐和园藏

白玉质，色白莹润。采用圆雕、镂雕、透雕、线刻等技法，在壶身雕琢双凤、蝙蝠、蕉叶和六只活环等装饰，造型精巧，玲珑雅致，琢磨细致，抛光华美。

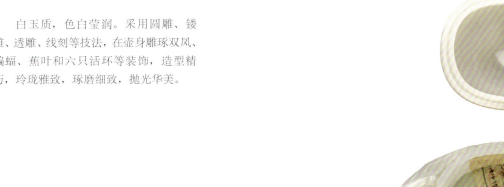

74

谷纹白玉璧插屏

White Jade Table Screen with Sprouting Grain Curls

西汉（前202～公元25年）

长20、宽10、高34厘米

颐和园藏

白玉质，有黄色沁斑。璧体平圆，璧内雕琢排列整齐的谷纹，内、外圈有两圈阴刻线相隔，璧面抛光较好。配有花卉纹木质底座。

75

《钦定古今图书集成》

Complete Classics Collection of Ancient China

清光绪（1875～1908年）

长28.5、宽18厘米

颐和园藏

上海同文书局石印本，全书5044册，一万卷，另目录四十卷，考证二十四卷。

此书是成书于清雍正时期的一部大型类书，具体分为历象、方舆、明论、博物、理学、经济等六个汇编，每汇编之下再设典，共三十二典。每个典下又分部，每个部中又分事。分类精细，体例完善，内容包罗万象，图文并茂。此版校证详细，印刷精美，具有较高的文献价值和历史价值。

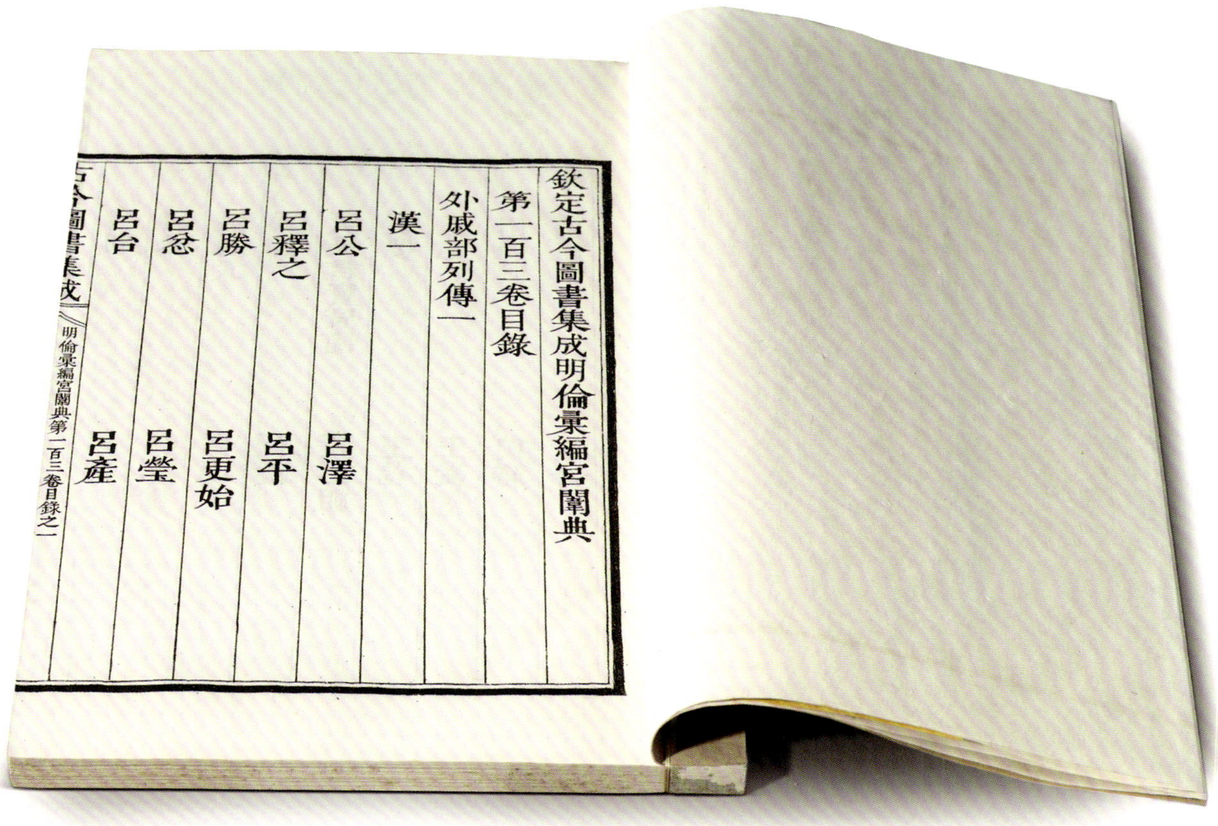
欽定古今圖書集成明倫彙編宮闈典
第一百三卷目錄
外戚部列傳一
漢一
呂公
呂澤
呂釋之
呂平
呂勝
呂更始
呂忿
呂瑩
呂台
呂產
古今圖書集成
明倫彙編宮闈典第一百三卷目錄之一

欽定古今圖書集成
欽定古今圖書集成

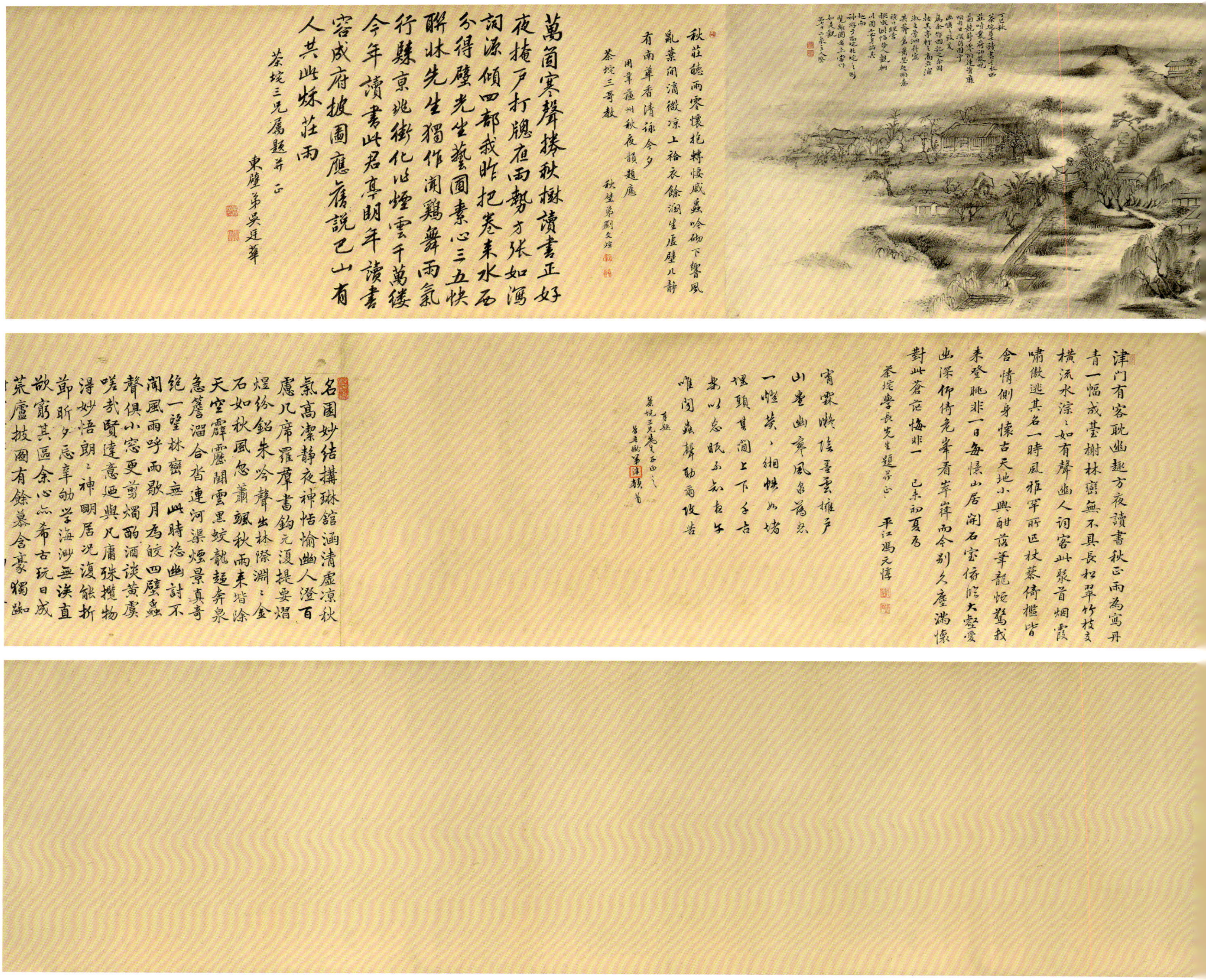

76

朱岷《秋庄夜雨读书图》卷

Reading in a Rainy Night at Shuixi Mountain Villa by Zhu Min, Handscroll

清乾隆二年（1737年）

纸本 设色

纵30.7、横82.5厘米

天津博物馆藏

朱岷（生卒年不详），字仑仲，一字导江，号客亭，江苏武进人，主要活动于清康熙、雍正时期。工书法，尤精隶书，法汉碑而兼得于郑簠，行楷法苏、王。善作山水。

此图绘查礼（天津水西庄第一代主人查日乾之三子，号茶坨居士，擅诗文、绘画）于夜雨中的水西庄读书的情景。水西庄是清代康熙年间天津著名的芦盐巨商查日乾与其子辈营建的园林。此图再现了水西庄的原貌，是研究天津地方史的重要资料。

款署：品七十二泉主人岷。钤朱白文连珠印“臣、岷”。

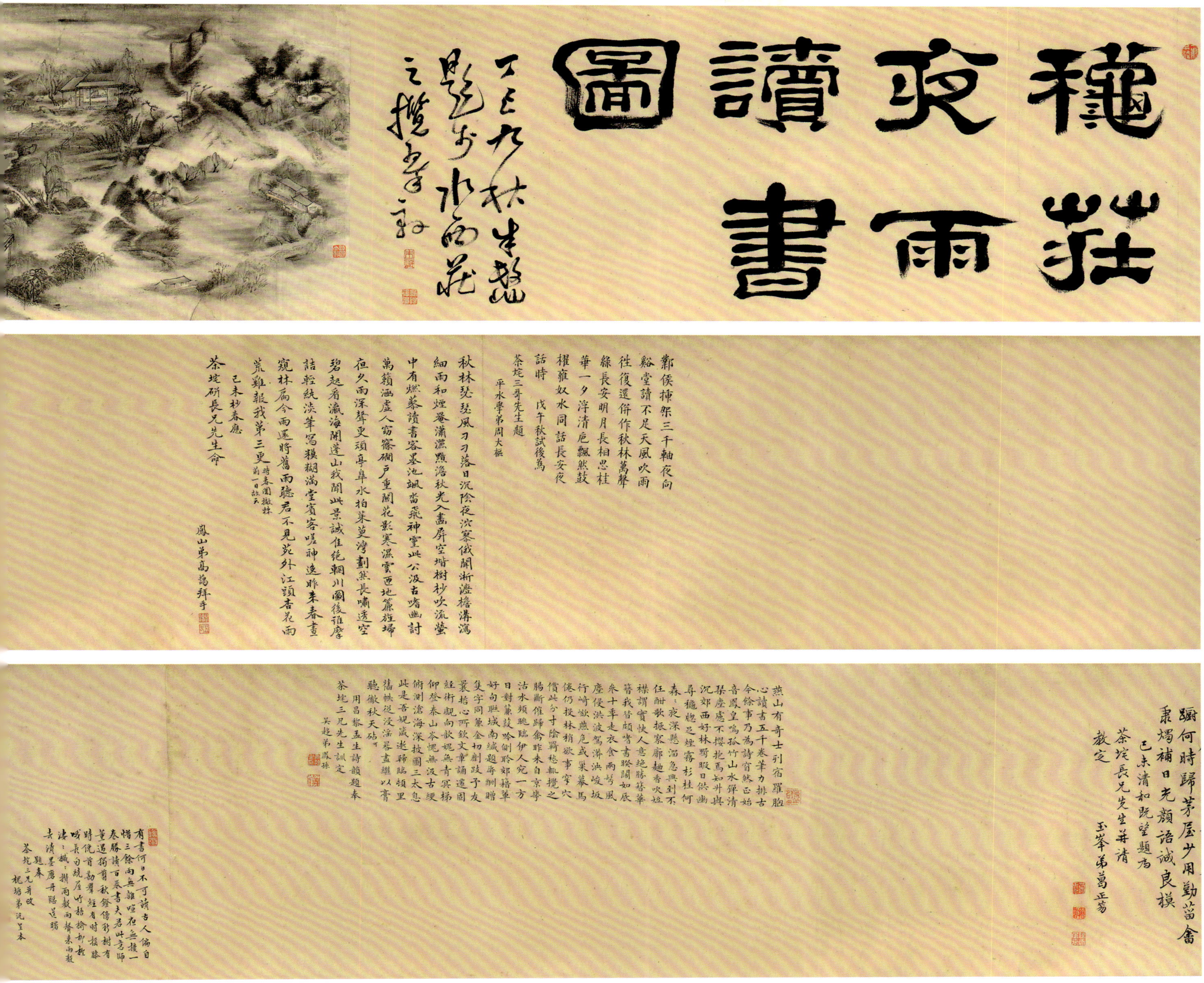
穮莊夜雨讀書圖
茶垞三哥先生題
平水學弟周大振

丁巳秋
茶坨居士讀書于水西
莊時叢荷初散晚
菊競舒零雨連宵靡
間旬日淺得園中
幽曠之致爰
屬余作圖記之余因
按其亭軒之高亞浦
溆之縈洄并寫
其莽蒼蕭瑟秋雨意
積日經營
擬成此幅俾人觀輞
川圖不必身詣其
地而
神游于南坨北坨之側
覽斯圖者亦當作
如是觀
邑七十二泉主人

77

《御批资治通鉴纲目全书》

Imperially Annotated Comprehensive Mirror to Aid in Government

清康熙（1662～1722年）

长26、宽17.2厘米

颐和园藏

内府刊本，前编十八卷，正编五十九卷，续编二十七卷。

《资治通鉴纲目》是南宋理学家朱熹及其门人赵师渊依据司马光的《资治通鉴》撰成的一部史学巨著。按照时间顺序记录周威烈王二十三年（前403年）至五代后周世宗显德六年（959年）间的历史大事。编排上，用大字列明提要、事情梗概，称之为纲要；用小字分注，详细叙述具体内容，称之为细目，这种体裁称为纲目体。宋、元之际金履祥和明代商辂又分别撰写前编、续编。前编上起唐虞、下接通鉴；续篇上起北宋太祖建隆元年（960年），下至元顺帝至正二十七年（1367年）。清康熙命大臣对此三书进行重新汇编、校刊，命名为《御批资治通鉴纲目全书》。

御批資治通鑑綱目全書
御製資治通鑑綱目全書敘
朕惟自古帝王言動必記而史
事以典顧周禮外史所掌卷帙
寖繁卽紀傳亦累千百年來微
言大義昭揭天壤必以尼山筆
削爲斷所從來尚矣粤自龍門
御批資治通鑑綱目

78

弘历书『趣园』拓本

Rubbing of "Qu Yuan" by the Qianlong Emperor

清乾隆（1736～1795年）

纵93.5、横227厘米

中国园林博物馆藏

“趣园”为扬州名园，乾隆皇帝钦赐园名，曾先后四次游览此园。现瘦西湖风景区内仍保存着乾隆所题御碑“趣园”半块。拓片周圈有郭则沄、朱益藩、夏孙桐、邵章、俞陛云、邵瑞彭、金兆蕃、汪曾武、溥僡、邵锐、李哲明、杨寿枏等十二家题跋。

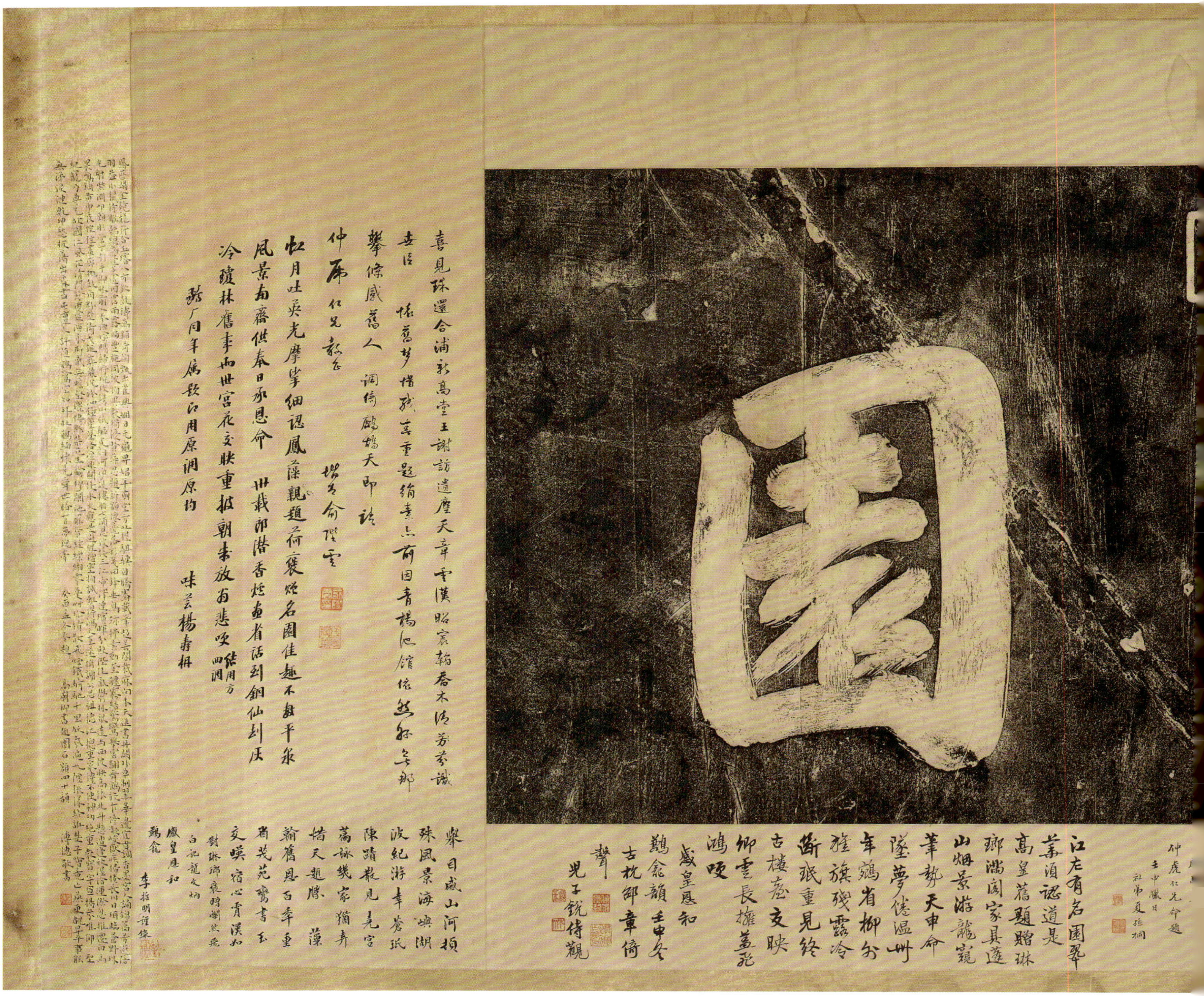

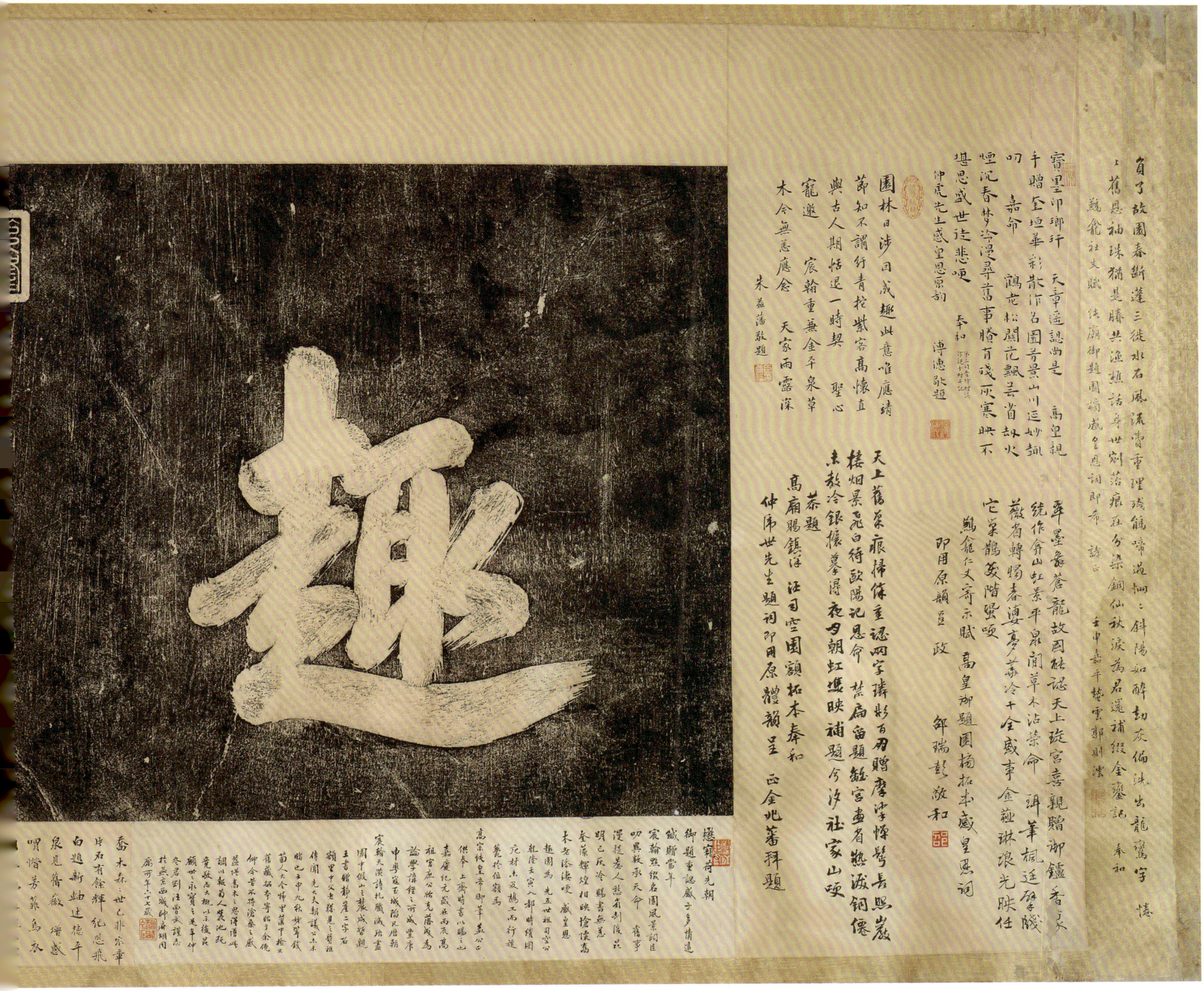
趣

79

尤诏、汪恭《随园女弟子图》卷

Female Disciples of Master Suiyuan by You Zhao and Wang Gong, Handscroll

清（1644～1911年）

纵41、横308.4厘米

上海博物馆藏

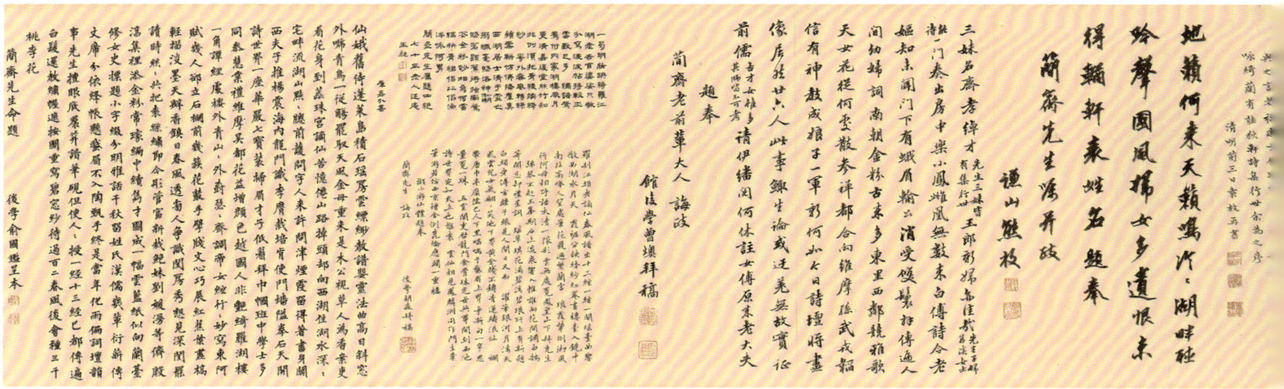

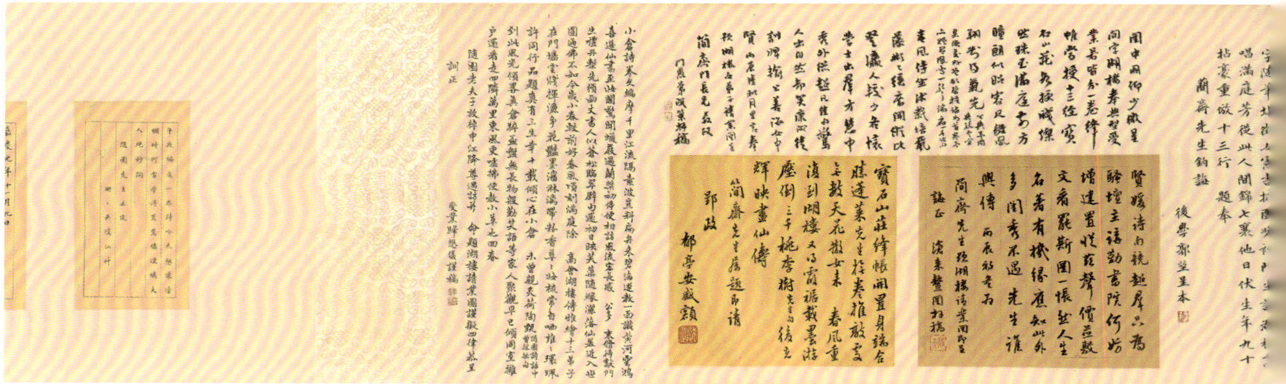

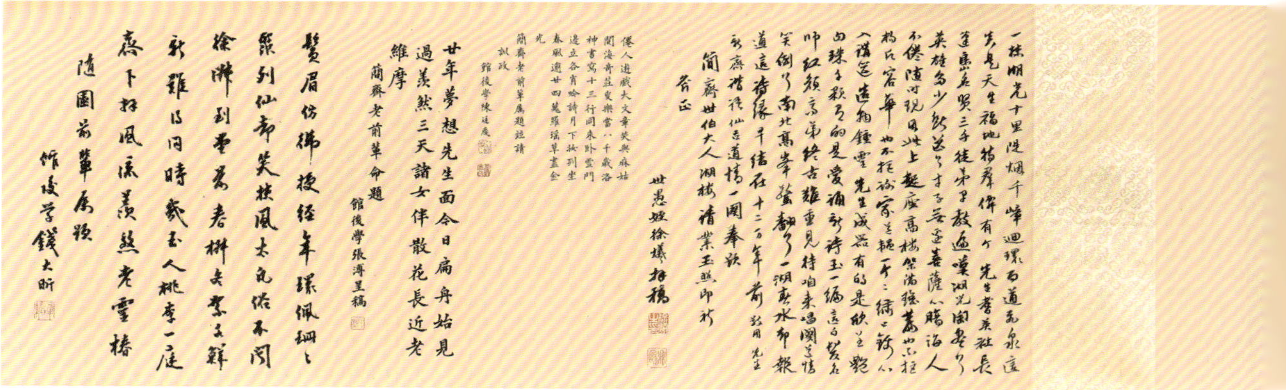

此卷为尤诏、汪恭合作而成。

尤诏，字伯宣，号柏轩，江苏长洲（今苏州）人，绘人物宗陆春畦，善写真。

汪恭，字恭寿，有别号竹坪、竹坪居士、寿源逸人等，安徽休宁人，其绘事以山水著名，亦工人物。

袁枚（1716～1798年），字子才，号简斋，晚年自号仓山居士、随园主人、随园老人，以文辞诗歌名震一时，著有《小仓山房文集》《随园诗话》等。

据卷后嘉庆元年（1796年）袁枚题跋，画卷约作于乾隆五十七年壬子（1792年），记录随园老人于西湖宝石山庄与众女弟子雅集的场景。画中女弟子为孙云凤、孙云鹤、汪妽、汪缵组、席佩兰、金逸、徐裕馨、张玉珍、严蕊珠、屈婉仙、鲍之惠、蒋心宝、廖云锦等人。三年后，乙卯（1795年）春，袁枚再次举办诗会，增绘曹次卿、骆绮兰、钱林三名女弟子于卷后。图中绘湖石层叠、芭蕉丛生、修竹林立之景。袁枚端坐于凉亭内，诸女弟子神情温婉，体态娴静，行姿窈窕，有的聚而戏墨写梅，有的依竹而立若有所思，有的闲庭信步相语言欢，服饰设色古淡和雅，衣纹线条流畅爽利，尤诏写照与汪恭所造之景相得益彰。通篇长卷缓缓推进，移步换景，彰显画家非凡的造境与叙事能力，可谓清代园林人物雅集之上乘佳作。古代文士雅集很少出现女性身影，此画卷还是研究清代闺阁诗人与女性相关文化的珍贵史料。卷尾汪恭款署：娄东尤诏写照海阳汪恭制图，钤“汪恭”朱文方印。

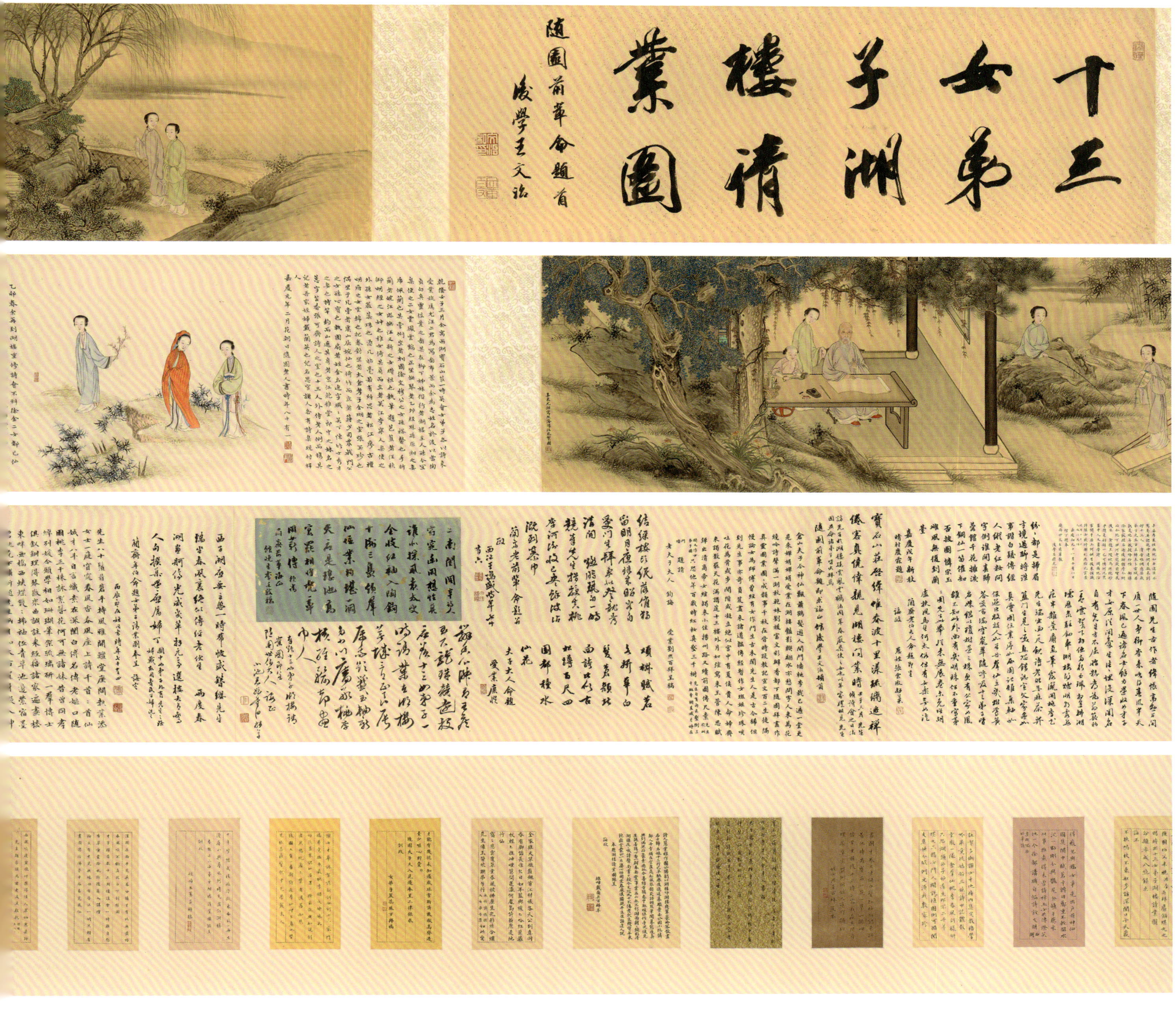
十三女弟子湖樓請業圖
隨園前輩命題首 後學王文治

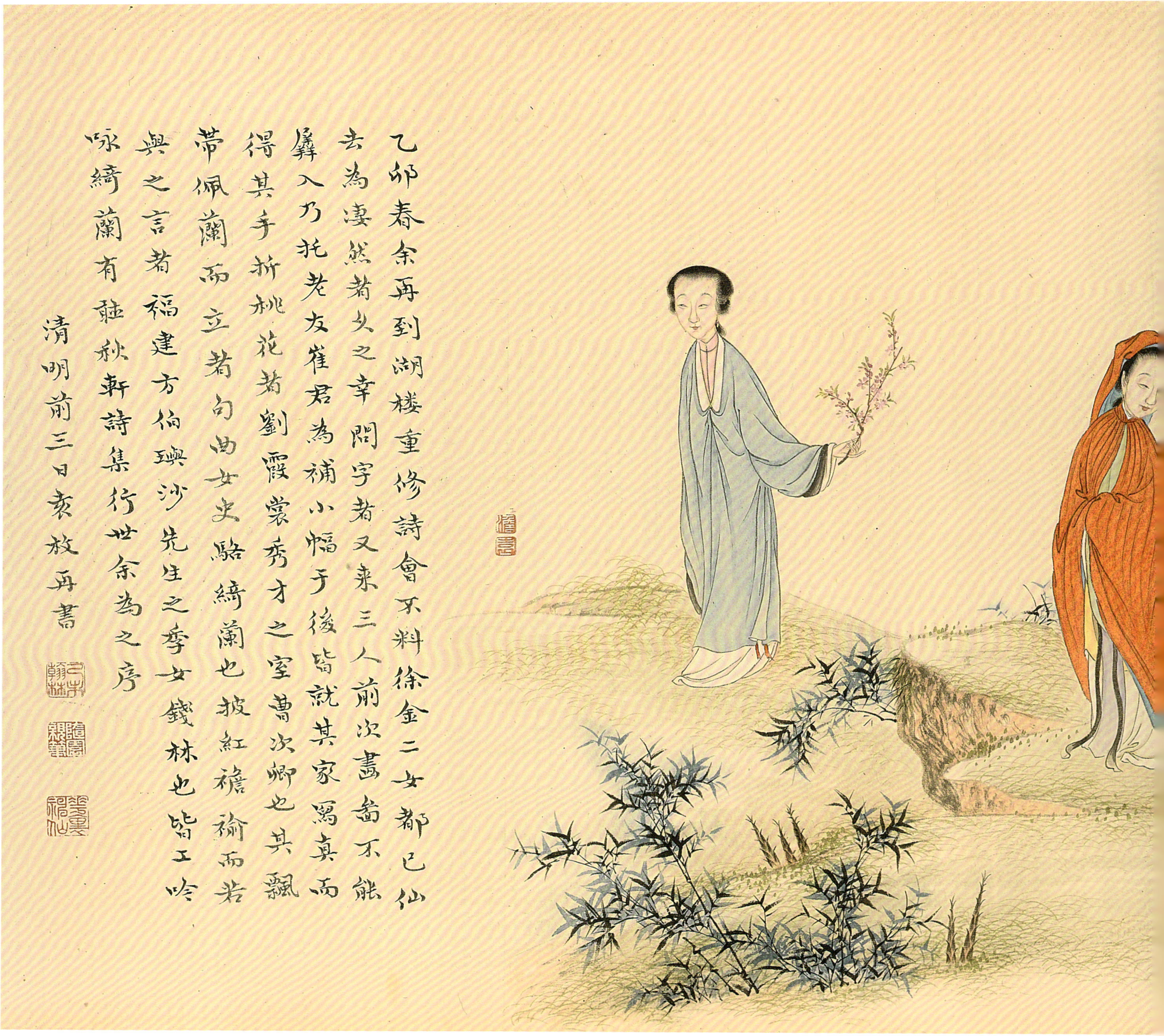
乙卯春余再到湖樓重修詩會不料徐金二女都已仙
去為淒然者久之幸問字者又來三人前次畫圖不能
羼入乃托老友崔君為補小幅于後皆就其家寫真而
得其手折桃花者劉霞裳秀才之室曹次卿也其飄
帶佩蘭而立者句曲女史駱綺蘭也披紅襜褕而若
與之言者福建方伯璵沙先生之季女錢林也皆工吟
咏綺蘭有聽秋軒詩集行世余為之序
清明前三日袁枚再書

乾隆壬子三月余寓西湖寶石山莊一時吳會女弟子各以詩來受業旋屬尤汪二君為寫圖布景而余為志姓名於後以當陶貞白真靈位業之圖其在柳下姊妹偕行者湖樓主人孫令宜臬使之二女雲鳳雲鶴也正坐撫琴者乙卯經魁孫原湘之妻席佩蘭也其旁側坐者相國徐文穆公之女孫裕馨也手折蘭者皖江巡撫汪又新之女纘祖也執筆題芭蕉者汪秋御明經之女妽也稚女倚其肩而立者吳江李寧人臬使之外孫女嚴蕊珠也憑几拈毫若有所思者松江廖古檀明府之女雲錦也把卷對坐者太倉孝子金瑚之室張玉珍也隅坐于几旁者虞山屈婉仙也倚竹而立者蔣少司農戟門公之女孫心寶也執團扇者姓金名逸字纖纖吳下陳竹士秀才之妻也持竿釣而山遮其身者京江鮑雅堂郎中之妹名之蕙字芷香張可齋詩人之室也十三人外侍老人側而携其兒者吾家姪婦戴蘭英也兒名恩官諸人各有詩集現付梓人

嘉慶元年二月花朝日隨園老人書時年八十有一

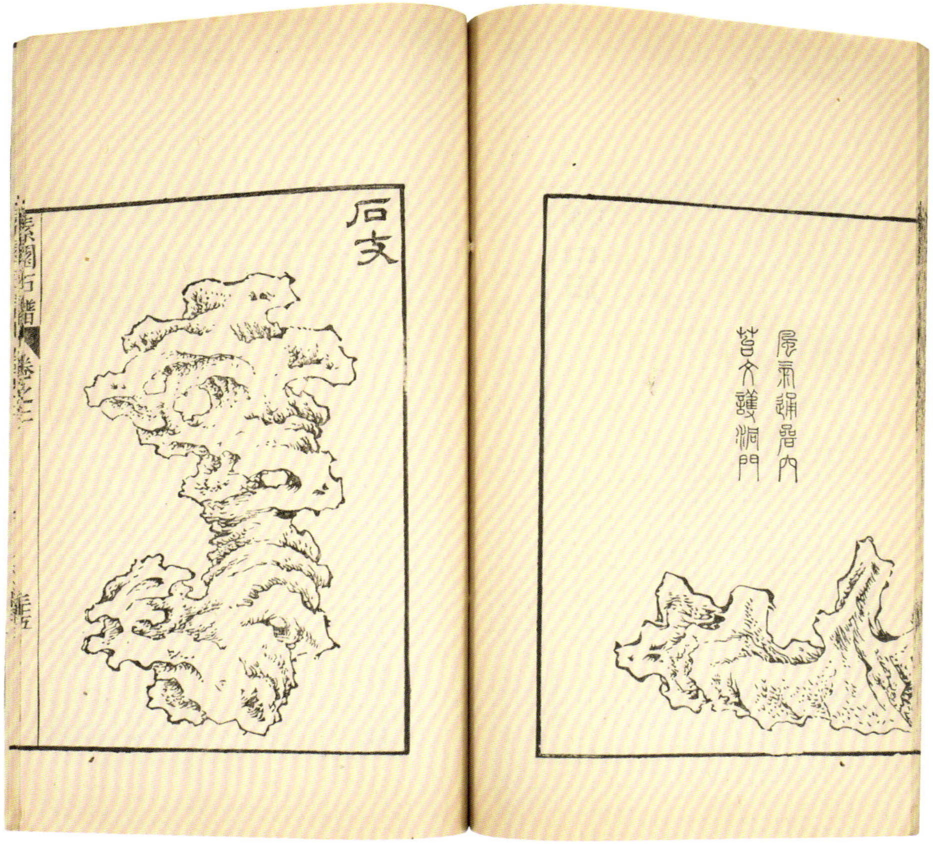

80

《素园石谱》

The Suyuan Stone Catalogue

日本大正十三年（1924 年）

长 21、宽 13.9 厘米

中国园林博物馆藏

明代林有麟辑，一函四册，日本大正十三年（1924 年）《图本丛刊》刻本。《素园石谱》收录名石一百零二种（类），计二百四十九幅大小版画，图文并茂，为迄今传世最早、篇幅最宏的画石谱录，是明代赏石理论与实践全面、高度的概括。该书为日本著名美术史学家大村西崖 1923 年发起校勘、刻印的《图本丛刊》中的一部，前刊吴昌硕八十岁时题语。全书刊印精良，为当时业界所称颂，是中国古代赏石文化的重要文献。

张照《御制烹茶诗》轴

Imperial Poem on Brewing Tea by Zhang Zhao,
Hanging Scroll

清（1644～1911年）

纵486、横168厘米

颐和园藏

张照（1691～1745年），初名默，字得天、长卿，号泾南、天瓶居士，华亭（今上海松江）人。康熙四十八年（1709年）进士，官至刑部尚书，供奉内廷，谥“文敏”。其书法初从董其昌，后参学颜真卿、米芾等人。其书风气魄浑厚，笔力雄健，深得乾隆皇帝赞赏。

此幅书法收录于《石渠宝笈续编》，其内容抄录清高宗乾隆所作御制诗《烹茶》，此诗收录在《乐善堂全集定本》卷二十九中。

款署：御制烹茶诗。臣张照恭录。

钤印：张照之印、瀛海仙琴、石渠宝笈、乾隆御览之宝、乾隆鉴赏、嘉庆御览之宝、三希堂精鉴玺、宜子孙、重华宫鉴藏宝、石渠定鉴、宝笈重编。

诗文：

梧砌烹云坐月明，砂瓷吹雨透烟轻。

跳珠入夜难分点，沸蟹临窗觉有声。

静浣尘根心地润，闲寻绮思道芽生。

谁能识得壶中趣，好听松风泻处鸣。

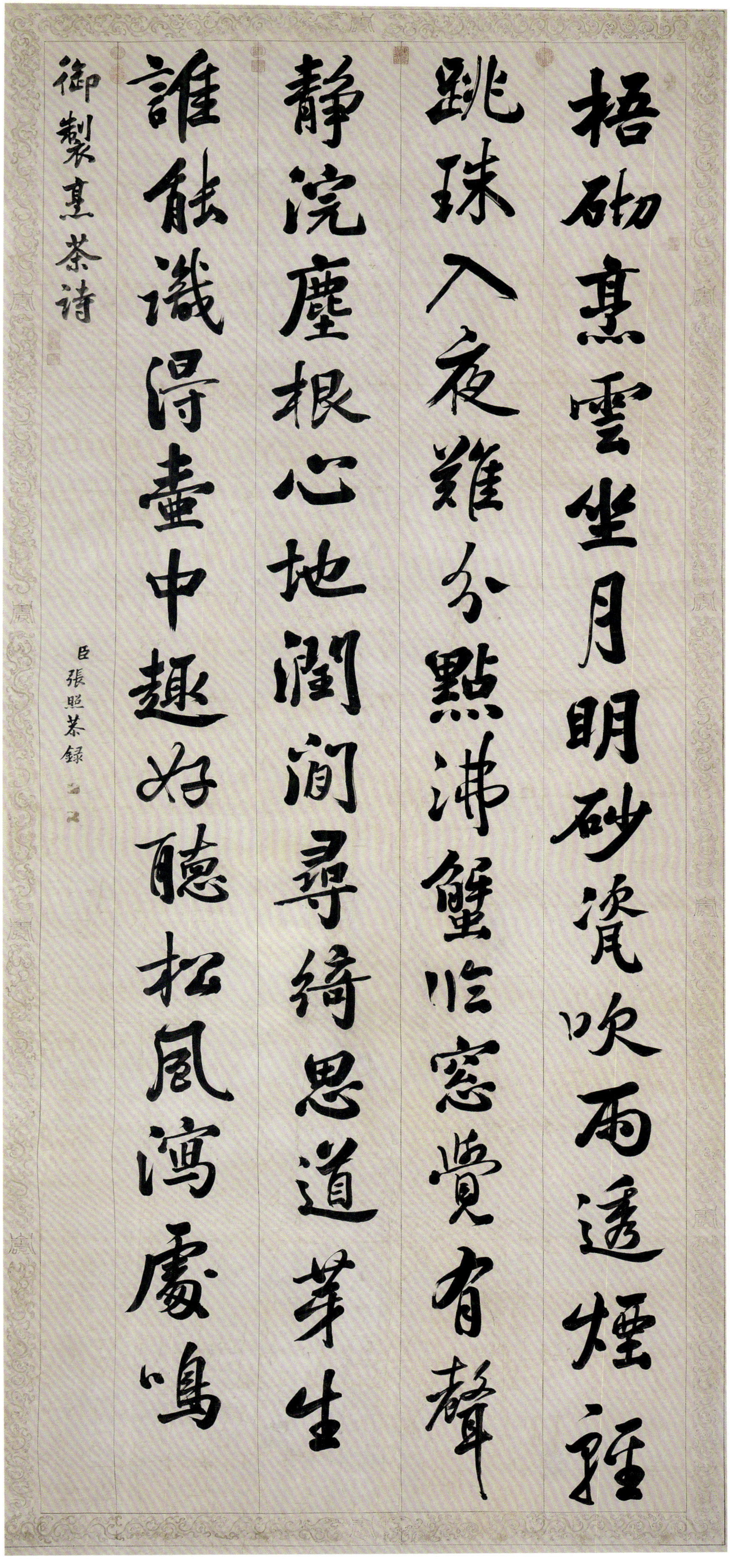

梧砌烹雲坐月明砂

跳珠入夜難分點沸

静浣塵根心地潤澗

誰能識得壺中趣好

御製烹茶詩

臣張照恭録

明砂瓷吹雨透煙鍾
熟沸蟹眼窗覺有聲
閒潤尋綺思道芽生
趣好聽松風瀉處鳴

張照恭錄

82

『泥人张』塑宝黛读西厢像

Baoyu and Daiyu Reading *Romance of the Western Chamber* by Zhang Mingshan

清（1644～1911年）

长53.2、宽23.5、高50.6厘米

颐和园藏

此泥塑主题为宝黛读西厢，取材自《红楼梦》第二十三回“西厢记妙词通戏语，牡丹亭艳曲警芳心”，展示宝玉在桥边石头旁看书时，黛玉正巧来此，好奇宝玉读书的内容接过来看的片段。原文两人所读之书为《会真记》，而泥塑中黛玉手持书籍封面为《第六才子书》，是清金圣叹“六才子书”中的第六卷《西厢记》。

83

《网师园》象牙插屏

Ivory Table Screen with the Scene of Net Master's Garden

现代

长30、宽12.5、高30厘米

苏州博物馆藏

网師园

84

金廷标、沈源《宫闱行乐图》卷

Palace Pleasures by Jin Tingbiao and Shen Yuan, Handscroll

清（1644～1911年）

纸本 设色

纵36、长1050.6厘米

沈阳故宫博物院藏

此手卷以四季为背景描绘出宫苑内的帝王和妃嫔的日常生活。第一部分为春季，在桃花盛开的时节，皇帝出巡归来，皇帝身着汉服坐于羊车之上，身边十几个随从各持弓箭撒袋、书卷、琴瑟等物相伴左右。远处宫苑门口，几个随从站立两侧迎接，两个仕女正在清扫路面。进入宫苑内，妃嫔们在院内观桃，作画。

第二部分为夏季，水面上荷花盛开，妃嫔们撑着几只小船在湖中采莲观荷。院落内的妃嫔侍女们在竹林和芭蕉树下各自消遣时光。

第三部分为秋季，庭院内树叶多彩的颜色是秋天最显著的特点，一个舞女伴着孔雀翩翩起舞，乐师分立两侧奏乐，一妃嫔居中而坐，众人环绕左右，一同观看舞蹈表演。

第四部分为冬季，院内树木凋零，只有青松依旧翠绿，一位妃嫔在园中散步，两位仕女撑伞紧跟其后。远处的妃嫔在仕女的簇拥下或观景或观鹤。

金廷标和沈源均为乾隆朝著名的宫廷画师，都以工笔擅长，人物仕女和界画最为著名。此画中众多仕女杏脸桃腮，身段婀娜多姿，曲线变化丰富，娇羞典雅之态为清代仕女画最显著的时代特征。界画方式绘制宫苑围墙、房屋、楼阁，规制整齐，线条见棱见角。两种风格形成鲜明反差对比效果，在笔墨风格统一的画作中给人以不同的风格质感。

卷首隔水处钤“五福五代堂古稀天子之宝”“太上皇帝之宝”朱文方印两方。画卷右上钤“乾隆御览之宝”朱文腰圆印、“三希堂精鉴玺”“宜子孙”朱文联方印。卷尾山石上钤“乾隆鉴赏”白文圆印，题款“臣金廷标沈源奉敕合笔恭画”，下钤“恭”“画”两方朱文印。骑缝处钤“石渠宝笈”，后隔水钤“八徵耄念之宝”方印一枚。

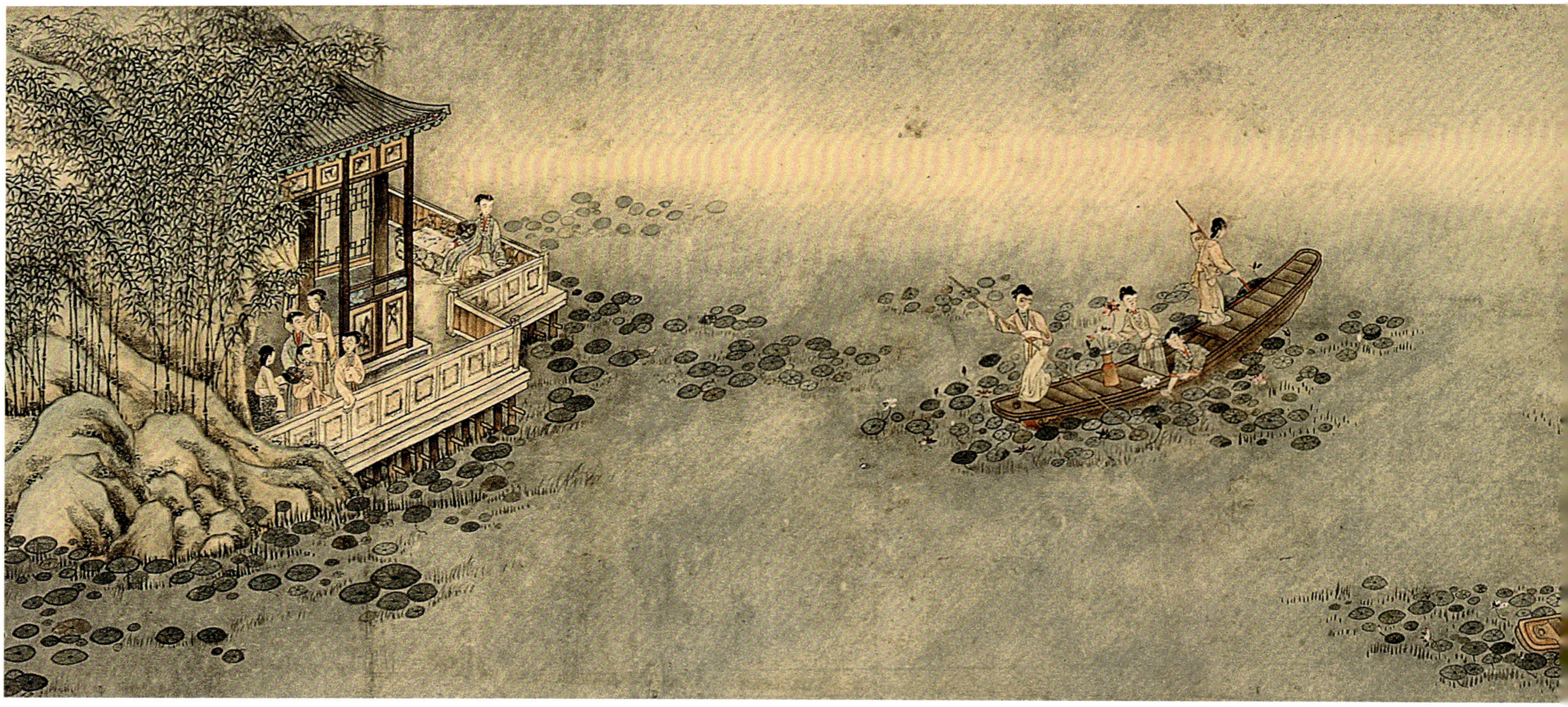

85

邹迪光山水扇页

Landscape by Zou Diguang, Folding Fan Mounted as an Album Leaf

明（1368～1644年）

金笺 设色

纵17、横54厘米

无锡博物院藏

邹迪光（1550～1626年），字彦吉，号愚谷，江苏无锡人，万历甲戌（1574年）进士。授工部主事，官湖广提学副使。万历十九年（1591年）罢归，在惠山下筑愚公谷，多与文士觞咏其间，极园亭歌舞之胜。工诗文，善画山水，力追宋元。

此图即描绘了一处山园景致，自题仿宋人笔，皴笔多用点及短条子，此外亦受吴门画派之影响，画风工致，设色清丽。

86

王学浩山水扇页

Landscape by Wang Xuehao, Folding Fan Mounted as an Album Leaf

清（1644～1911年）

纸本 设色

纵16、横49厘米

上海博物馆藏

王学浩（1754～1832年），字孟养，号椒畦，清乾隆至道光年间人，居苏州府昆山县，善画山水，画风师承王原祁并上溯宋元诸家。

此作为王学浩仿北宋王诜《层峦古刹》图意所绘山野古寺小景。图中群山峻岭，林壑深秀，古木列植，其间山涧细流曲径通幽，整体经营繁密，错落有致。青绿设色兼施淡赭，寺庙屋宇则以朱砂色点缀，别具一格。笔调隽雅松润，又有沉着之气。

款署：椒畦浩，钤印：王学浩印、椒畦。起首钤“聊尔尔”朱文印，另有民国藏家严惠宇收藏印“篴斋所藏”白文印、“顽石秘玩”朱文印。按题识中“庚寅”（1830年）王氏七十七岁，为其晚年佳作。

87

董邦达山水扇页

Landscape by Dong Bangda, Folding Fan Mounted as an Album Leaf

清（1644～1911年）

纸本 设色

纵16、横49厘米

上海博物馆藏

董邦达（1699～1769年），字孚存，号非闻、东山，浙江富阳人，清雍正十一年（1733年）进士，乾隆二年（1737年）授编修。工书善画，尤善山水。

此图为董邦达宗文人画法度，取一河两岸的图式布局，绘水墨山水小景，近岸设矮亭一座，旁植枯木四株，中段水面平阔，虚空留白，远景则坡石斜出其上延伸画意。此作用笔自然率气，枝叶点染浓淡有致，坡石的皴法遒劲有力，整体风格从元代倪瓒、曹知白一路而出，自题“秋林亭子”，一派晚秋清旷萧散之意。

款署：达并写，后钤“董邦达”朱文方印，有庞元济“虚斋藏扇”朱文收藏印。

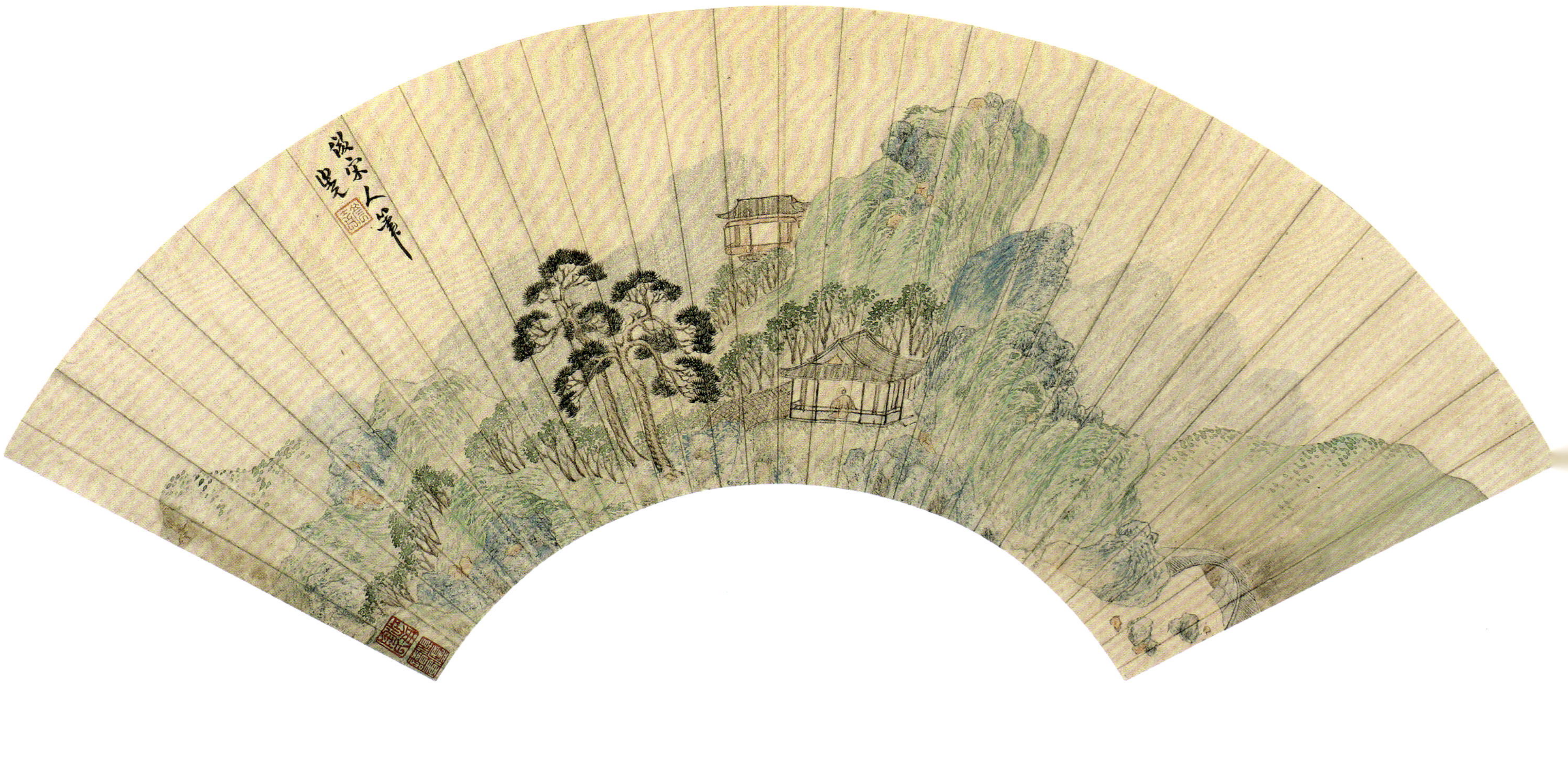

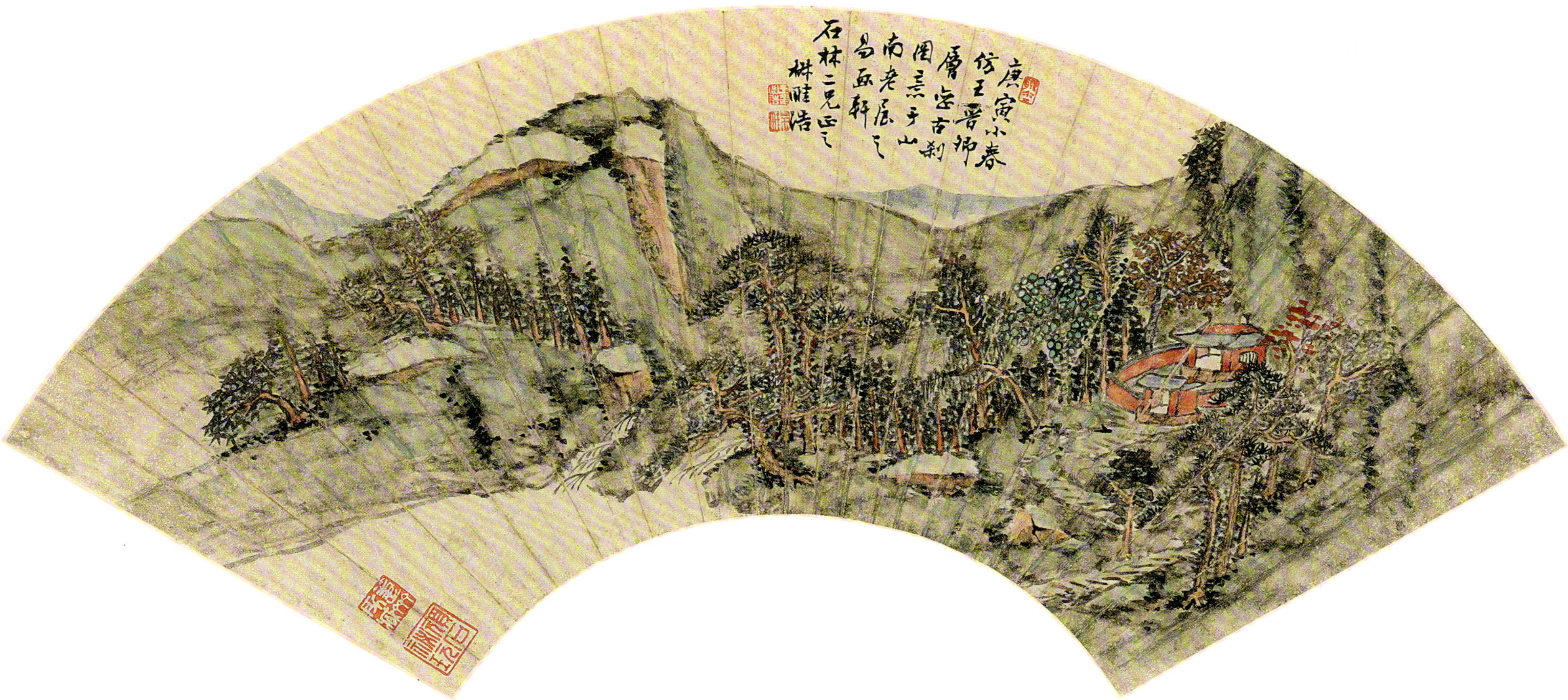
庚寅小春
仿王晋卿
層峦古刹
圖意于山
南老屋之
易画轩
石林二兄正之

秋林亭子

88

鱼俊《逸兴山房雅集图》卷

Elegant Gathering at Yixing Retreat by Yu Jun, Handscroll

清（1644～1911年）

纸本 设色

纵33.8、横71.2厘米

常熟博物馆藏

鱼俊，字云津，江苏常熟人。山水得杨晋法。

此图卷取材于乾隆丁卯年（1747年）重阳时节雅集之事，鱼俊之兄、藏书家鱼虞岩邀集王应奎、王勿药等人，先赏枫于常熟西郊外吾谷，又于李君逸兴轩中宴集并赋诗。应其兄之请，鱼俊以绘画再现雅集当日因赏枫、宴饮、赋诗宴集于园内的情景，虽然画家本人并未参加此次雅集，但对活动的参与者及场所都十分熟悉。“逸兴轩”原为邵陵宅，旧名“浮岚暖翠山房”，重阳雅集之时虽早已易主，但此图卷的画及诗文中均有追思邵陵先生，甲申（1944年）画家后人鱼瑞舟邀请萧退庵、杨无恙、王庆芝等题跋后重裱。

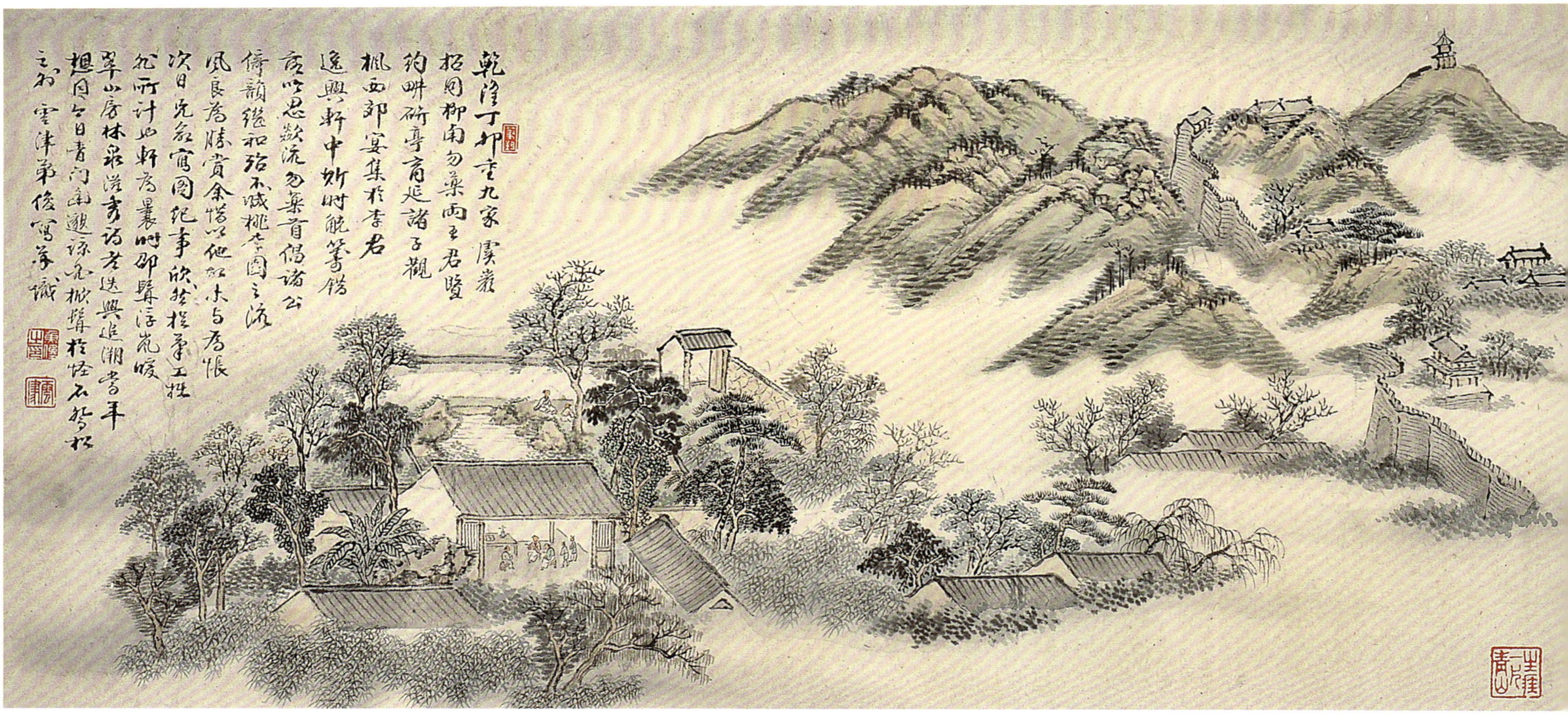

89

青金石『御题翠云岩』山景

Lapis Lazuli Boulder with Imperial Poem *Cuiyun Rock* by the Qianlong Emperor

清乾隆（1736～1795年）

宽14.2、厚5.3、高16厘米

颐和园藏

青金石质，色泽鲜艳，颜色湛蓝。此件山景根据石料纹理走向雕琢成山形，山景之上浮雕山石、松柏。正面刻有乾隆为避暑山庄翠云岩所作御题诗《御题翠云岩》，诗文曰："叶姿枝态锁层峰，织翠流青色正浓。习习天风拂岩落，人间烦暑觅何从。"

御
題搬雲巖
葉婆枝態鎖層
峯織搬流青色
正濃習習天風
拂巖落人間煩
暑覓何從

90

青玉『御题碧峰馆』山子

Green Jade Boulder with Imperial Poem *Bifeng Pavilion* by the Qianlong Emperor

清（1644～1911年）

宽29、厚7、高20厘米

常熟博物馆藏

青玉质，整块籽料随山子形雕琢而成。正面通体浮雕崇山叠嶂、古木苍松、亭台楼阁及流泉飞瀑，山间雕设人物三组五人，下端右方一童子探路在前，左方有持杖老者和抱琴童子相随于后，远处二位高士于阁前侃侃交谈。背面雕山崖险峻，峭壁上端设有松亭，上方有鹤俯翔于空中，另一鹤单腿兀立于岩上，作回首状。其下端雕刻左羊右鹿二动物，间饰灵芝、平板小桥等图案。山子正面上题乾隆为避暑山庄碧峰馆所作《碧峰馆》诗一首，为阴刻馆阁体，极为工整，诗为：“芸馆崔嵬倚碧峰，分明树背玉芙蓉。只疑阿那云深处，应有佺乔炼药踪。”山水随形巧雕，设计巧妙，集绘画与雕刻为一体，体现了较高的技艺水平。

91

杨芝山款西园雅集图核雕

Walnut Carving with the Scene of Literary Gathering in Xiyuan Garden by Yang Zhishan

清（1644～1911年）

宽3.1、高3.3厘米

无锡博物院藏

杨芝山，清代晚期无锡著名核雕艺术家。此件核雕为杨芝山给友人“星槎四兄”所刻。胡桃果核质，外形呈椭圆球形，通体赭红色，中间有一纵贯圆孔，便于系挂。所刻画面随桃核外形起伏进行布局：两侧皱脊雕成树木花叶，取材“西园雅集”典故，在方寸之地共雕刻文人学士、侍女、书童等十九人，神态各异，堪称绝技。作者用刀洗练流畅，运用圆雕、镂雕等多种技法，将古树的盘结虬曲、松针的细密茂盛、人物的神情须眉刻画得惟妙惟肖，将西园胜景与人物活动交融在一起，充分表现了宋代文人向往的清幽仙境。在普通的材料上创造出特殊的艺术效果，表现了作者非凡的构思和创作技巧。作者落款“芝山”，核雕作品具款识者较为罕见。

92

仲尼式琴

Qin Zither in "Zhongni" Form

清（1644～1911年）

长110、宽18、高8厘米

天坛公园藏

此琴为仲尼式古琴。仲尼式，又称为孔子式、夫子式，其首为常见的方首，琴颈、肩处内收一斜下的圆弧，腰部内收一方条。整体简洁大方，弧度有圆有方，最能体现儒家思想中庸内敛的风格，是历代存世古琴中最多的一种样式。

此琴面用桐木斫，镶有13个小圆点，叫徽、徽位、十三徽，底用梓，长方池沼，通体髹漆，冠角（焦尾）刻有卷草纹，缚弦七根，用于中和韶乐演奏。

93

紫檀夔龙拱璧纹嵌黄杨木琴几

Zitan Qin Zither Stand with Boxwood Inlaid *Kui* Dragon and *Bi* Disc

清（1644～1911年）

长96、宽32、高43厘米

颐和园藏

紫檀木制，局部嵌黄杨木饰。结构简单大方，几面与板足腿暗榫相连，内外倒圆角，在板足外侧落地镶嵌黄杨木雕成的夔龙纹，牙板和坠角均为紫檀木制，镶嵌黄杨木制成的夔龙拉绳卷璧纹。此几造型敦实厚重，而镶嵌的黄杨雕饰又十分生动活泼，与暗色的紫檀木形成鲜明的对比，是凝重与灵动完美结合的最佳例证。

2

展诗应律 观风娱情

园林与戏曲同为士人阶层雅文化的具体形式，细腻绵邈、婉转悠扬的昆曲从江南园林山水中孕育而出，成为最契合园林的幽雅意境。京剧形成于北方，集昆曲及各地剧种精华而成，与昆曲共同构成了中国戏曲的重要组成部分。帝王、文人借助戏曲抒发理想情怀，影响着戏曲的内在意蕴和形式体系，促成了园林与戏曲的美妙之缘。

昆曲与园林的历史渊源

昆曲又称昆山腔（昆腔）、昆剧、昆调、南曲、南音、吴歈、雅部等，其诞生于元末昆山“玉山草堂”，至明代中后叶，得到进一步发展。昆曲是苏州昆山的曲唱艺术体系，也是我国最古老的剧种之一，以曲词典雅、行腔婉转、表演细腻著称，被誉为“百戏之祖”。昆曲的许多曲目和内容都和江南园林有着千丝万缕的联系，昆曲曾取材于园林，也曾吟唱于园林，与园林有一种天然的契合。

『元朝有顾坚者……善发南曲之奥，故国初有昆山腔之称。』

——〔明〕魏良辅《南词引正》

戏楼

北方皇室园林戏楼

皇家园林戏楼是在中国传统戏场基础上形成的，又借鉴了当时城市戏园剧场的构造。为适应不同规模的演出，建筑形制和大小高低各不相同。大型戏楼有故宫宁寿宫畅音阁、圆明园同乐园、颐和园德和园、避暑山庄清音阁，每逢节庆以及帝后寿辰等重大庆典，都要举行隆重的演剧活动。小型戏楼有故宫重华宫漱芳斋、颐和园听鹂馆等，主要用于帝后及亲近侍臣等小范围观剧。

《宁寿宫圣母赐膳图》中的畅音阁

故宫宁寿宫畅音阁

《圆明园四十景图咏》中的同乐园

同乐园复原图

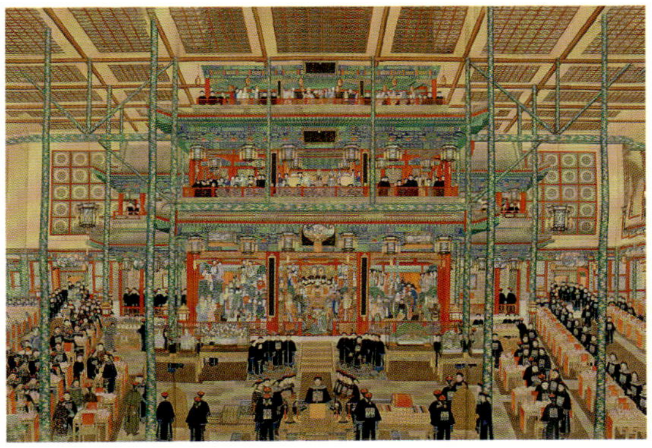

《庆寿图》中的德和园戏楼

颐和园德和园戏楼

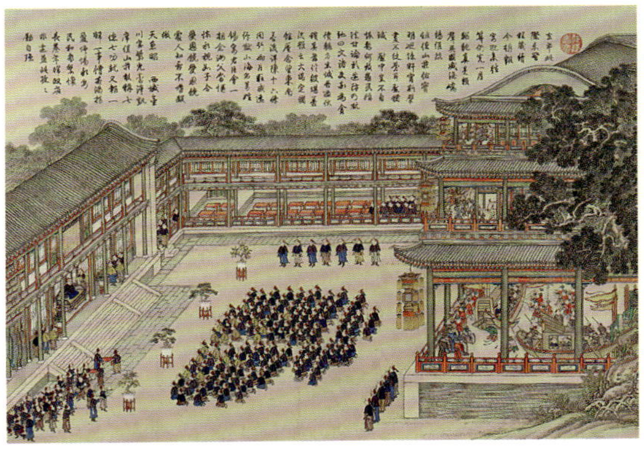

《平定台湾战图》中的清音阁

清音阁遗址旧影

戏场

江南私家园林戏场

私家园中演剧主要用来闲赏自娱、雅集社交，或配合节日庆典、奉亲娱乐。演出场所根据园林主家的活动性质和宾客情况进行选择与安排。明清士人以风雅相尚，园林中的华堂、水亭、云阁等优雅胜境是他们顾曲观剧的最佳场所。

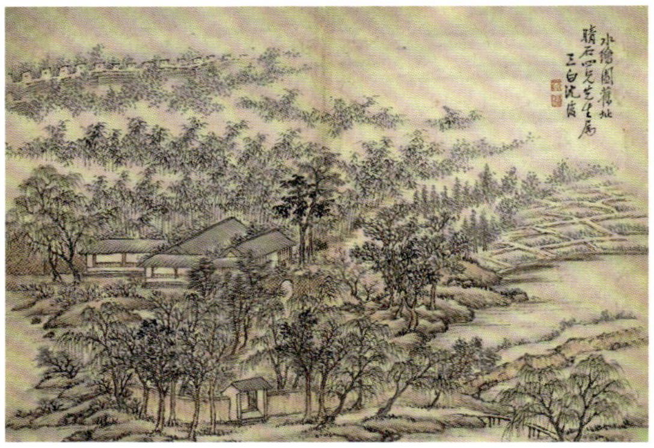

沈复《水绘园图册》

水绘园寒碧堂

仇英《园居图王宠题》

拙政园远香堂前的露台

周臣《沧浪亭图卷》

沧浪亭瑶华境界戏厅

薛家花园

薛家花园

94

李湧《昆剧册》（四开）

Kunqu Opera by Li Yong, Album

清（1644～1911年）

纵30、横37厘米

苏州博物馆藏

李湧（1830～1860年），号湘舟。清道光、咸丰年间苏州大雅昆班的丑行演员，擅长绘画。此册残存八开，无款，有钤印。作者身为名伶，深刻体验剧中之人物，描绘传神入微，别开生面，笔法工细，须眉毕现。八开册页为八出昆戏，其中六出是《虎囊弹·山亭》《连环记·掷戟》《孽海记·下山》《寻亲记·后金山》《琵琶记·弥陀寺》《浣纱记·赐剑》，另两出现已失传。

95

宣鼎《三十六声粉铎图》

Poems and Paintings of Thirty-Six Acts of Kunqu Opera

by Xuan Ding, Album

清（1644～1911年）

纵25.4，横18.5厘米

扬州博物馆藏

宣鼎，字瘦梅，安徽天长县人，生于道光十二年（1832年）。出身书香门第，少年时即有文名，是书画家、小说家，又是剧作家，主要活动于苏、鲁、沪一带。

此图咏所绘为清代后期三十六出昆剧（包括时剧）丑角戏，每戏一图，每图一诗，皆为左画右诗。三十六幅图采用宋代李公麟白描法和元人钩墨浅绛法，用曲直、刚柔、流动、飘逸而富有韵律的线条，勾画出剧中人物的特征。三十六首诗为乐府歌行体，每首200～300字，以隶书形式书写。册首有光绪二年六月希古书篆“仙蝶来馆三十六声粉铎图咏”，册后有《铎余逸韵》七绝十九首。

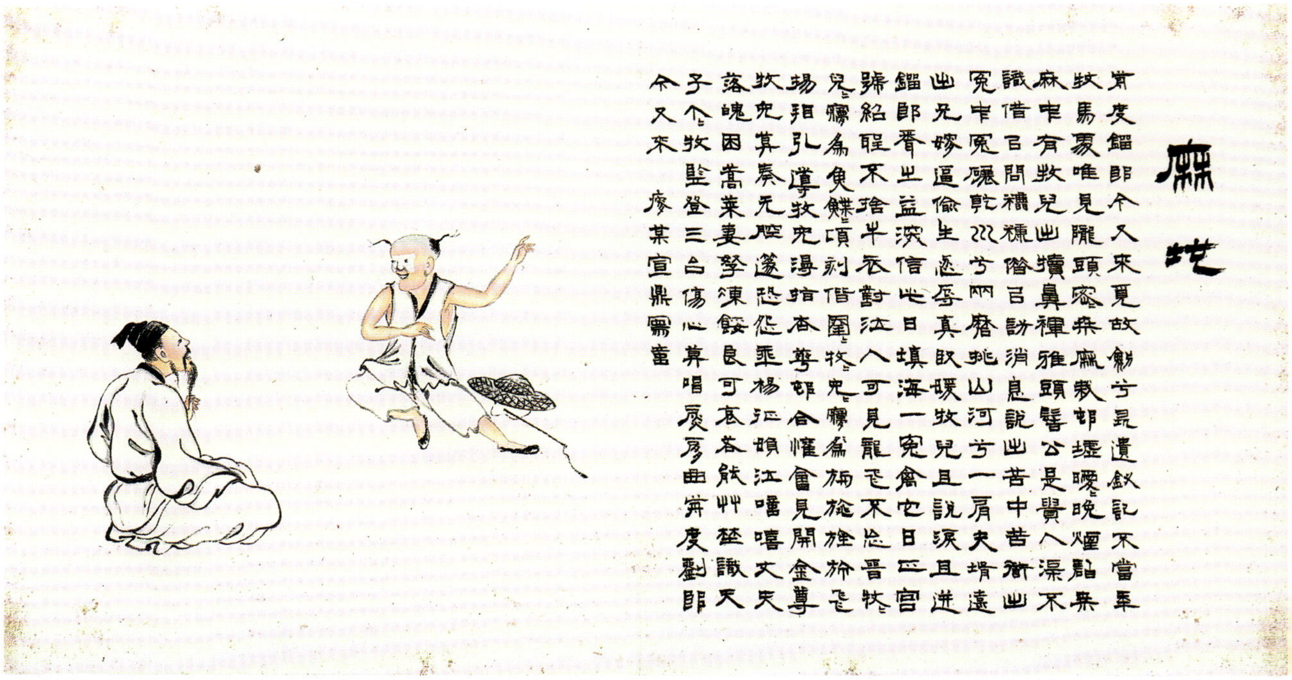

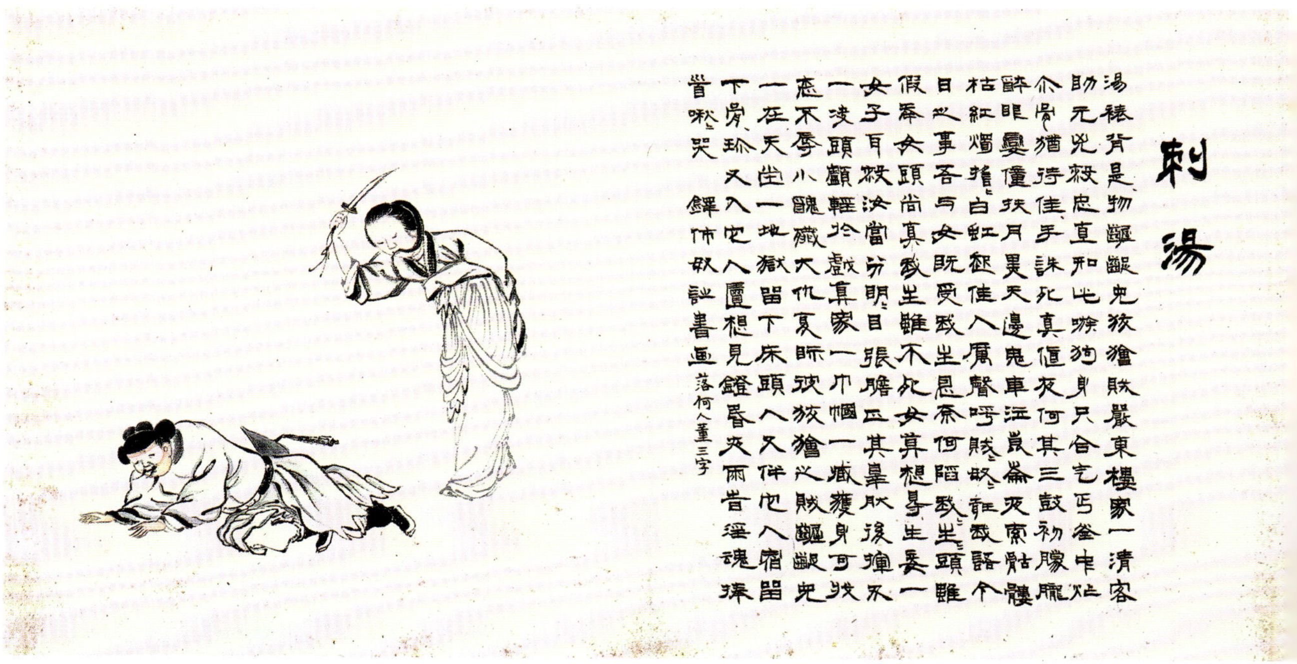

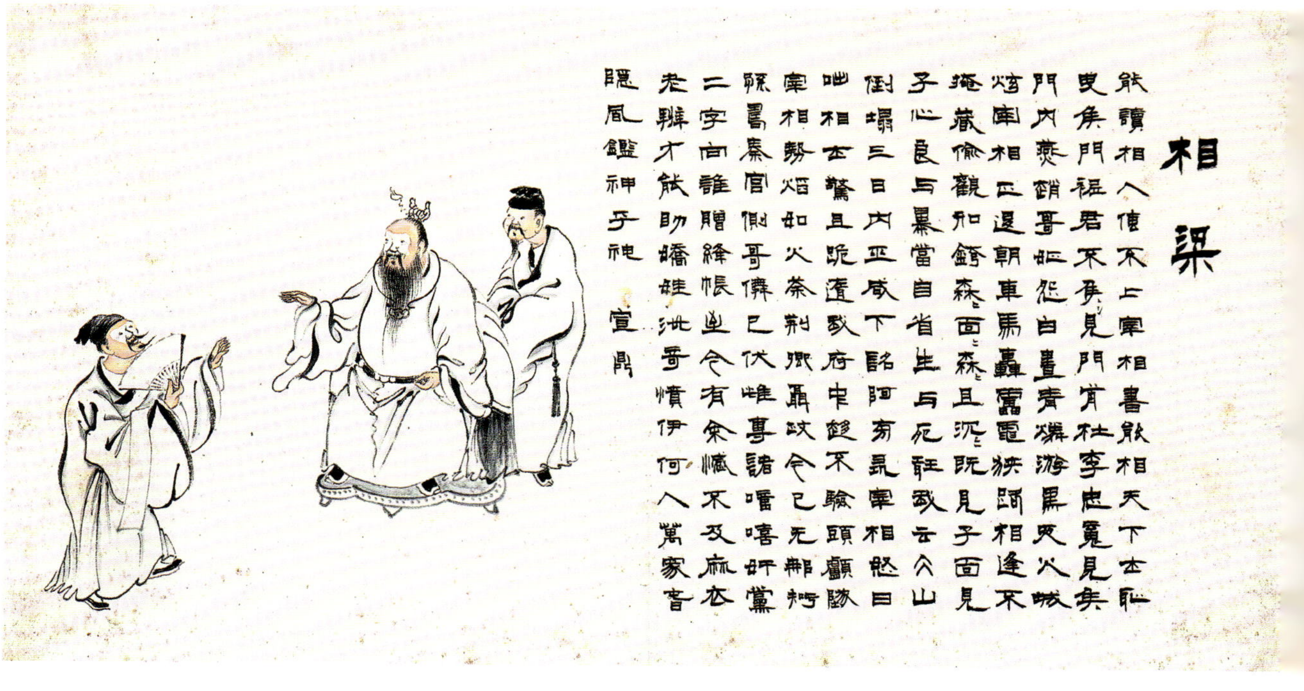

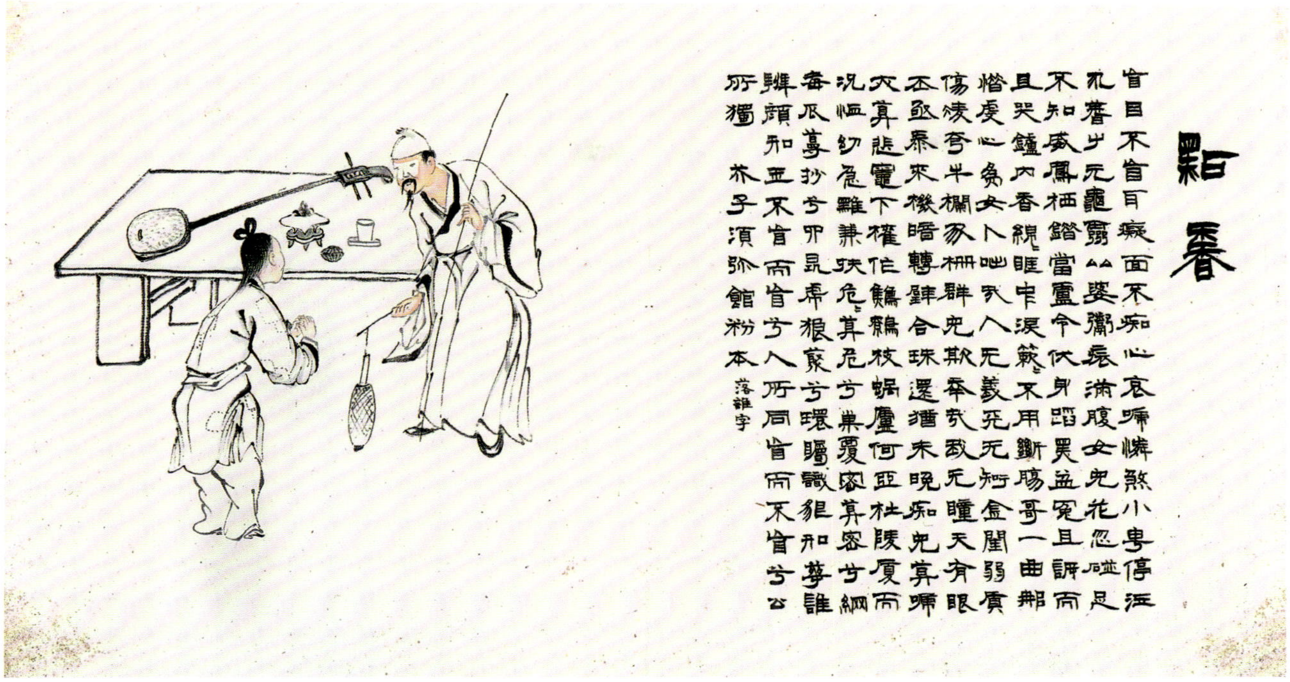
點香

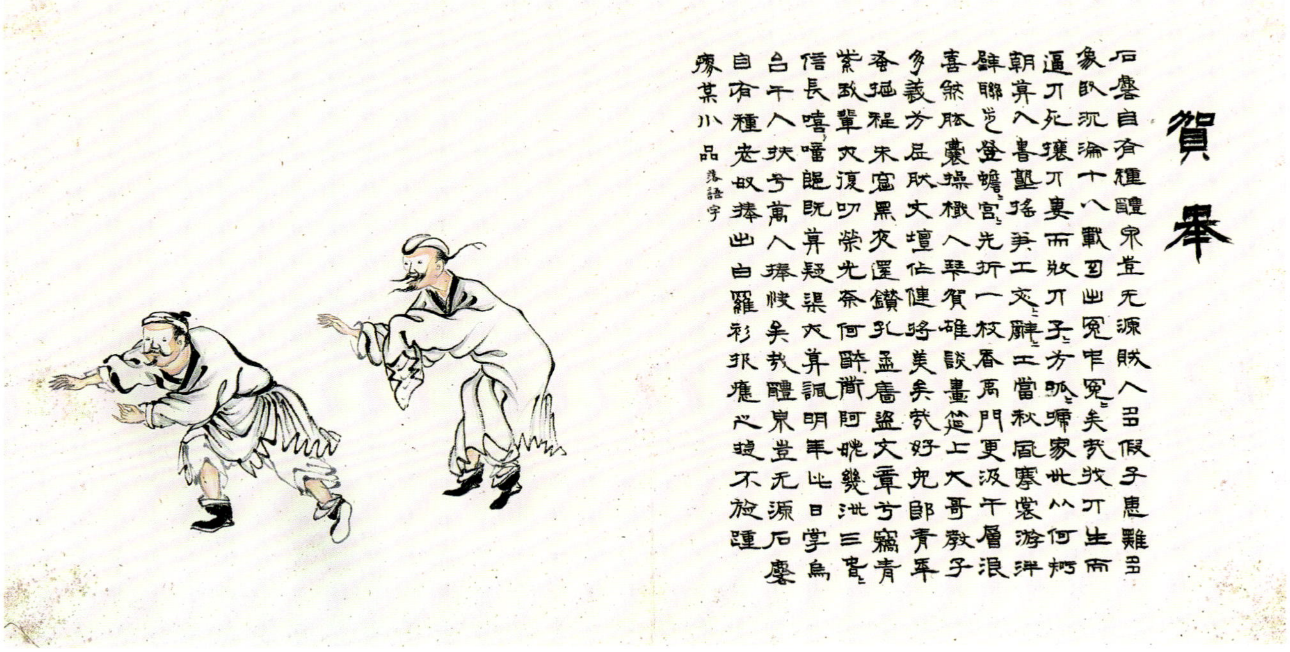
賀拳

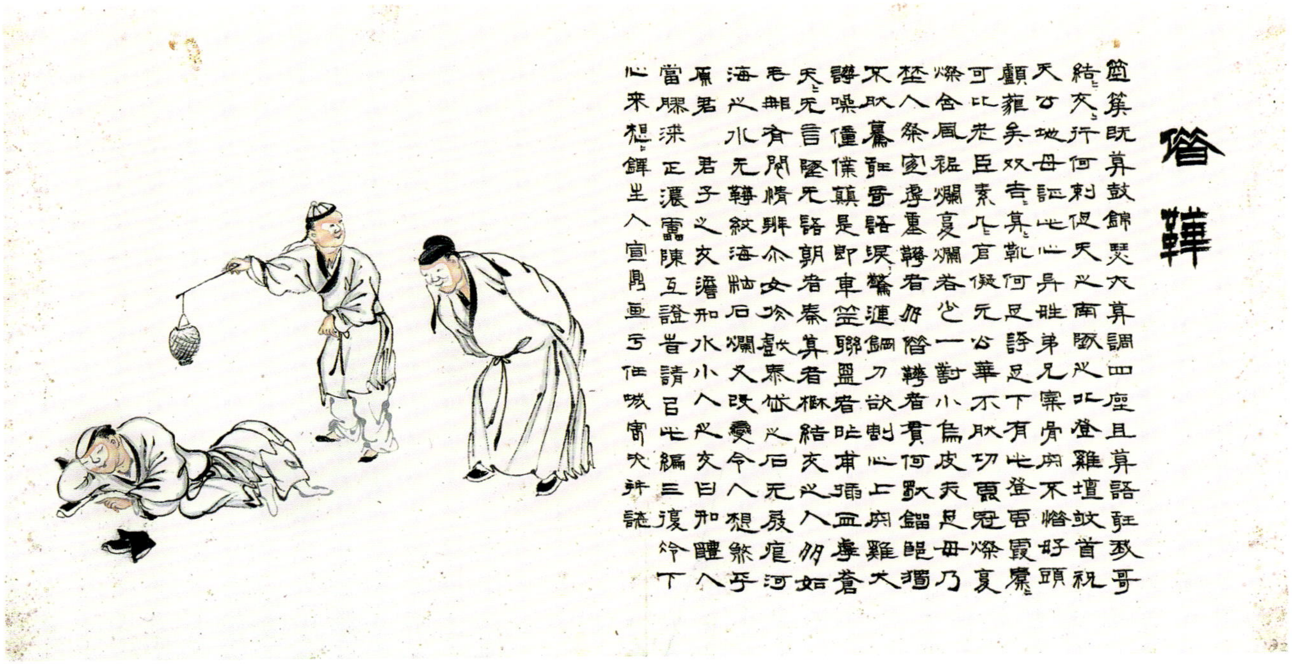

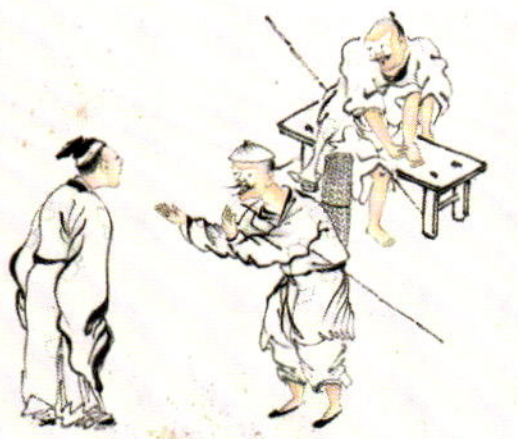

問路

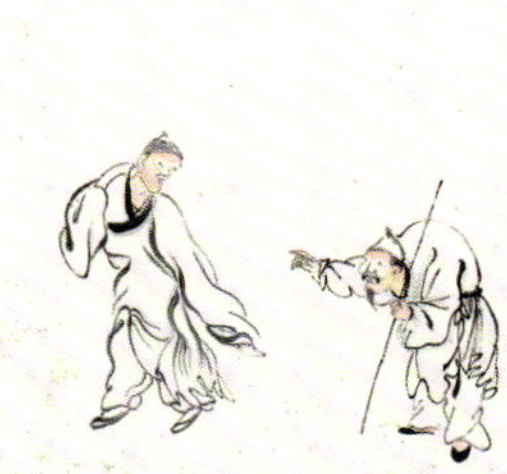

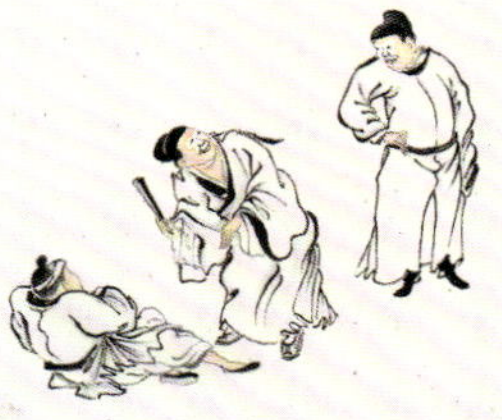

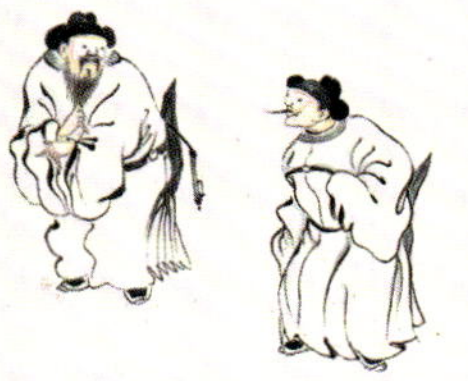

下山

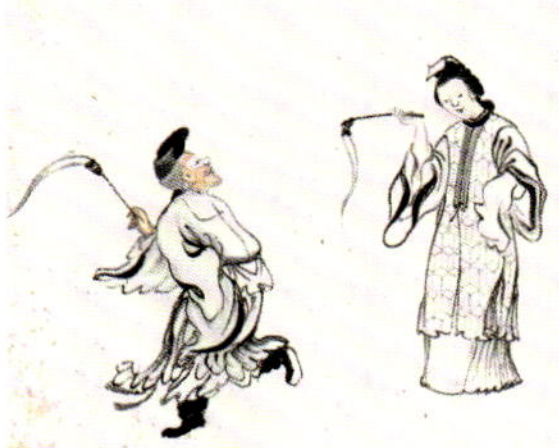

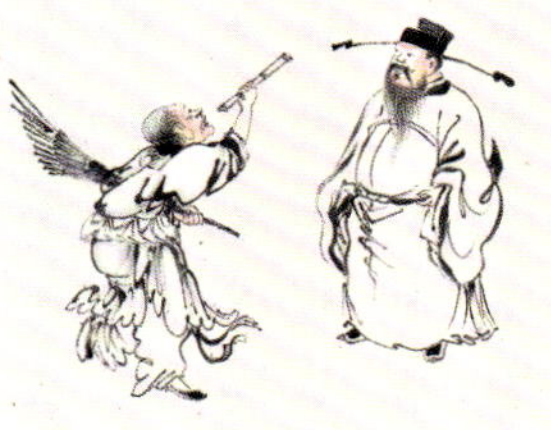

盜牌

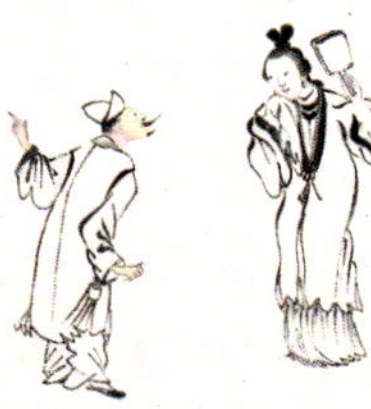

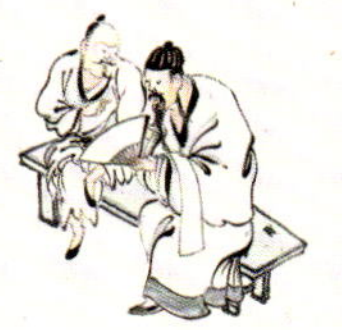

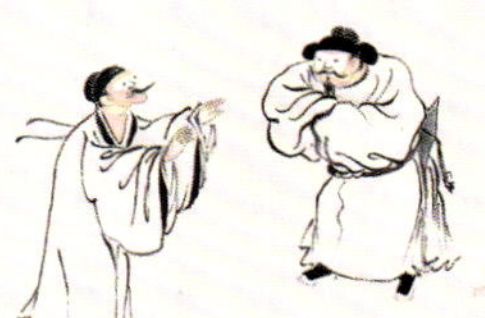

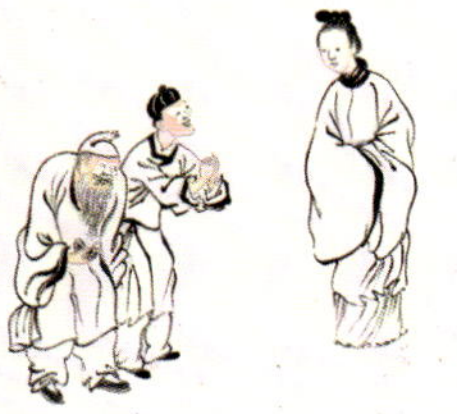

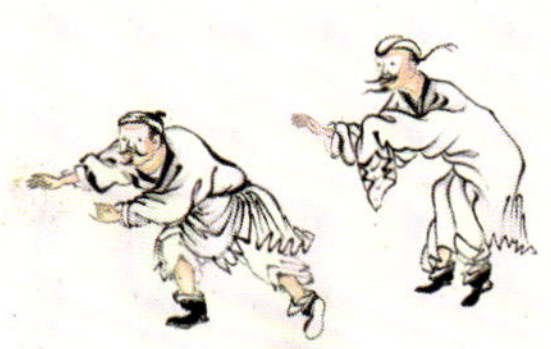

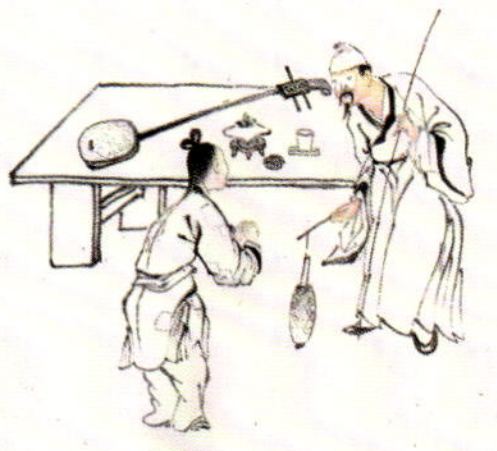

打差

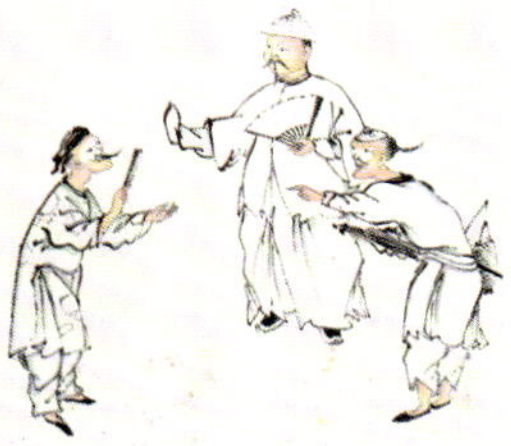

盜甲

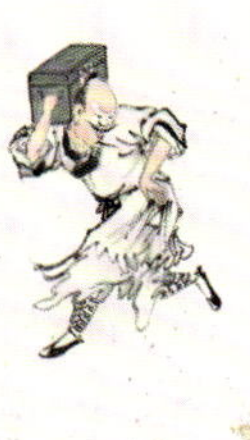

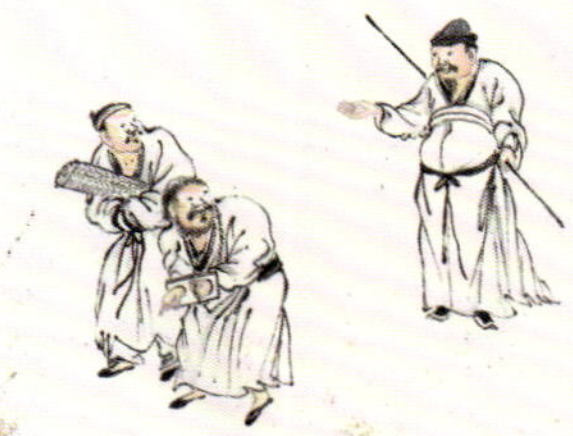

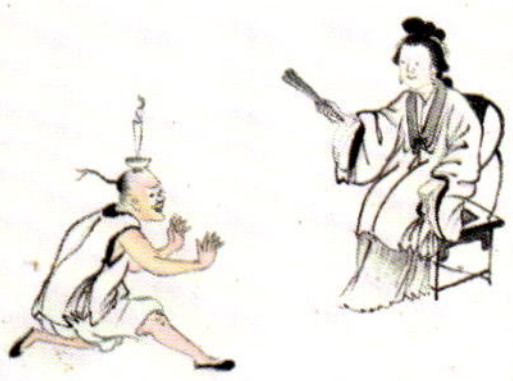

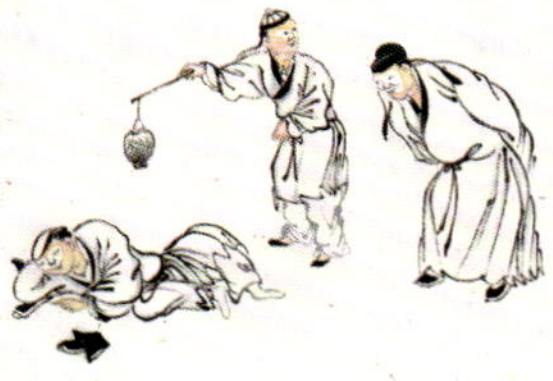

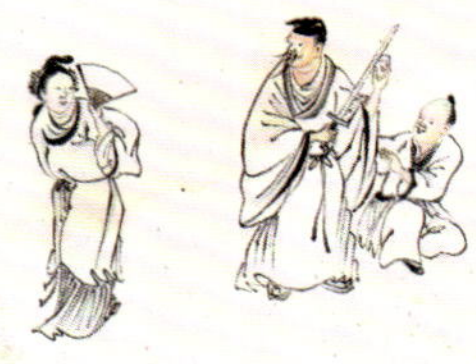

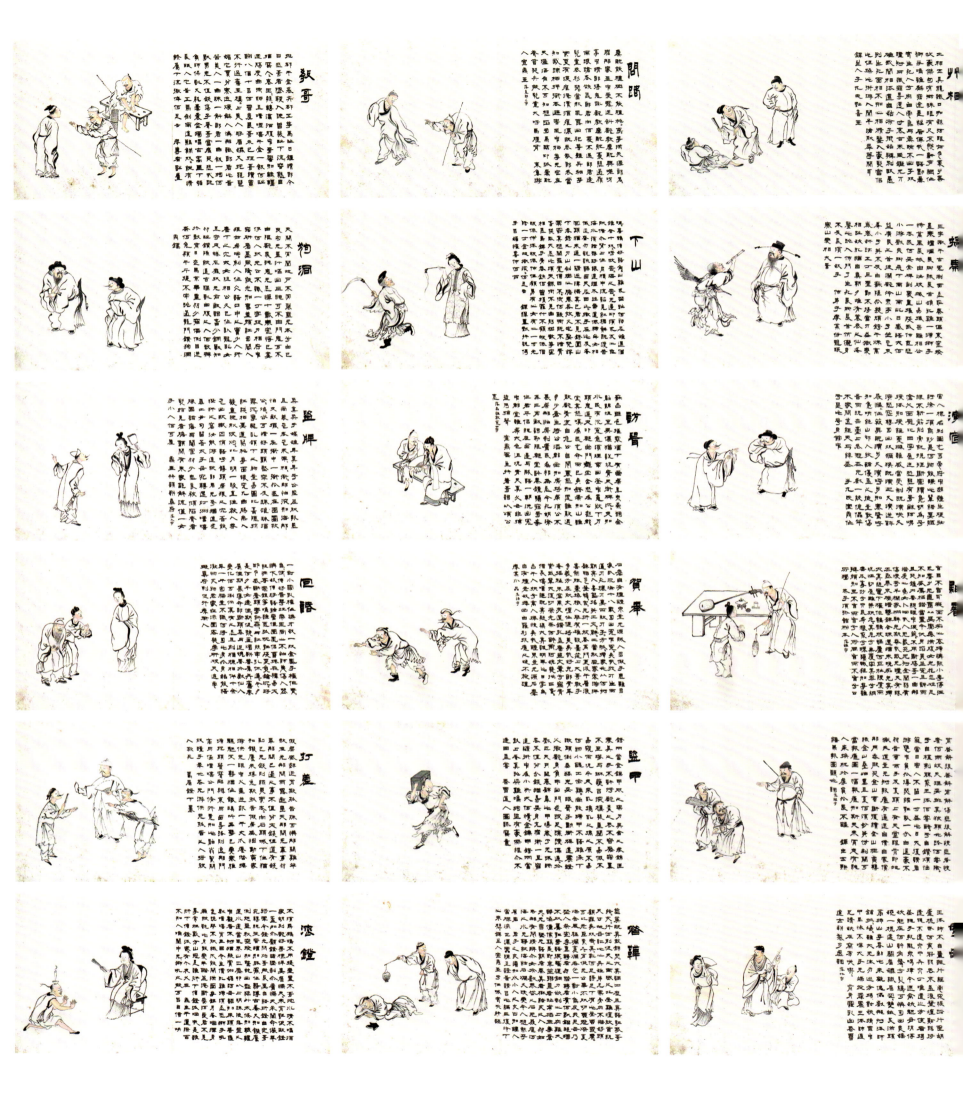

寫狀
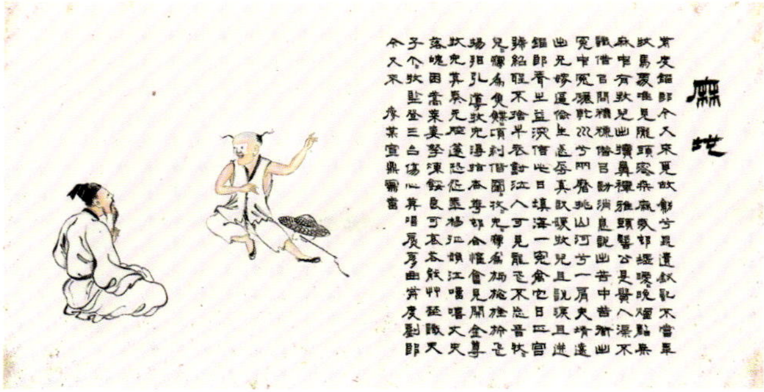

請醫

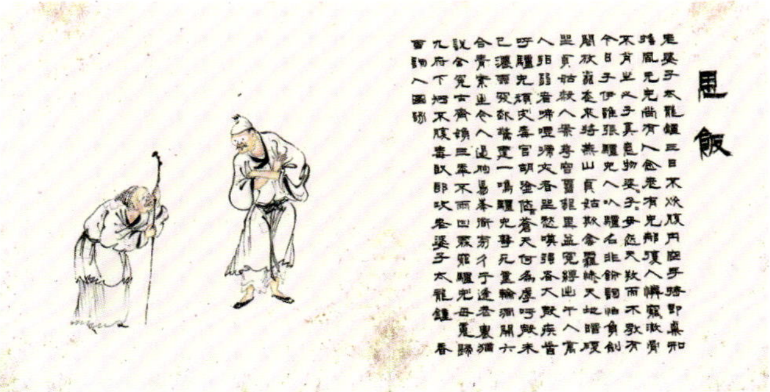
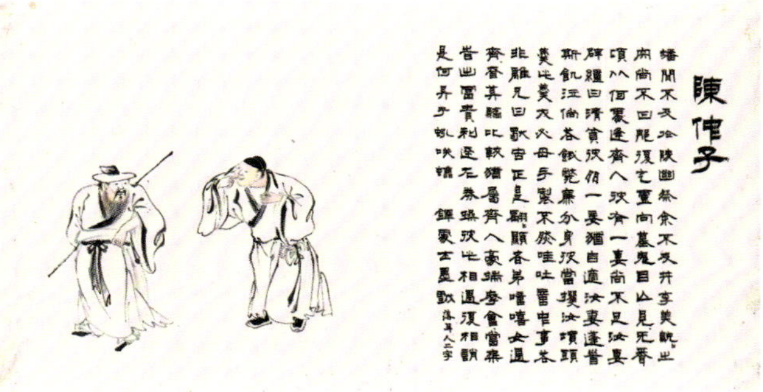
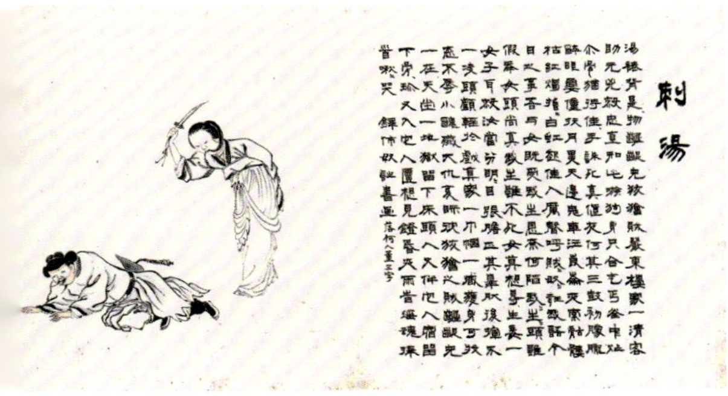
刺湯

山門
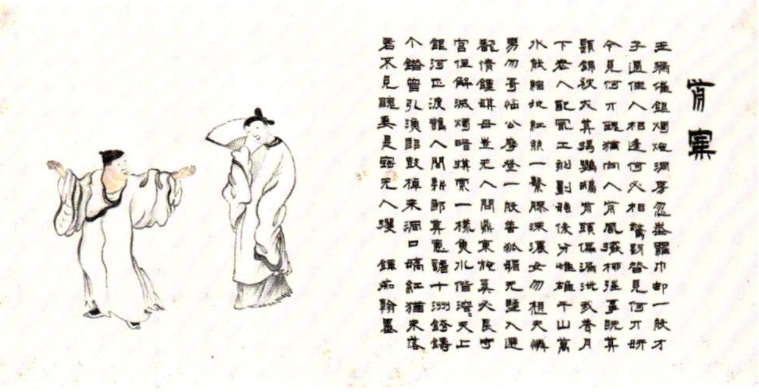
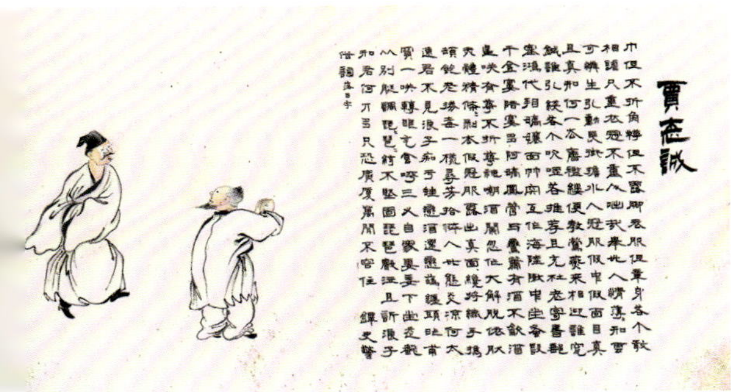
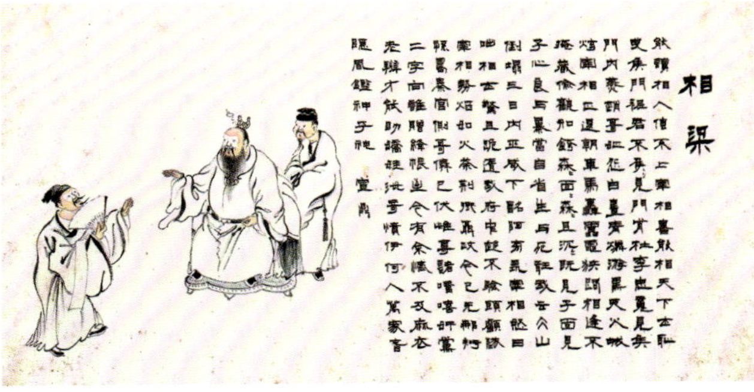
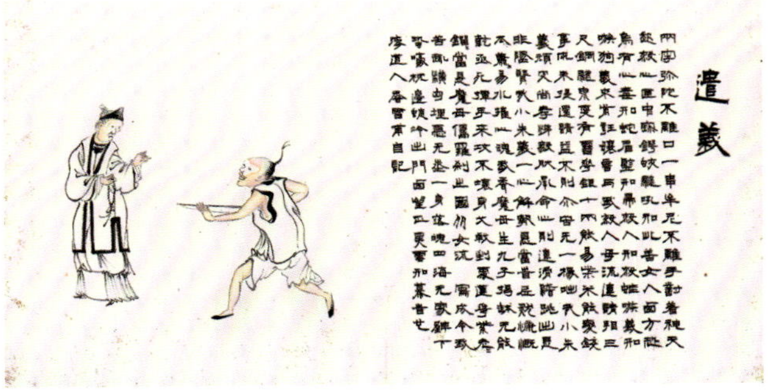
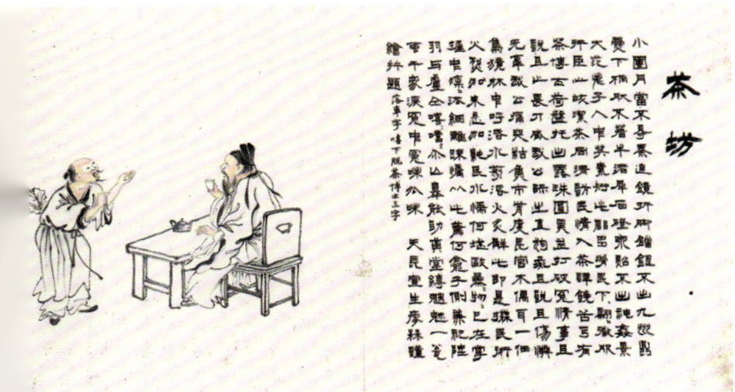
茶坊

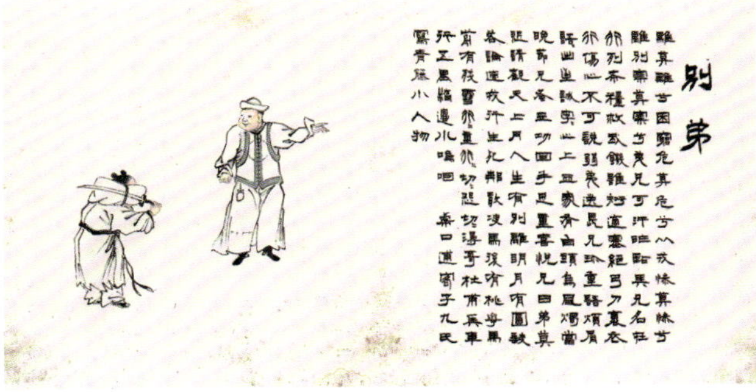
別弟
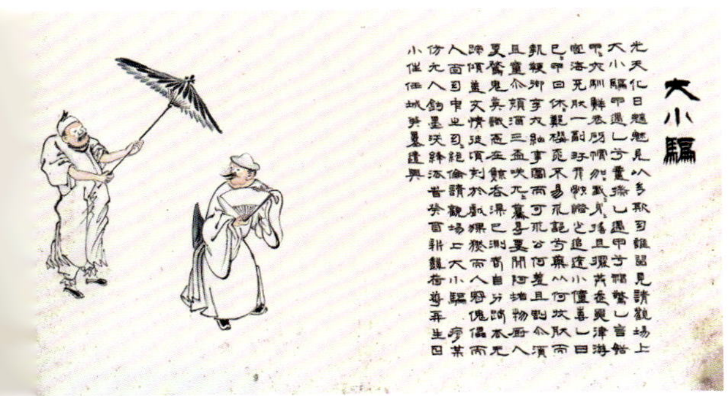
大小騙
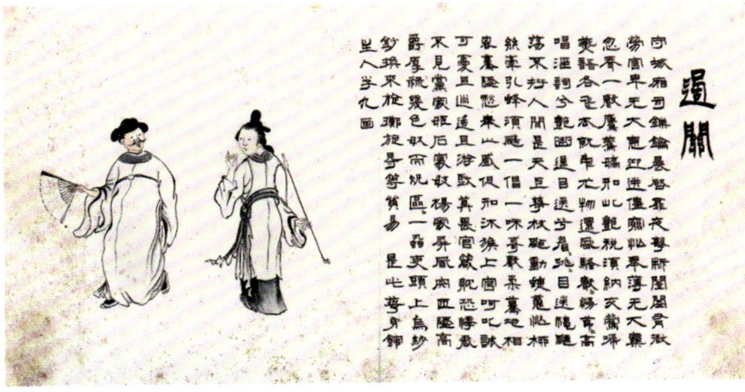
過關
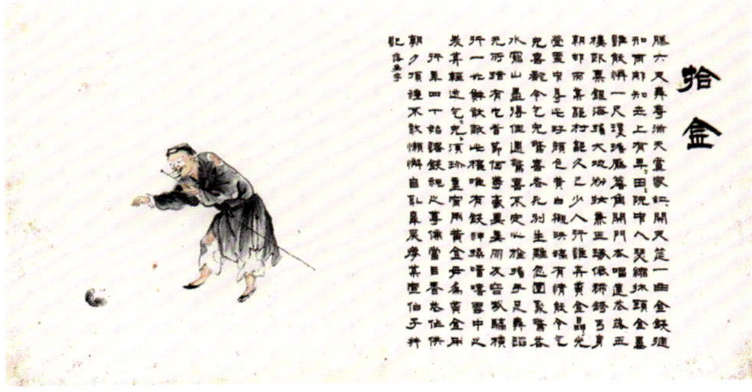
拾金

京剧与宫廷演剧的兴盛

清代康乾年间之后，江南私家园林声伎渐趋衰落，昆曲也日益沉寂，北方皇家园林演剧却日益兴盛，在南北园林演剧此消彼长及戏曲雅俗嬗变的背景下，北方的京剧以其独有的铿锵韵律逐渐取代江南的昆曲，占据了一定地位。

『雅部即昆山腔，花部为京腔、秦腔、弋阳腔、梆子腔、罗罗腔、二簧调，统谓之乱弹。』

——〔清〕李斗《扬州画舫录》

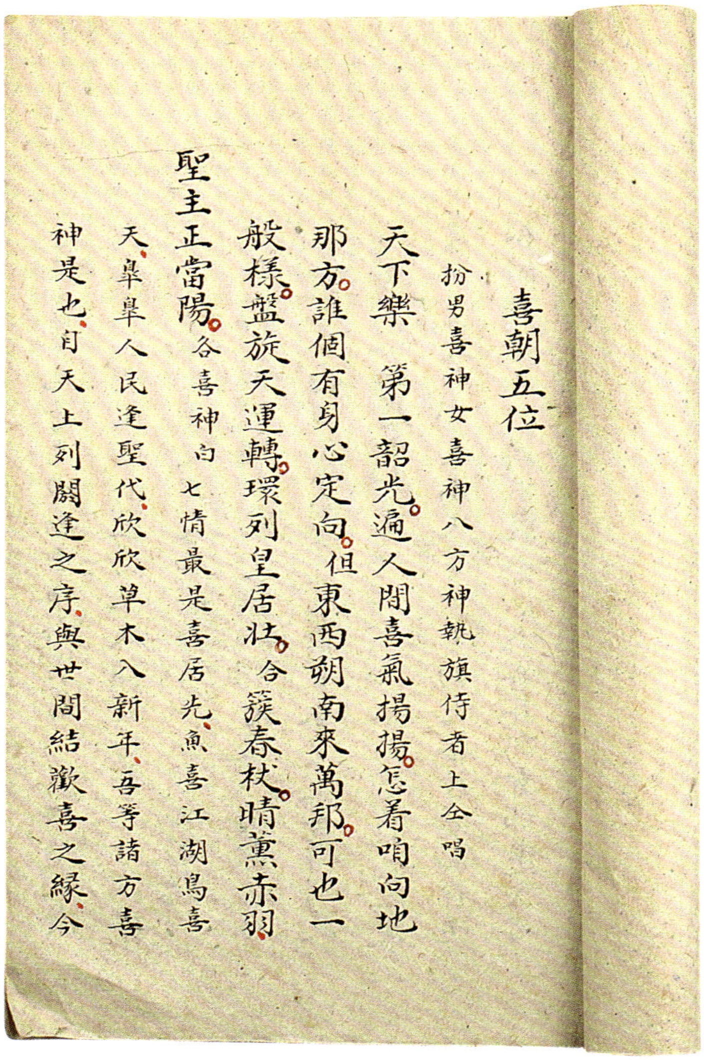
喜朝五位
扮男喜神女喜神八方神執旗侍者上仝唱
天下樂 第一韶光遍人間喜氣揚揚怎着咱向地
那方誰個有身心定向但東西朔南來萬邦可也一
般樣盤旋天運轉環列皇居壯合簇春杖晴薰赤羽
聖主正當陽合喜神白 七情最是喜居先魚喜江湖鳥喜
天皐皐人民逢聖代欣欣草木入新年吾等諸方喜
神是也自天上列闕逢之序與世間結歡喜之緣今

96

《喜朝五位 岁发四时》戏本

Play Scripts of Kunqu Opera on New Year's Day

清（1644～1911年）

纵24，横15.5厘米

故宫博物院藏

清宫认为元旦为一岁之始、冬至为一阳之始、万寿节为人君之始，是为清宫三大节，届时举行朝贺典礼，承应相关主题内容的戏曲。《喜朝五位岁发四时》便是元旦承应的两出戏，剧情十分简单，大略为新年朝贺的吉祥颂语。原件为南府抄本，昆腔，一本两出。

97

《昭代箫韶》戏本

Play Script Glorious Music of a Brilliant Age

清（1644～1911年）

纵21、横15厘米

故宫博物院藏

《昭代箫韶》，原为乾隆帝命张照等奉敕编撰的连台大戏，多达240出，演北宋杨家将故事，自辽兵入寇起，至萧后降宋止。慈禧太后嗜好皮黄戏，于光绪二十四年（1898年）下懿旨令升平署翻成皮黄腔，并亲自编撰部分唱词。陈德霖主持全局，编排词句、唱腔、场面等，制作戏台所用的砌末布景，至二十六年（1900年）八国联军攻入北京前共计完成105出。原件即光绪年间升平署抄写的乱弹本。

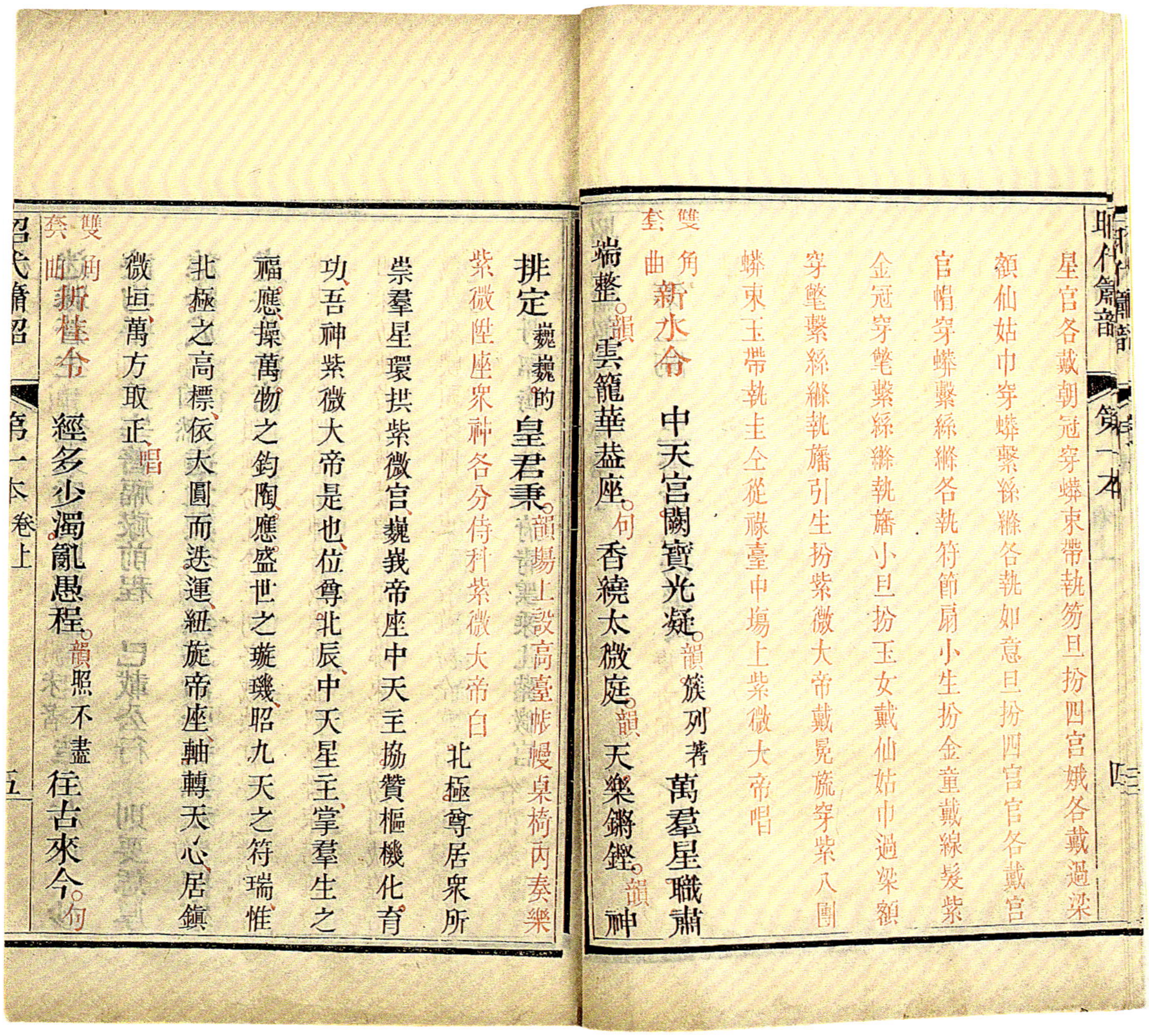

98

《穿戴题纲》

Catalogue of Costumes

清（1644～1911年）

纵28.2、横23厘米

故宫博物院藏

《穿戴题纲》为嘉庆年间南府抄本，分上下两册，上册是“节令戏、开场戏、弋腔、目连、大戏”，下册是“昆腔杂戏”，共登录了清宫经常演出的各种戏目484出，并详细记载这些戏目中角色的穿戴、道具等，是研究清宫戏曲尤其舞台美术不可或缺的第一手材料。

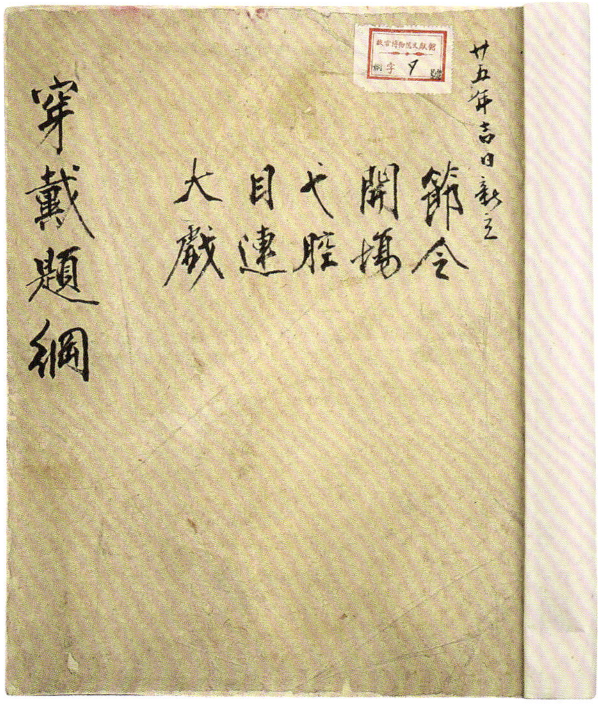

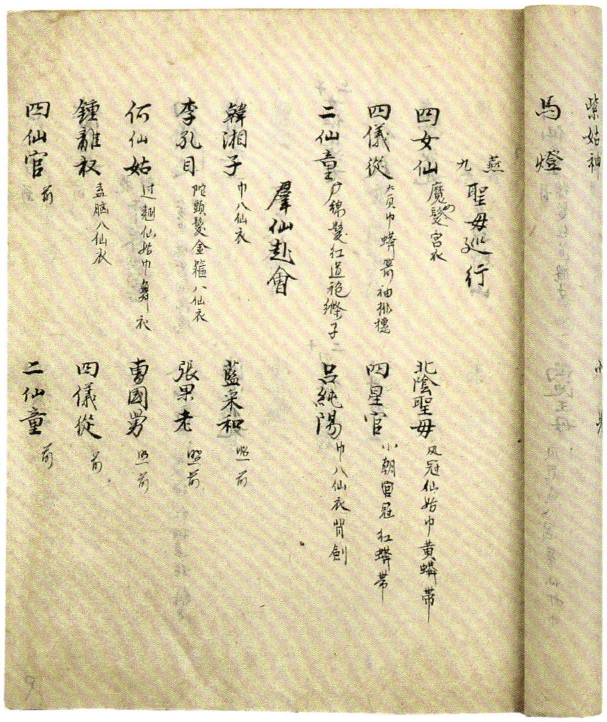

99

升平署木质篆文印

Wooden Seal of Court Theatrical Office with Seal Script

清同治（1862～1874年）

印面见方6、通高11厘米

故宫博物院藏

升平署印是升平署行使权力的信物，木质，其印文为篆体“升平署之图记”。

100

米黄绸绣折枝花蝶纹女衫

Beige Silk Women's Jacket with Embroidered Flowers and Butterflies

清乾隆（1736～1795年）

身长116.5、两袖通长209.5、下摆宽94.5厘米

故宫博物院藏

对襟立领，形制同女褶。衬白色素里。胸前垂绸带两条。通身以各色绣线，采用多种针法对称绣玉兰、水仙、荷花、菊花等折枝花卉，并有蝴蝶散布其间。

女衫多为尚未出阁的大家闺秀之便服，有红、粉、湖、月白等色彩。此女衫是苏州织造局进贡之上乘佳作，制式规整，色彩雅致，纹饰灵动，是清南府时期宫廷戏衣的代表作。

据清宫《穿戴题纲》记载，昆腔杂戏《游园》中杜丽娘即穿女衫。

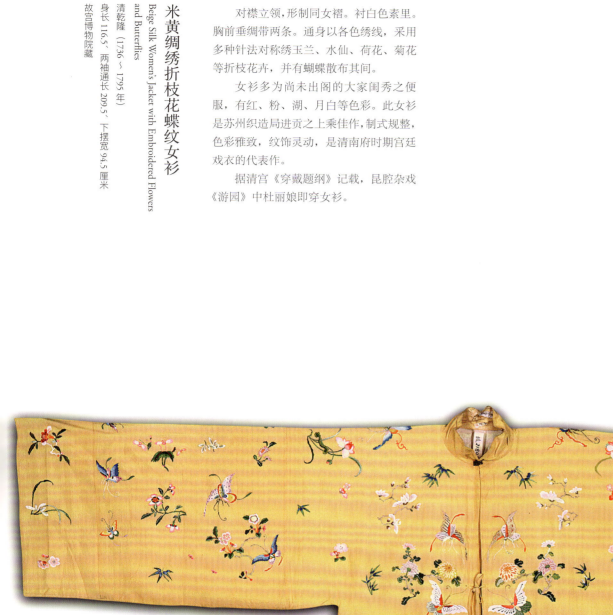

101

红色缂丝彩云金龙纹男蟒

Red Silk Tapestry Men's Python Robe with Cloud and Golden Dragon

清乾隆（1736～1795年）

身长147、两袖通长237、下摆98厘米

故宫博物院藏

蟒，戏曲舞台帝王将相及其眷属等身份高贵者通用的礼服。此蟒圆领，大襟右衽，宽身阔袖，袖口缝缀有水袖，衣长及足，裉下有摆，内衬粉色素里。领口及右腋下钉有明黄素缎飘带各两根，衣后腋下位置有穿玉带袢各一。蟒衣全身可见十二龙团，前胸、后背、两肩饰有正龙团各一，两袖前后、下幅前后腰下左右饰有偏龙团各一。周身辅衬五色流云、火珠纹样。两袖及下摆饰海水江崖纹（俗称“蟒水”），海水纹由五色弯立水与卧水组合而成，间饰珊瑚、宝珠等杂宝纹。

据清宫《穿戴题纲》记载，昆腔杂戏《别姬》中韩信、《罢宴》中寇准均穿用红蟒。

102

月白妆花纱彩云金龙纹女蟒

Moon White Brocade Women's Python Robe with Cloud and Golden Dragon

清乾隆（1736～1795年）

身长120.6、两袖通长220、下摆宽102厘米

故宫博物院藏

此蟒齐肩圆领，大襟右衽，宽身阔袖，长至膝下。衬粉红色连云纹暗花纱里。领前后饰过肩大龙各一，两袖后饰行龙各一，下幅前后饰升龙各二，下为海水江崖纹。八宝、四合如意云等辅衬纹样布满周身。衬里墨印“南府外头学同乐园”“长春”“吉祥”等。

据清宫《穿戴题纲》记载，开场戏《佛国赞扬》中观音即穿用月白蟒。

103

粉地粉彩开光人物纹双狮耳荷叶口瓶（一对）

Pair of *Fencai* Vases with Foliated Rims, Lion-Shaped Handles, and Figural Scenes in Framed Panels

清（1644～1911年）

口径33、底径30、高93厘米

颐和园藏

折沿，花口下翻形如荷叶，束颈，双狮耳，溜肩，下腹外撇，圈足。胎体厚重，胎质略粗疏。通体衬粉色地满花装饰，开光内绘“郭子仪拜寿”图，两侧开光内绘八仙，颈部贴塑太狮少狮。郭子仪是唐朝名臣，在朝忠君护国，平定安史之乱；治家有道，子孙争气，集福、禄、寿、喜、财于一身，名满天下，深受世人敬仰，其故事被改编成《满床笏》等多部戏曲。

3

试泉煮茗
道性禅心

明清时期，文人雅士品茗时强调意境之美，尤为注重品茗修道环境的选择。或会于曲水瀑布之旁，或处于松竹之下、奇石假山之前。于园中烹茶论道，皓月清风，与天地共饮，别有一番意境。

104

剔红山水人物八角嵌铜丝捧盒

Carved Red Lacquer Octagonal Box with Figures in Landscape and Copper Wire Inlay

清道光（1821～1850年）

口径46.3、高17.8厘米

颐和园藏

剔红，即“雕红漆”，是雕漆工艺中的一种，指在胎上层层髹红漆，少则几十层，多达上百层，之后再雕出花纹。

此捧盒为木胎，髹红漆。盒呈八角形，分盖、身两部分。顶部为山水人物图，蕴含福寿寓意，桃、松在传统纹饰中皆代表长寿；主纹饰四周一圈为回纹，有“延绵不断”或“富贵不到头”的含义；侧面每面中间装饰金属网丝，四周绘缠枝花卉纹；底部为黑漆素面。

105

铁质茶壶

Iron Teapot

清（1644～1911年）

直径16.2、宽18、高20厘米

颐和园藏

茶壶铁制，盖平，配球形小纽，丰肩大腹平底，出三弯流，有提梁。壶身一面饰竹叶纹，一面有字。

106

锡质茶船

Tin Tea Cup Saucer in the Shape of a Boat

清（1644～1911年）

长12、宽8、高2.5厘米

颐和园藏

茶船锡质，口沿呈菱花形，中间有凹槽，两边上翘，器身光素无纹饰，底有款“海甸”“北天成造”。

107

假山纽提梁紫砂壶

Yixing Ware Teapot with Mountain-Shaped Knob and Handle

清（1644～1911年）

长14.8、宽12.1、高14厘米

无锡博物院藏

此壶以紫泥细料精制而成，有使用痕迹，包浆老到，红润有光泽。壶腹圆鼓，短流自然前伸，三叉式高提梁，平盖、平底，线条凝练生动，为东坡提梁壶之典型造型。壶纽饰成一太湖石假山形状，自然生动，为全壶独具特色之处；壶盖内钤有“友廷”二字小章。

108

佛手形紫砂壶

Yixing Ware Teapot in the Shape of a Buddha's-Hand Citron

清（1644～1911年）

长19.5、宽8.2、高7.9厘米

颐和园藏

此壶为佛手形，树枝形执首，特别是壶流和佛手形壶身巧妙相配，形意相随，整体造型素雅生动，情趣盎然，别具一格。“佛手”与“福寿”谐音，有着美好寓意。

109

丁云鹏《煮茶图》轴

Brewing Tea by Ding Yunpeng, Hanging Scroll

明（1368～1644年）

纸本 设色

纵140.5、横57.5厘米

无锡博物院藏

丁云鹏（1547～1628年），字南羽，号圣华居士，安徽休宁人。善画人物，尤工白描。早年人物画用笔细秀严谨，取法文徵明、仇英，后变化为粗劲苍厚，自成一家。所作题材多为罗汉、观音大士和历史人物故事等。又能作山水，近吴门文氏，偶用米法写山，处处臻妙。

此图应当是以卢仝煮茶为题材，画中仆人形象与韩愈《寄卢仝》中描写的“一奴长须不裹头，一婢赤脚老无齿”相吻合。卢仝（795～835年）为唐代著名诗人、隐士，自号玉川子，因不满时局，不图仕进，隐居少室山，尤嗜茶，所作《七碗茶歌》自唐代以来即为爱茶者所乐道。此图描绘了一派春光中的煮茶场景，右上角玉兰树一株，花朵灼灼；中部太湖石玲珑剔透，芳草鲜美；右下角一盆兰花吐艳。画面左下角则有白瓷茶杯、朱漆茶托、青铜香炉、螺钿方套盒、青铜豆形器等精致的茶器和陈设。卢仝闲坐于榻上，凝神注视着竹茶炉。老妪手捧托盘，侍立于旁，老翁则在俯身料理用水。人物衣纹细劲流畅，情态自然传神。整图设色清丽典雅，刻画工谨细致，出色地营造出幽雅的品茶环境以及文人潇洒怡然的生活场景。

110

『苏州狮林画禅寺』紫砂钵

Yixing Ware Bowl Inscribed with "Huachan Temple in Suzhou"

清（1644～1911年）

口内径11、腹径14.55、高8.7厘米

无锡博物院藏

此钵以紫泥铺细砂制作，敛口，弧腹，圆底，线条流畅。钵身横刻“苏州狮林画禅寺”行楷七字，落款竖刻“弥高敬赠”四字，钵底有“恒康图书”两行四字阳文篆书小章。此钵应为苏州狮林寺（清乾隆十二年，即1747年，改名画禅寺）僧人所用，手感光滑圆润，包浆老到有韵味。

111

青花云龙纹壶

Blue-and-White Pot with Dragon among Clouds

清光绪（1875～1908年）

口径10.5、底径17.7、高16.3厘米

颐和园藏

此壶由壶盖和壶身两部分组成，壶身直口、短颈、圆肩、鼓腹、圈足，肩部前后立耳有孔洞，便于穿柄，腹接曲流，流嘴上端与口沿齐平，壶盖内凹式无纽。胎体较薄，胎质洁白细腻，釉面光亮。壶身肩颈部装饰菱花纹和如意云头，底足处泛起海水江崖，中间绘一对赶珠龙在流云火焰中游曳；盖面口沿装饰锦地，内心绘流云火焰与壶身纹样照应；壶嘴书长寿字，寓意吉祥。底款青花楷书“大清光绪年制”。

112

粉彩蝠寿纹壶

Fencai Pot with Auspicious Bats

清光绪（1875～1908年）

口径8.6、底径14.3、高13.3厘米

颐和园藏

此壶带盖、有系、有流，壶身扁圆丰润，肩上立四孔用于穿挂提梁，流嘴与壶口沿平齐。胎体较薄，胎质洁白细腻；釉面光亮。颈部装饰垂云与下腹部仰莲莲瓣遥相呼应，壶身绘团寿字、仙桃、蝙蝠等纹样，盖沿处红彩描回纹，取福寿绵长之意。底红彩楷书“大清光绪年制”款。

113

黄地粉彩开光御制诗茶壶

Fencai Teapot with Imperial Poems in Framed Panels on a Yellow Ground

清嘉庆（1796～1820年）

宽21.2、高15.5厘米

沈阳故宫博物院藏

此茶壶壶身以粉彩烧制，壶周身为黄地缠枝莲纹，盖边、口足以胭脂水粉花纹间隔，黄地莲苞盖花纽，肩部为云纹。腹部开光内为朱红楷书御制诗文，内容为“佳茗头纲贡，浇诗必月团。竹垆添活火，石铫沸惊湍。鱼蟹眼徐扬，旗枪影细攒。一瓯清兴足，春盎避轻寒。嘉庆丁巳小春月之中澣御制”，后烧制“嘉”朱文圆印款、“庆”朱文方印款。足部为粉、蓝相间莲瓣纹。壶底松石绿色，中央有朱文篆书“大清嘉庆年制”六字三行款。

114

粉彩描金花蝶纹壶

Fencai Pot with Gold Painted Flowers and Butterflies

清光绪（1875～1908年）

口径6.9、底径11.5、高10.8厘米

颐和园藏

此壶直口，短颈，鼓腹，曲流，平底，盖内凹无纽。肩部前后立耳有孔洞，便于穿铜柄。茶壶釉质细润，釉色洁白，以粉彩工艺彩绘纹饰，主体纹饰为蝴蝶、花草，寓意耄耋长寿。底红彩楷书“大清光绪年制”款。旧名“金口五彩草蝶四号茶壶”是慈禧太后七旬万寿御用瓷器，专门为储秀宫茶房烧制。

115

白玉雕龙柄莲瓣纹壶

White Jade Pot in the Shape of Lotus Petals with Dragon-Decorated Handle

清嘉庆（1796～1820年）

长20、宽12、高13厘米

颐和园藏

白玉质，局部有黄褐色沁，有盖，盖顶为宝珠形纽，壶盖和壶身腹部有莲瓣纹，龙形柄，圈足，鼓腹。此壶用料较大，雕工精湛。

116

青玉盖碗

Green Jade Lidded Bowl

清乾隆（1736～1795年）

直径16、高10.6厘米

颐和园藏

青玉质，玉质温润，光素无纹。圆形，撇口，弧壁，深腹，圈足。有伞形盖，碗盖略小于碗，盖上附环状抓纽。此盖碗造型规整，带有优美弧度，器壁轻薄，做工精致。

117

白玉雕双鹿折耳花口杯盘

White Jade Cup and Saucer in the Shape of Lotus Petals with Two Deer

清嘉庆（1796 ~ 1820 年）

长 13.3、宽 11.5、高 5.8 厘米

颐和园藏

白玉质，杯体呈莲瓣形，耳上凸雕相对卧鹿。盘亦呈莲瓣形，沿上阴刻回纹。中部凸起折角形杯托，托沿饰莲瓣纹。自商周以来，以鹿为题材的工艺品很多，明清时期更为盛行。有时以“鹿”寓“禄”，或伴以“福”“寿”同时出现。

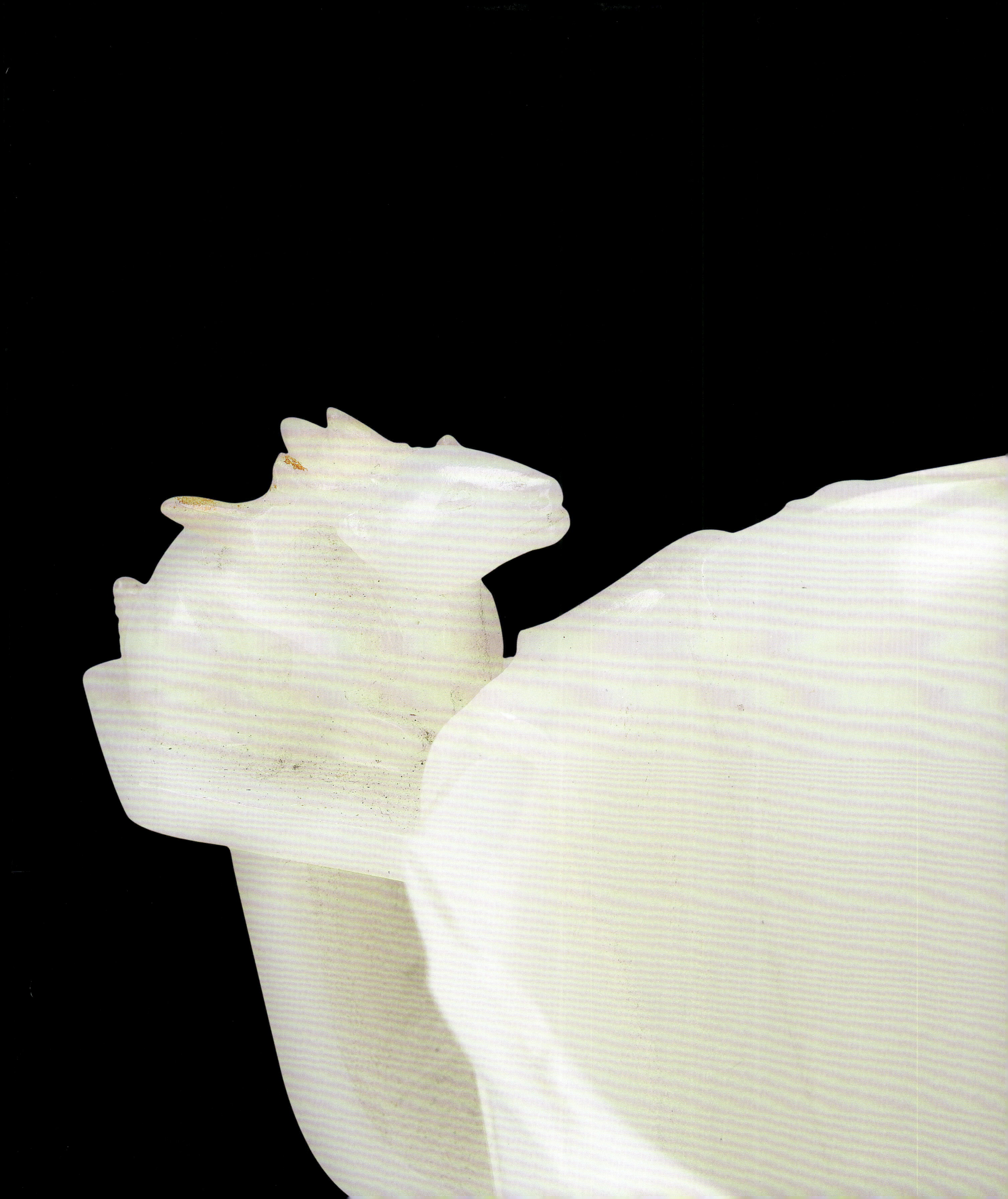

118

绿地粉彩藤萝花鸟纹盖碗

Fencai Lidded Bowl with Grapevines, Flowers, and Birds on a Green Ground

清光绪（1875 ~ 1908 年）

口径 10.3、底径 4.2、高 8.9 厘米

颐和园藏

盖碗敞口，斜壁，深弧腹，圈足；盖沿小于口沿，扣于碗口内。胎体轻薄，胎质洁白细腻；釉面光亮。盖碗里外通施松石绿釉衬地，碗和盖外壁绘藤萝、月季、花鸟纹饰，内壁绘藤萝花，构图饱满，色彩明快艳丽。底、盖红彩楷书“大清光绪年制”款。

大清光緒年製
大清光緒年製

119

绿地粉彩秋花小鸟纹盖碗

Fencai Lidded Bowl with Autumn Flowers and Small Birds on a Green Ground

清光绪（1875～1908 年）

口径 11、底径 4.5、高 9.1 厘米

颐和园藏

盖碗敞口，斜壁，深弧腹，圈足；盖沿小于碗沿，扣于碗口内。胎体轻薄，胎质洁白细腻，釉面光亮。盖碗外壁通施松石绿釉衬地，碗和盖外壁通绘菊花、秋葵类秋花小鸟纹饰，内壁光素罩透明釉。底、盖红彩楷书“大清光绪年制”款。

120

粉彩仿乾隆御题诗鸡缸杯

Fencai Chicken Cup with Qianlong's Poem Made in Guangxu Era

清光绪（1875～1908年）

口径 8.5、底径 5、高 7 厘米

颐和园藏

乾隆皇帝十分喜爱成化斗彩鸡缸杯，不仅令人照原貌摹烧，还新创了自己风格的鸡缸杯，即粉彩御题诗鸡缸杯。光绪时又仿烧了乾隆粉彩御题诗鸡缸杯，此件就是其中一只。杯上绘母鸡与小鸡追逐、公鸡昂首挺胸与童子对立，背景洞石花卉。留白处墨书乾隆御制诗“李唐越器人间无，赵宋官窑晨星看，殷周鼎彝世颇多，坚脆之质于焉辨，坚朴脆巧久暂分，立德践行义可玩。朱明去此弗甚遥，宣成雅具时犹见。寒芒秀采总称珍，就中鸡缸最为冠，牡丹丽日春风和，牝鸡逐队雄鸡绚，金尾铁距首昂藏，怒势如听贾昌唤，良工物态肖无遗，趋华风气随时变，我独警心在齐诗，不敢耽安兴以晏。乾隆丙申御题”。底款青花篆书“大清光绪年制”。

121

粉彩百花献瑞杯

Fencai Cup with Hundred Flowers Presenting Auspiciousness

清光绪（1875～1908年）

口径8.6、底径4、高6.5厘米

颐和园藏

杯斜口，深弧腹，圈足。胎体轻薄，瓷质洁白细腻。口沿施一圈金彩；杯身地敷藕荷彩，以墨线画不规则开片，满绘各色四季花卉，图案饱满热烈。这种锦地满花装饰称“锦上添花”或“百花不露地”。底款红彩楷书“大清光绪年制”。

122

松石绿地粉彩描金万蝠番莲纹杯

Fencai Cup with Gold Painted Bats and Passion Flowers on a Turquoise Ground

清光绪（1875～1908年）

口径9、底径3.5、高6.1厘米

颐和园藏

杯敞口，深弧腹，矮圈足。胎体薄，胎质洁白细腻，釉面光亮匀净。外壁以松石绿地为衬，口沿垂云，下承莲瓣，腹壁作红蝠衔卍字、缠枝莲纹样四组，图案饱满繁复，敷彩浓正鲜亮，金碧辉煌。内壁、杯底罩松石绿釉，底金彩篆书“大清光绪年制”款。

123

青花仿嘉庆御题诗三清图盖碗

Blue-and-White Lidded Bowl with Jiaqing's Poem

Made in Guangxu Era

清光绪（1875～1908年）

口径10.5、底径4.6、高8.5厘米

颐和园藏

盖碗敞口，斜壁，深弧腹，圈足；盖沿小于口沿，轻扣于碗上。胎体轻薄，胎质洁白细腻，釉面光亮匀净。盖面与外壁上所书诗句，出自嘉庆皇帝的同一首诗："佳茗头纲贡，浇诗必月团。竹垆添活火，石铫沸惊湍。鱼蟹眼徐扬，旗枪影细攒。一瓯清兴足，春盏避轻寒。"加识"嘉庆丁巳小春月之中澣御制"。盖内与碗心所绘梅花、松树、佛手，源于乾隆皇帝甚为喜爱的三清茶，曾作诗赞曰："梅花色不妖，佛手香切洁。松实味芳腴，三品殊清绝。"底、盖青花楷书"大清光绪年制"款。

红彩仿嘉庆御题诗三清图盖碗

Red-Decorated Lidded Bowl with Jiaqing's Poem

Made in Guangxu Era

清光绪（1875～1908年）

口径10.5、底径4.8、高8.2厘米

颐和园藏

盖碗敞口，斜壁，深弧腹，圈足；盖沿小于口沿，轻扣于碗上。胎体轻薄，胎质洁白细腻，釉面光亮匀净。盖面与外壁上所书诗句，出自嘉庆皇帝的同一首诗：“佳茗头纲贡，浇诗必月团。竹垆添活火，石铫沸惊湍。鱼蟹眼徐扬，旗枪影细攒。一瓯清兴足，春盎避轻寒。”加识“光绪甲辰季秋月之中澣御制”。盖内与碗心所绘梅花、松树、佛手，源于乾隆皇帝甚为喜爱的三清茶，曾作诗赞曰：“梅花色不妖，佛手香切洁，松实味芳腴，三品殊清绝。”底、盖红彩篆书“大清光绪年制”款。

125

粉彩折枝花菊瓣式盖碗（一对）

Pair of *Fencai* Lidded Bowls with Lobed Rims and Flower Sprays

清（1644～1911年）

口径11.9、底径5.5、高10.7厘米

颐和园藏

盖碗呈菊瓣式，碗花口，深弧腹，圈足；盖扣于碗沿内，圈形抓手，顶面鼓；底托为圈足式托盘，内底心镂空。胎体较薄，胎质洁白细腻，釉面光亮莹润。盖顶面、碗身外侧、托盘顶面图案皆相互对应，统一绘折枝花卉、鸣虫、蜂蝶，碗内心绘红蝠、仙桃纹样组合。底、盖红彩篆书印章款“大清乾隆年制”。这种由碗、盖、底托三部分组合而成的盖碗称为“三才盖碗”，寓意天、地、人三才，出自《易·说卦》：“是以立天之道曰阴与阳，立地之道曰柔与刚，立人之道曰仁与义。兼三才而两之，故《易》六画而成卦。”

126

青花暗八仙玲珑盖碗（一对）

Pair of Blue-and-White Lidded Bowls with Lattice Patterns and Eight Daoist Emblems

清光绪（1875～1908年）

口径10.8、底径4.2、高9厘米

颐和园藏

盖碗敞口，斜壁，深弧腹，圈足；盖沿小于碗沿，轻扣于碗上。胎体轻薄，胎质洁白细腻；釉质莹亮，微泛青色。碗口沿装饰锦纹一周，开光内绘梅花、兰草、青竹、秋菊“四君子”，象征傲、幽、坚、淡的高尚品格。下腹部绘流云缠绕八仙法器，两两一组分别为芭蕉扇与道情筒、剑与笏板、葫芦与荷花、花篮与笛子，俗称“暗八仙”。碗壁主题纹饰采用透雕瓷胎，然后以釉浆罩在镂空处的装饰技法，镂孔呈花瓣状，薄可透光，称作“玲珑瓷”。碗内壁口沿绘流云蝙蝠六只，内底心绘火焰团龙。盖内外装饰纹样与碗里外图案一一对应，底、盖青花楷书“大清光绪年制”款。

127

粉彩过枝花蝶纹盖碗

Fencai Lidded Bowl with Flowering Branches and Butterflies

清光绪（1875～1908年）

口径10.9、底径4.3、高10.9厘米

颐和园藏

盖碗敞口，斜壁，深弧腹，圈足；盖沿小于碗沿，扣于碗口内。胎体轻薄，胎质洁白细腻，釉面光亮。碗和盖外壁绘青竹、点缀黄色花朵的藤蔓、粉蝶，图案漫过口沿向内壁延伸，这种装饰方法称为“过墙”或“过枝”。此盖碗纹饰疏密布局得当，色彩明快清新，取“瓜瓞绵绵”之吉祥寓意。底、盖红彩楷书“大清光绪年制”款。

128

粉彩过枝瓜纹盖碗

Fencai Lidded Bowl with Flowering Melon Vine

清光绪（1875～1908年）

口径10.8、底径4.4、高9.3厘米

颐和园藏

盖碗敞口，斜壁，深弧腹，圈足；盖沿小于碗沿，扣于碗口内。胎体轻薄，胎质洁白细腻，釉面光亮。碗和盖外壁绘青竹、攀缘的藤蔓、盛开的花朵、垂挂枝头的癞瓜子，图案漫过口沿向内壁延伸，这种装饰方法称为“过墙”或“过枝”。此盖碗纹饰疏密布局得当，色彩明快清新，对比强烈。底、盖红彩楷书“大清光绪年制”款。癞瓜子也叫癞葡萄、锦荔枝、金铃子，是葫芦科苦瓜属植物，果肉呈血红色，可食用，味道甘甜。

129

粉彩鹭鸶卧莲纹盖碗

Fencai Lidded Bowl with Egrets and Lotus

清光绪（1875～1908年）

口径 10.9、底径 4.3、高 9.3 厘米

颐和园藏

盖碗敞口，斜壁，深弧腹，圈足；盖沿小于碗沿，轻扣于碗上。胎体轻薄，胎质洁白细腻，釉面光亮。其上绘荷莲娉婷，鹭鸶或飞或卧于莲叶之间，纹样流畅生动，敷彩恬淡清新，取“一路连科”之美意。底、盖红彩楷书“大清光绪年制”款。旧名“荷叶莲花盖碗”是慈禧太后七旬万寿御用瓷器，专门为储秀宫茶房烧制。

130

粉彩石榴花卉纹盖碗

Fencai Lidded Bowl with Pomegranates and Flowers

清光绪（1875～1908年）

口径11、底径4、高8.6厘米

颐和园藏

盖碗敞口，斜壁，深弧腹，圈足；盖沿小于碗沿，轻扣于碗上。胎体轻薄，胎质洁白细腻，釉面光亮匀净。碗外壁绘石榴等花卉，一蝙蝠衔万字绶带翩然而至；口沿垂如意云头与底衬仰莲相呼应。盖面图案与碗壁相同。底、盖红彩楷书“大清光绪年制”款。此纹样取石榴“多子”、福寿万代等美意，深受清皇室喜爱并责令御窑厂成套制作，目前仅颐和园所藏中就有壶、盖碗、小碗、盅，及五寸、七寸盘等器形。

结语

中国古典园林是中华优秀传统文化代代相传的见证者，造园名家巧夺天工的设计理念、能工巧匠精益求精的工艺水准、文人雅士寄情山水的雅韵逸趣，深深地融合了南北园林的文化要义与精神向往，是中华民族精神的重要组成部分。一个个鲜活的园林，饱含着一个个文化传承的中国故事，我们不仅要在物质形式上传承好、保护好这些文化遗产，让园林在当代文化和社会发展中持续发挥作用，更要在心里传承好、守护好这些文化根脉，让园林在开放、兼容、创新中走向多元和繁荣。

CONCLUSION

Chinese classical gardens are the witnesses of Chinese excellent traditional culture passed down from generation to generation. The ingenious design concept of prestigious gardeners, the technological level of skillful craftsmen, and the elegant charm and interest of literati expressing feelings to landscapes , which deeply integrates the cultural essence and spiritual yearning of the gardens in the north and south, are an important part of Chinese national spirit. The so many vivid gardens are full of Chinese stories of cultural inheritance. We should not only inherit and protect these cultural heritages in material form, so that gardens can continue to play a role in contemporary cultural and social development, but also inherit and protect these cultural roots from our mental aspect, so that gardens can move towards diversity and prosperity in openness, compatibility and innovation.